KB082321

코드주역

: 손기원 박사의 주역 강의

손 기 원 지음

코드주역 : 손기원 박사의 주역강의

1쇄발행 | 2019년 10월 17일
2쇄발행 | 2019년 11월 11일
저 자 | 손기원
디자인 | 손이진
펴낸이 | 한건희
펴낸곳 | 주식회사 부크크
출판사등록 | 2014.07.15.(제2014-16호)
주 소 | 서울특별시 금천구 가산디지털1로 119 SK트윈타워 A동 305호
전 화 | 1670-8316
이메일 | info@bookk.co.kr

ISBN | 979-11-272-8435-0

www.bookk.co.kr

하늘같은 마음으로

_____ 님께

_____ 드림

꿈에 하늘이 알려 준 코드

구수한 향기에 붉은 빛이 매혹적인 비트차 앞에 우리는 마주 앉았다. 전원생활을 할 때 아내가 땀 흘리며 직접 키워서 덖은 비트로 만든 차다. 우리 부부는 차를 마시며 그 때의 추억을 떠올렸다.

"주역 덕분에 전원 체험 잘 하고 왔죠?" 주역을 공부한 이래 우리는 중요한 일에 의견차가 있을 때마다 주역 괘를 뽑아서 이의 없이 따랐다. 우리는 전원으로 이사를 가야 할 시기를 두고 의견이 달라 갈등했었다. "장차 공기 좋은 자연 속에서 주역과 명상을 가르치고 텃밭도 가꾸며 삽시다." 나의 제안에 아내도 동의했다. 나는 도시에서 교육 활동을 좀 더 이어가고 싶어서 장소를 찾아다니면서도 미온적인 태도로 일관했다. 아내는 이왕 전원으로 갈 생각이면 조금이라도 더 젊었을 때 가자며 귀촌을 서둘렀다. 결국 우리는 주역 괘를 뽑았고, 동인(同人)괘가 나왔다.

동인(同人)괘

동인(同人)은 '하나 됨'을 뜻한다. 코드를 뜯어보면 낯설지 않을 것이다. 태극기에서 보았던 건(☰)과 이(☲)가 겹쳐진 상이다. 위의

'건'은 하늘을 상징하고, 아래 '이'는 밝음의 코드다. 동인은 하늘 아래 밝은 빛이 있는 상이다. 모든 사람이 하늘 아래서 밝게 빛나는 마음을 가졌으니 '모두가 같은 사람'이라는 뜻에서 '동인'이다. 의견이 달라 괘를 뽑았는데 '마음을 하나로 모으라'는 하늘의 메시지를 얻은 것이다. 주역은 더 자세한 지침을 알려준다.

들에서 하나가 되어야 한다. 밝게 통하라. 큰 내를 건너는 것이 이롭다. 군자답게 바르게 하는 것이 이롭다.

同人于野 亨 利涉大川 利君子貞
동인우야　형　이섭대천　이군자정

'큰 내를 건너라'는 말은 과감히 실행하라는 메시지다. '들에서 하나가 되라'는 말도 큰 힌트가 된다. 우리는 주역의 지침에 따라 더 적극적으로 장소를 물색한 끝에 횡성으로 이사했다. '밝게 통하라'는 말은 사심 없이 밝은 마음으로 소통하라는 뜻이다. 어두운 마음으론 하나가 될 수 없다. 원문의 '형(亨)'을 대부분의 『주역』 책에서 '형통하다'고 해석하지만 잘못된 해석이다. 형(亨)은 '밝음'을 뜻한다. 왜 그렇게 단정할 수 있는가? 명상과 꿈속 무의식을 통해 '형'의 해석이 '밝음'이라는 결론을 얻었고, 공자의 해설이 그것을 검증해 주었다.

주역 공부를 시작한 처음 5~6년 동안은 정말 답답했다. 『주역』 책마다 해석이 달랐고, 같은 책에서도 도무지 체계적이면서 일관된 규칙성을 발견하기 어려웠다. 서서히 주역에 미쳐가던 어느 날 「계사전」을 읽다가 눈에 확 띄는 문장을 발견했다. "역(易)이란 상(象)이다." 상(象)은 '형상', '상징'을 뜻하며 보통 '이미지', '심벌'로 번역된다. 하지만 '상'의 더 정확한 번역은 '코드(Code)'다. 복희씨와 문왕과 주공은 코드로 주역을 만들었고, 공자는 코드로 주역을 마스터했다. 그런데 문왕과 주공은 코드집을 남기지 않았다. 공자도 일부 힌트만 남겼을 뿐 역시 코드집을 남기지 않았다.

주역을 마스터하기 위해 먼저 코드를 정복해야겠다고 마음먹은 나는 유형별로 코드를 모아 벽면에 붙이기 시작했다. '말 마(馬)'자가 나오는 13개의 코드를 한 곳에 모으고, '소 우(牛)'가 나오는 8개의 코드, '울릴 명(鳴)'이 나오는 4개의 코드, 이렇게 모아 붙이다 보니 벽면이 가득 찼다. 먼저 말[馬]의 코드 앞에 면벽하고 명상하면서 식음을 잊었다. 잠을 잘 때도 머리맡에 『주역』 책을 두고 잘 정도로 오매불망 주역에 몰입했다. 1주일째 되는 날 새벽 꿈 속에 말의 코드가 보였다. 지성이면 감천이라고 꿈에 하늘이 내게 선물을 내려 준 것 같은 느낌이었다. 말의 코드가 진(☳)이라는 것을 알고 나서 이리저리 뒤집으며 다시 보니 '말에서 내리다', '도망간 말' 등 숨어있던 말이 다 보이는 게 아닌가! 밤을 새워 코드를 찾다가 새벽이 되면 덩실덩실 춤을 추기도 했다. 그런 나를 보고 아내는 "주역에 미쳤다"고 했다. 그런데 춤추는 나의 표정이 너무 밝아서 좋아보였다고 했다.

주역 코드로 도배한 벽을 마주하며 명상하고, 새벽 꿈에 코드의 실마리를 찾아 정리한 지 3년 만에 스스로 만족할 만한 주역 해석을 할 수 있게 되었다. 숨은 코드까지 거의 다 파악하고 공자의 해석에 비추어 검증을 하고 나니 기존의 주역 해석과 다른 것이 적지 않았다. 주역에 빈출하는 '형(亨)'이 '밝음'의 뜻이라는 사실도 그런 방법으로 알아냈다. 공자의 해석을 다시 보니 공자는 이미 곳곳에 그 비결을 남겨 놓았다. '형(亨)'이 나올 때 공자는 '밝을 명(明)', '빛 광(光)' 등으로 해설에 힌트를 담았다. 주역 64괘의 3분의 2에 '형(亨)'이 나오는데,

그 중에는 형통하지 않은 경우에도 '형'이 등장하는 경우가 많다. 그때 '밝은 마음으로 하라'고 해석을 하면 뜻이 명쾌하다. 주역은 학자들마다 해석이 달라서 백인백역(百人百易)이라 하지만 '형(亨)'은 '형통'이 아니라 '밝음'이 분명하다. 주역학자들의 오역으로 인해 배우는 이들이 얼마나 많은 혼란을 겪었던가! 공자의 해석과 힌트에 좀 더 관심을 기울이면 그런 오류는 피할 수 있다.

'드디어 주역을 마스터했다'는 생각에 나는 깊은 산중에 들어가 한 달 동안 최종 점검을 하고 하산했다. 그리고 『코드주역』이라는 이름으로 주역 강의를 펼치기 시작했다. 도시에서의 교육이 늘어나 우리는 다시 서울 근교로 돌아왔다. 코드주역 강의를 들은 분들은 한결같이 좋은 피드백을 주었다. 유튜브에 올린 강의 요약본을 보고 전국 각지에서 연락이 왔다. 그 중 한 분의 말씀을 옮겨본다. "20년 동안 주역 공부를 해왔는데 도무지 알 수 없었습니다. 그런데 선생님 강의를 듣고 이제야 주역이 이해되기 시작했습니다."

이 책은 지난 7년 간 수차례 강의한 코드주역의 내용을 초보자도 알기 쉽게 정리한 것이다. 공자에게 배운 코드주역의 원리와 공식, 64괘의 바르고 명쾌한 해석, 주역 점으로 선택하고 결단하는 지혜가 다 들어있다. 이 책이 주역을 처음 시작하는 초심자는 물론 주역을 몇 십 년 공부하고도 여전히 헷갈리는 사람들에게까지 상당한 도움이 되리라 믿는다. 이 책을 통해 많은 분들이 난관을 극복하는 지혜와 인생 성공의 철학을 얻을 수 있기를 바란다. 부족한 부분은 독자들의 조언을 들으며 보완해 갈 것이다. 지난 얘기를 함께 나누다가 붉은 비트차를 마시며 미소 짓는 아내에게 감사한 마음을 전한다.

기해년 계추 사다헌 서당에서
도운 손기원

차 례

주역과 통하는 10가지 이야기

1부에는 주역과 쉽게 곧바로 통하는 10개의 이야기가 담겨있다.

필자가 주역을 실생활에 어떻게 적용하고 있는지, 공자는 어떻게 주역을 마스터했는지를 알아보고, 태극기 문양을 통해 주역 코드로 자연스럽게 접근하여 체득한다. 주역 64괘 코드 탄생의 비화, 주역을 마스터하기 위한 세 관문인 '코드'와 '은유'와 '7가지 기본 공식'을 알고 나면 이제 주역이 더 이상 어렵지 않게 느껴질 것이다. 나아가 주역 점을 이용하는 3가지 방법을 소개하고, 그 중 쉬운 방법을 자세히 설명함으로써 독자들이 주역을 실생활에 자유자재로 활용할 수 있도록 했다.

이야기1

지진이 나면 목숨만 건져라

나와 가족들은 평소 주역을 실생활에 적용하여 일상의 삶과 의사 결정에 많은 도움을 받고 있다. 그 실제 경험을 공유하는 것은 독자들이 코드주역과 쉽게 친해지는 데 도움을 줄 것이다.

강의실 바닥이 갑자기 좌우로 요동쳤다. 평생 처음 느껴보는 진동이었다. 90분 동안 진행된 강의 클로징 멘트를 막 시작하려는 순간이었다. '아! 바로 이것이었구나.' 2017년 하반기 주역 괘가 지진을 뜻하는 '진(震)'이었는데, 정말로 지진이 일어난 것이다. 순간 마음이 평온해졌다. 강의실 내부가 한 눈에 선명하게 들어왔고, 대피 과정과 그 이후 상황의 시나리오가 머릿속에 빠르게 그려졌다. 연초에 주역을 통해 이미 그 가능성을 예상했던 일이 벌어졌고, 하늘이 알려 준 대책도 마음에 새기고 있다는 안도감이 있었다. 진동이 있고 나서 곧 수강생 한 명이 짧게 외쳤다. "빨리 피하셔야 합니다!"

2017년 11월 15일 오후 2시 29분, 포항에서 일어난 규모 5.4 지진 현장에 함께 있었다. P사 인재창조원에서 강의를 하던 중이었다. 2시 30분에 강의가 끝나는데, 딱 1분이 남은 시각에 건물이 흔들리기 시작한 것이다. "신속하게 대피합시다!" 내가 침착하고 단호하게 말하자 강의실에 있던 수강생들이 일제히 일어났다. 우리는 재빨리 그러나 질서 정연하게 건물 밖으로 빠져나왔다. 건물 안의 다른 룸에 있던 사람들도 모두 몰려나왔다. 건물 뒷마당에 모인 사람들이 가족의 안부를 묻느라 분주히 휴대전화를 눌러댔다. 한 사람이 건물 모퉁이를 가리키며 소리치자 사람들의 시선이 거기로 향했다. 타일이 여러 개 떨어져 나간 건물 벽이 생채기를 아프게 드러내고 있었다.

60갑자 프레임으로 연초에 미리 알아 본 2017년 하반기 주역 운세를 알려주는 괘는 이것이었다.

진(震)괘

진(震)은 지진을 뜻한다. '우레 뢰(雷)'를 상징하는 진(☳)이 중첩되어 있어서 '중뢰진(重雷震)'이라 한다. 괘상을 보면 위와 아래에 진(☳)이 중첩되어 있음을 쉽게 알 수 있다. 진(☳)은 지진의 코드다. 왜 그런가? 아래 굳센 양(—)은 땅 속 진앙에서 강하게 꿈틀거리며 지진이 요동치는 상이며, 위의 두 음(☳)은 땅 위의 물건들이 흔들리는 상이다. 진(☳)이 둘이 모여 진(震)괘가 되었다. 우레와 지진이 거듭되는 상이다. 2017년 하반기 운세는 지진과 같은 재난이 일어나는 상황임을 주역이 알려줬다.

＊용어: 괘(卦)는 '걸 괘'니, '걸다'의 뜻이다. 상황이 거기에 '걸려있다', 거기에 '달려있다'는 의미다. 진(震)괘는 재난이 일어나는 상황이고, 우리의 운명과 성패는 그 상황에 얼마나 잘 대처하느냐에 달려있는 형국이다. 그래서 '괘'라 한다.

세부적인 지침을 파악하려면 양(—)과 음(--)으로 구성된 획을 봐야 하는데, 2017년 하반기에는 그 중 아래에서 두 번째 획인 음(--)에 해당한다. 주역의 '완성된 코드'는 각기 여섯 개의 획으로 되어 있다. 그것을 육효(六爻)라고 한다. 그 중 아래에서 두 번째 획을 '2효'라 한다. 아래서부터 초효, 2효, 3효, 4효, 5효, 상효라는 위상이 정해져 있다.

*용어: 효(爻)는 '본받다'의 뜻이다. 성인이 구체적인 상황과 대책을 거기에 기록해 두었으니 그 지침을 본받아 행동에 옮기라는 뜻이다. 6획 전체 상을 괘(卦)라 하고, 각각의 획을 효(爻)라 한다.

성인들은 '괘'와 '효'에 각각 설명을 달았다. '괘'에 달린 설명을 괘사(卦辭)라 하고, '효'에 달린 설명을 효사(爻辭)라고 한다. 진(震)괘 괘사와 2효 효사가 알려주는 지침을 보면 다음과 같다.

괘사
지진이 이어지는 상황이다. 밝게 통하라. 천둥이 쳐서 깜짝깜짝 놀라지만 웃음소리가 껄껄거린다. 천둥이 백리까지 놀라게 하지만 제사에 쓰는 도구는 잃지 않는다.

震, 亨 震來虩虩 笑言啞啞 震驚百里 不喪匕鬯
진, 형 진래혁혁 소언액액 진경백리 불상비창

2효 효사
지진이 일어나 위태로운 상황이다. 상황을 파악하여 재물을 잃고 높은 언덕에 올라가면, 쫓지 않아도 7일이면 얻을 것이다.

震來厲 億喪貝 躋于九陵 勿逐 七日得
진래려 억상패 제우구릉 물축 칠일득

두 가지를 종합하면 다음과 같은 지침을 도출할 수 있다.

"지진이 이어지는 상황이니 밝은 마음으로 대처하라. 재산을 잃을까 연연하지 말고 빨리 대피하여 목숨만 건져라."

진(震)괘 괘사와 2효 효사에 그런 뜻이 녹아있다. '진'괘가 나왔다고 해서 꼭 지진이 일어난다는 뜻은 아니다. 지진, 전쟁, 질병 같은 재난이 모두 해당될 수 있다. 그해 남북의 군사적 긴장으로 사드가 배치되고, 7월에 북한이 ICBM(대륙간탄도미사일)급 미사일 화성 14호를 쏘는 등 한반도에 전쟁 위험이 느껴지는 상황이었다. '주역 운세가 전쟁을 알려준 것인가?'하는 생각에 걱정이 되기도 했다. 다행히 전쟁은 없었지만 지진이 일어났고, 상당한 피해가 있었다.

재난에 대처하는 지침은 크게 두 가지다. 첫째, 밝은 마음으로 대처하는 것이다. 원문은 '형(亨)'이다. 머리말에서 본 것처럼 대부분의 주역학자들이 '형통하다'고 해석했다. 하지만 '형(亨)'은 '밝음'으로 봐야 한다. 재난이 일어났는데 형통할 일이 뭐가 있겠는가? 재난이 일어날 때는 밝은 마음으로 조심하며 재난에 대비하고, 두려운 마음으로 끝까지 조심해야 한다. 그래서 '형(亨)'이라 한 것이다. 둘째, 재난이 일어났을 때는 재산에 연연하지 말고 목숨만 건져야 한다. 재산 챙기다가 목숨을 잃는 것은 얼마나 바보 같은 짓인가?

인재창조원을 정문을 나오니 사람들이 거리로 쏟아져 나왔다. 겨우 택시를 잡아 포항역에 도착했더니 아수라장이 되어 있었다. 역사 건물 2층에서 물이 마구 쏟아져 내렸다. 물탱크가 터진 모양이었다. 사람들이 흰 가루를 뒤집어쓰고 역사 밖으로 뛰쳐나오고 있었다. 천정이 갈라져 그 속에 있던 이물질이 쏟아진 것 같았다. KTX는 운행이 안 된다고 했다. 역무원에게 대안을 물었더니 택시로 신경주역까지 가서

KTX를 타는 방법이 있다고 알려줬다. "신경주역 가실 분!" 내가 손을 들고 소리치니 사람들이 바로 호응하며 줄을 섰다. 택시 합승을 해 신경주역으로 가서 기차를 탔다. 원래 예정보다 한 시간 늦게 집에 도착했다. 짐을 정리하는데 강의 때 사용한 usb가 보이지 않았다. 지진이 났을 때 급히 피신하느라 강의실 노트북에 꽂아두고 나온 것이다. '목숨만 건지라는 주역의 지침에 충실히 따랐구나.' 하는 생각에 피식 웃음이 나왔다. 교육담당자에게 전화를 걸어, 다행히 큰 피해는 없었다는 답을 듣고서야 안심이 됐다.

주역을 배운 이래 괘를 뽑거나 60갑자 운세를 미리 봐서 잘 대처한 적이 여러 번 있었다. 지진을 만났을 때 당황할 수도 있었지만, 평정심을 유지하면서 침착하게 대피할 수 있었던 것은 주역이 알려 준 지침을 가슴 한편에 품고 있었기 때문이다. 60갑자 주역 프레임으로 본 2018년은 가정을 잘 챙기는 해였고, 2019년은 함부로 새로운 투자를 하지 말아야 하는 해이며, 2020년은 내공을 크게 쌓아야 하는 해다. 연초에 새해를 설계할 때도 중요한 지침이 되고, 1년 동안 마음에 새기며 살다 보면 '아! 그래서 그렇구나.' 하는 생각이 들곤 했다.

지진과 같은 재난이 일어났을 때는 재산에 연연하지 말고 목숨만 건져야 한다. 리더는 상황 파악을 잘 해야 하고, 이웃이 재난을 당했을 때는 신중하게 처신해야 한다. 이런 메시지가 '진'괘 괘사와 효사 전반에 녹아있다. 모든 재난이 다 그렇다. 운 나쁘게 선박이나 항공 사고를 당하더라도 역시 그런 자세를 견지해야 한다.

예를 들어 보자. 2019년 5월 러시아 모스크바 공항에서 비행기 사고가 나 41명이 사망하고 37명이 생존한 일이 있었다. 이륙 후 낙뢰를 맞아 비상 착륙을 한 것인데, 참사가 커진 원인으로 조종사들의 세

가지 실수가 도마에 올랐다. 비상착륙 과정에서의 화재를 막기 위해 공중을 선회 비행하며 충분히 연료를 소진한 뒤 착륙했어야 하는데 무리하게 급히 착륙했고, 여객기가 착륙한 뒤에 조종사들이 조종실 내 창문을 여는 바람에 기내 공기 유입과 불 확산을 부추겼으며, 곧바로 엔진을 끄지 않은 실수도 저질렀다고 한다. 리더가 상황 파악을 잘 못한 것이다. 더욱 비난 받은 사람들은 자기 짐을 챙기느라 뒷자리 승객의 탈출을 방해한 결과를 낳은 일부 승객들이었다. 특히 한 러시아 남성 승객이 여론의 뭇매를 맞았다. 10번째 줄에 앉아 있던 그가 짐을 챙기느라 시간을 끌면서 이 남성보다 뒤에 앉았던 승객들 중 단 3명만 살아남았다는 것이다. 주역 진(震)괘를 한 번이라도 읽어본 사람이라면 여객기 사고 때 짐을 챙기느라 자신과 동승객의 안위가 훼손되어서는 안 된다는 기준을 확고히 세울 수 있었을 것이다. 공항 내에 있던 일부 직원들은 사고가 난 여객기를 휴대폰으로 촬영하며 큰 소리로 웃는 모습이 다른 휴대폰에 찍히는 바람에 여론의 공분을 샀다. '진'괘 상효를 읽었으면 이런 유형의 잘못을 저지를 일이 없다. 거기에는 이웃이 재난을 당했을 때의 대처방법이 나온다.

모스크바 공항에서 비행기 사고에 대비하는 지침이 '진'괘에 다 들어있다. 재난을 당했을 때는 목숨만 건져야 한다.(진괘 2효) 리더는 상황 파악을 잘 해야 한다.(진괘 5효) 이웃이 재난을 당했을 때 신중하게 처신하지 못하면 구설수에 오른다.(진괘 상효) 성인이 '진'괘를 통해 알려준 하늘의 메시지다.

주역을 공부해야만 재난을 잘 피할 수 있는 것은 아니다. 재난에 대한 지식이 상당하고 '느낌'이 충분히 발달되어 재난의 기미를 미리 알 수 있으면 주역의 도움 없이도 재난을 피할 수 있다. 2004년 말 남아시아 지진에서 28만 명이 목숨을 잃었다. 그러나 인도네시아 시메울루에 섬 주민들은 모두 무사했다. 그 섬에는 100년 동안 전해오는 전설이 있었다. 지진이 일어난 후 바닷물이 쑥 빠져나가고, 이어서 거대한 파도가 몰려와 수천 명의 이웃이 희생당했다는 전설이다. 그들은 그 파도를 '세몽'이라 했는데, 그게 바로 쓰나미다. "세몽의 기미가 보이면 '세몽!'이라 소리치면서 무조건 구릉으로 올라가라!" 이것이 전설의 지침이었다. '세몽!'이라 소리치는 것은 이웃과 함께 살아남기 위함이다. 그 전설을 구전하며 믿은 시메울루에 섬 주민들은 거대한 쓰나미에도 모두 무사할 수 있었다. 그런 지혜가 일상에 녹아 있으면 굳이 주역을 공부할 필요가 없을 것이다.

지진이나 쓰나미가 일어나기 전에 두꺼비나 코끼리 무리들이 그 기미를 알고 생존을 위한 대 이동을 한다는 것은 잘 알려진 사실이다. 그런 미물들도 '느낌'으로 하늘의 메시지를 듣는데 인간이 하늘과 통하지 못하는 이유는 뭘까? 그것은 욕심 때문이다. 무의식에 욕심이 들어 있으면 하늘과 채널을 맞출 수 없다. 주역으로 이치공부와 마음공부를 하는 주된 목적은 욕심을 없애 본마음을 회복하고, 변화의 기미를 미리미리 감지하여 예방하고 대처하는 능력을 키우는 데 있다. 오랜 전설만으로 대처가 어렵고, 변화의 기미를 아는 '느낌'이 퇴화되었을 땐 주역을 공부하는 게 효과적인 대안이다.

우리 가족들은 오래 전부터 주역을 의사결정에 활용하고 있다. 부부간에 의견이 맞설 때는 함께 주역 괘를 뽑았다. 주역이 알려주는 지침에 따르고부터 갈등할 일이 거의 없어졌다. 가족 중에 주역 괘를 해석해 달라고 종종 찾아오는 고객이 있다. 바로 딸이다. 지금은 직장생활을 하고 있는 딸은 중학생 시절부터 주역의 도움을 받았다. 학교에 다녀 온 딸이 어느 날 말했다. "아빠, 저도 괘 좀 뽑아 볼 수 있어요?" 부모가 주역을 활용하는 것을 어깨너머로 봤던 것이다. 이유를 물었더니 그냥 한 번 봐 달라는 것이다. 괘를 뽑을 때는 원래 뽑는 이유를 미리 기록하고 시작하는 것이 원칙이다. 하지만 딸이 주역에 관심을 갖는 것이 기특하여 그냥 괘를 뽑게 했다. 쾌(夬)괘가 나왔다.

쾌(夬)괘

쾌(夬)는 '척결하다', '결단하다'의 뜻이다. 우리가 척결해야 할 것은 자신의 잘못된 습관이나 태도, 사회적인 병폐, 조직에 나쁜 영향을 미치는 인물 등 다양하게 존재한다. '쾌'괘는 '못 택(澤)'을 상징하는 태(☱)가 위에, '하늘 천(天)'을 상징하는 건(☰)이 아래에 각각 위치하고 있어서 '택천쾌(澤天夬)'라고 한다. 맨 위의 유일한 음(--)이 척결 대상이며, 아래 다섯 양효들이 힘을 모아 음(--)을 척결하는 형국이다. '쾌'괘 괘사는 다음과 같다.

척결하는 상황이다. 왕의 뜰에서 드날리니, 믿음을 갖고 구호를 외치면 위태하다. 자기 읍에 물어야 하며, 군사로써 나아가는 것은 이롭지 않다. 가는 바가 있으면 이롭다.

夬, 揚于王庭 孚號有厲 告自邑 不利卽戎 利有攸往
쾌, 양우왕정 부호유려 고자읍 불리즉융 이유유왕

괘사를 보고 내가 물었다. "귀찮게 하거나 함부로 대하는 사람이 있니?" 딸이 깜짝 놀라면서 대답했다. "그래서 뽑아본 거예요." 괜히 치근거리며 힘들게 하는 사람이 있다는 것이다. "맞붙어 싸우지 말고,

내 마음을 살피면서 의연하게 대하는 게 좋겠네." 1주일쯤 지나서 딸이 기쁜 얼굴로 말했다. "해결했어요." 주역이 알려주는 대로 했더니 그가 더 이상 치근거리지 않는다는 것이다.

그 후로 딸은 중요한 의사결정을 할 때마다 주역의 괘를 활용하곤 했다. 딸이 대학원 석사과정 시험을 앞두고 있을 때였다. 여행사에 있는 친구로부터 '여행 티켓이 싸게 나왔으니 이용할 의향이 있느냐?'는 연락을 받고 여행을 계획하며 의논하고 있던 상황이었다. 딸은 자기도 가고 싶은데 시험이 머지않아서 판단이 헷갈린다며 괘를 뽑아 보았다. 송(訟)괘가 나왔다.

송(訟)괘

송(訟)은 '다툼'이나 '소송'을 뜻한다. '하늘 천(天)'을 상징하는 건(☰)이 위에, '물 수(水)'를 상징하는 감(☵)이 아래에 각각 위치하고 있어서 '천수송(天水訟)'이라 한다. 건(☰)은 굳셈을 상징하고, 감(☵)은 다툼 또는 험함을 상징한다. 서로 시비가 생긴 험한 상황인데 굳세게 나가니 다툼이나 송사로 이어지게 되는 형국이다. 다툼의 상황에서 주역의 '송'괘 괘사는 이런 지침을 준다.

다툼의 상황이다. (이긴다는) 믿음을 가지면 막혀서 속이 탄다. 중간에 그만두면 길하고 끝까지 가면 흉하다. 대인을 보는 것이 이롭고, 큰 내를 건너는 것은 이롭지 않다.

訟, 有孚 窒惕 中吉 終凶 利見大人 不利涉大川
송 , 유부 질척 중길 종흉 이견대인 불리섭대천

'큰 내를 건너는 것은 이롭지 않다'는 것은 싸움을 무리하게 진행하지 말라는 뜻의 은유적인 표현이다. 딸이 지금 여행을 가야할지를 물은 데 대한 답이 그렇게 나왔다는 것은 결론이 불을 보듯 뻔하다. "큰 내를 건너는 것은 이롭지 않다는데?" 내가 해석을 해 주니 딸이 즉시 호응했다. "에이, 시험 준비에 집중해야겠다." "합격한다는 믿음을 갖지 말라는 힌트도 있다네." 딸은 여행을 깨끗이 포기하고 시험공부에 전념했고, 결과도 좋았다. 괘를 해석해 줄 때 잊지 않고 덧붙이는 말이 있다. "너무 얽매이지도 무시하지도 말고 참고하시게."

주역은 어떨 때는 '큰 내를 건너라'고 하고, 어떨 땐 '큰 내를 건너지 말라'고 한다. 늘 소극적이고 우유부단한 사람은 때로 큰 내를 건너보면 새로운 세상이 열리게 된다. 늘 적극적이고 과감한 사람은 때로 자제했을 때 새로운 세계를 경험하게 된다. 주역에는 고정관념에서 벗어나는 길, 창조적으로 인생길을 열어가는 지혜가 녹아 있다.

대학원 석·박사 과정에서 공부하던 시절, 필자는 시간 여유가 있을 땐 매일 아침마다 주역 괘를 뽑았다. 하루의 지침으로 삼기 위함이었다. 괘를 뽑는 과정 자체가 마음을 밝고 깨끗하게 하는 세심(洗心)의 시간이었다. 아주 바쁜 시기에도 주 1회는 괘를 꼭 뽑았다. 일요일에 괘를 뽑아 1주일의 지침으로 삼는 방식이었다. 초효에서부터 상효까지 6획을 각각 월요일부터 토요일까지 요일별 지침으로 삼았다. 새해를 맞이할 때는 1년의 운세를 주역 괘로 뽑아 활용했다. 몇 년 전부터는 대중을 상대로 새해설계 주역 특강을 하기 위해 '60갑자 주역 프레임'으로 한 해 운세를 얻었다. 나 자신도 1년 내내 그 운세를 가슴에 품고 지냈다. 하늘이 정해 준 지침을 1년 동안 마음에 새기고 지낸다는 것은 든든한 일이 아닐 수 없다. 그것을 실제 생활에 적용한 결과 거

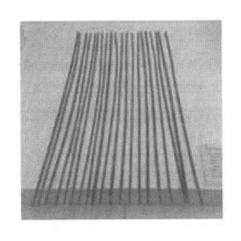

의 예외 없이 큰 도움이 되곤 했다. 옛 선비들도 주역 괘를 뽑아 의사결정에 참고하는 것이 일상의 방편이었다. 사진은 학봉 김성일 선생이 주역 괘를 뽑을 때 사용했던 산가지다. 원래 50개의 산자기를 이용하는데, 일부 멸실되고 남아있는 것을 전시한 것이다. 안동에 있는 학봉기념관에서 찍은 사진이다. 학봉은 퇴계 선생의 수제자 중 한 분으로 임진왜란 때 의병활동을 한 것으로도 잘 알려져 있다.

이야기2
주역은 점치는 도구인가?

"주역은 점을 치는 도구입니까?" 현장에서 이런 질문을 많이 듣는다. 이 질문에 대한 답은 여러 성현들이 내려놓았다.

우리는 공자에게 배운 코드주역을 공부하고 있다. 따라서 공자의 견해를 먼저 살펴보는 것이 좋겠다. 공자는 주역의 효용을 네 가지로 분류했다. '말'과 '행동'과 '창조적 활동'과 '선택'이 바로 그것이다. 공자는 이렇게 말했다. "역에는 성인의 도가 넷이 있다. 말을 할 때는 '괘사'와 '효사'를 중시하고, 행동을 할 때는 그 '변화의 원리'를 중시하며, 제도와 도구를 만들 때는 '괘상'을 중시하며, 선택을 할 때는 '점'의 기능을 중시한다." 공자 말씀을 통해 성인이 주역을 네 가지 용도로 활용하였음을 알 수 있다. 또한 공자도 점치는 기능을 주역의 중요한 효용으로 봤다는 것을 알 수 있다.

다음은 세종대왕의 답을 들어보자. 세종은 변방에 장수를 내보내면서 이렇게 말했다. "적군을 상대하여 군사를 쓸 때 점괘(占卦)를 이용하되, 이에 구애 받거나 무시하지 말고 상황에 맞게 잘 참고하여 실행하라." 주역 점을 대하는 적절한 지침이며, 명문장이다. 점괘에 얽매이지도 무시하지도 말고 상황에 맞게 참고하는 것, 이것이 주역 점을 대하는 올바른 태도이다.

점의 기능에 대한 또 다른 답은 『서경』에 나온다. 주나라 무왕이 기자에게 통치술을 물었을 때 기자가 「홍범」이라는 글을 남겼는데, 지혜로운 선택의 프로세스를 다음과 같이 제시하였다.

첫째, 내 마음에 물어라.(자신의 느낌, 판단)

둘째, 경사에게 물어라.(멘토, 전문가에 묻는다)

셋째, 서인에게 물어라.(일반대중에게 묻는다)

넷째, 복서(卜筮)에 물어라.(주역 점을 친다)

주역 점은 이 중 네 번째 단계의 솔루션을 제공하는 것이다. 사실 네 가지 모두가 하늘의 메시지에 따르는 것이라 할 수 있다. 내 마음에 묻는 것도 하늘의 메시지를 듣는 과정이며, 멘토나 일반인도 모두 하늘같은 사람이니 하늘의 뜻을 묻는 것이다. 주역 점도 당연히 하늘의 메시지를 듣기 위한 절차다. 복서라고 할 때 '점 복(卜)'자는 그 자체가 하늘의 메시지를 뜻한다. '뚫을 곤(丨)'은 점대를 세운 모양이다. 하늘을 향해 안테나를 세운 모양이라 생각하면 된다. '점 주(丶)'는 '이것이다' 하고 하늘이 점을 찍어 준 것을 뜻한다. '점칠 점(占)'은 '점 복(卜)' 아래 '입 구(口)'가 있다. 점을 친 결과 길흉을 입으로 말하는 것을 뜻하는 회의문자다.

고대에는 점을 치는 방법에 거북점과 시초점이 있었다. 거북점은 거북의 등껍질을 태워서 갈라지는 모양을 보고 판단하는 것이다. 시초점은 시초(蓍草)라는 풀을 이용한 점법인데 현대에는 서죽(筮竹)이라는 가는 대를 길게 잘라서 이용한다. 점을 쳐서 최종 의사결정 하는 「홍범」의 지침은 다음과 같다.(지금은 거북점이 활용되지 않고 있으니 거북점과 시초점을 하나로 묶어서 보았다.) 나의 판단, 점 친 결과, 전문가와 일반인의 판단이 모두 같이 잘 나왔을 때 대동(大同)이라 한다. 이때는 모두가 같은 마음이니 분명히 좋은 일이 일어나게 된다는 뜻이다. 나의 판단과 점 친 결과가 잘 나오면 전문가와 일반인의 판단이 부정적이라도 길하다. 전문가의 판단과 점 친 결과가 좋으면 나와 일반인의 판단이 부정적이라도 길하다. 그 밖의 경우는 상황에 따라 길흉이 달리 나온다. 『서경』에는 이와 같이 구체적인 기준이 나온다. 선현들은 놀라울 정도로 신중하고 세밀한 기준에 따라 의사결정을 했음을 알 수 있다. 현대인이 오히려 주먹구구로 하거나 독단적인 방법으로 판단하고 결정하는 경향이 있다.

"주역은 점치는 학문인가?" 이 질문에 대한 답은 두 가지 모두 가능하다. '그렇다'고 답할 수 있는 이유는, 공자의 주역 해석과 『서경』에서 주역에 점의 기능이 있음을 분명히 밝혔고, 실제로 선비들이 점을 치는 도구로 활용했기 때문이다. 그러니 틀린 답은 아니다. 또한 '아니다'라고 답할 수 있는 것은, 점을 치는 것이 주역의 본질은 아니기 때문이다. 공자도 네 가지 기능 가운데 마지막 하나로 점을 언급했을 뿐이다. 결론을 내려 보자. '주역은 점치는 학문이다'라고 하면 다소 어폐가 있다. '주역에 점치는 기능이 있다'고 말하면 딱 맞다.

사람들은 고정관념과 고정된 습관이 있어서 그것을 뛰어넘기 어렵다. 부드러운 사람은 늘 부드럽고, 굳센 사람은 늘 굳세다. 주역 점을 이용하면 부드러운 사람이 과감하게 대처하기도 하고, 굳센 사람이 부드럽게 조심하기도 한다. 그러다 보면 일찍이 경험하지 못한 새로운 체험을 하게 되고, 잠재능력을 크게 발휘할 수 있게 된다.

하지만 주역을 공부하는 것은 주역 점에 계속 의지하기 위함이 아니다. 공부가 익숙해지면 주역 괘를 뽑아보지 않아도 상황에 맞게 대처하여 자기 인생을 능숙하게 경영할 수 있게 된다. 주역 공부의 목표는 거기에 있다. 운전이 익숙해지면 운전한다는 생각도 없이 무의식적으로 능숙하게 상황에 대처하게 되는 것과 같다. 그 때까지는 처음 운전을 배울 때처럼 매뉴얼에 따라 핸들과 계기를 조정하는 습관에 익숙해지는 게 좋다. 주역 괘를 뽑거나 주역 운세에 따르는 것은 매뉴얼에 따라 운전하는 과정과 유사한 의미가 있다.

주역을 한 마디로 말하면 '두루 통하는 변화의 이치'다. 주역의 주(周)는 '두루 주', 역(易)은 '바뀔 역'이기 때문에 그렇게 말할 수 있다. '주(周)나라 문왕과 주공이 부흥시킨 역학'이라서 주역이라고 한다는 것이 일반적인 설이지만, '두루 통하는 변화의 이치'로 보는 것이 주역의 본질에 맞다. 왜 그것이 본질인가? 주역은 하늘의 이치를 담은 학문이고, 하늘의 이치는 땅의 일과 사람의 일에 두루 통하기 때문이다. 하늘의 이치는 한마디로 음양(陰陽)이다. 한번 음(--)이 되고 한번 양(-)이 되는 일음일양(一陰一陽)이다. 밤과 낮, 춘하추동이 반복되는 것, 그것이 하늘의 운행이다. 이를 사람의 일로 표현하면 일치일란(一治一亂)이 된다. 한 번 잘 다스려지고 한 번 어지러워지는 게 역리(易理)다. 계속 잘 풀리는 일도 없고 계속 안 되는 일도 없다. 잘 나가다가 막히게 되고, 절망인가 싶으면 어느 날 다시 희망이 보이곤 한다. 그래서 잘 나갈 때도 어려운 날이 올 것을 알고 대비해야 하며, 아무리 힘든 상황을 만나도 결코 포기하지 말고 좋은 날을 맞이할 준비를 해야 한다. 이것이 주역이 알려주는 삶의 지혜다.

동서양의 많은 현자들이 양(-)과 음(--)이라는 주역 코드로 창조적인 활동을 하며 문명사에 큰 족적을 남기기도 하고, 또한 자신의 운명을 개척했다. 수학자 라이프니츠는 1700년경에 2진법을 창안했는데, 그것이 오늘날 스마트폰의 원천기술이 되었다. 2백 년 전 독일 선교사 리하르트 빌헬름은 주역해설서를 내서 3천만 부나 팔렸다고 한다. 대표적 심리학자인 칼 융은 친구인 빌헬름의 주역해설서에 서문을 썼는데, 거기에 이렇게 적었다. "나는 30년 동안 주역을 공부했다. 주역은 인간의 잠재의식을 개발하는 데 매우 중요한 역할을 한다." 과학자 아인슈타인은 주역으로 양자물리학을 창안했고, 양자역학의 아버지

로 노벨상 수장자인 닐스 보어는 주역을 종교처럼 여기고 주역 휘장을 만들어 옷에 붙이고 다닐 정도였다. 사진은 닐스 보어와 그가 애용한 주역 휘장이다. 빌헬름, 융, 아인슈타인, 보어는 모두 약 2백 년 전의 사람이다. 이들의 공통적인 특징은 주역에서 영감을 얻은 탁월한 인물들이라는 점이다. 주역은 인간의 잠재의식을 개발하여 창조적 활동을 할 수 있게 하는 특별한 학문이다.

그런데 그들에게 '주역'이라는 원천기술을 제공한 더 탁월한 주역학자들은 동양인들이다. 주역을 처음 창안한 이는 5천 년 전 동이인 성자인 복희씨다. 복희, 문왕, 주공, 공자 등 네 성인이 참여하여 주역을 완성했고, 왕필, 정이, 주희 등 후세의 유학자들이 주역을 깊이 연구했다. 한국에도 수많은 주역학자들이 있으며, 특히 우탁, 퇴계, 다산 등이 주역의 굵은 계보를 이어왔다. 퇴계 선생은 우탁이 주역의 중심을 동방으로 옮겨왔다는 뜻으로 역동(易東)이라 했다.

공자 말씀과 실제 현상을 보면 주역은 운세를 점치고 선택과 결단을 하는 도구는 물론, 말과 행동과 창조적 활동을 위한 최고의 발명품이다. 또한 다른 많은 기술의 원천기술이기도 하다. 그것은 주역이 하늘의 메시지를 담고 있기 때문이며, 주역을 공부하는 이들이 마음의 채널을 하늘에 맞추기 때문에 가능한 일이다.

이야기3
꿈에서도 주역을 공부한 공자

"아! 나도 많이 늙었구나. 꿈속에 주공을 못 뵌 지 오래되었어."

공자(孔子)가 만년에 제자들에게 한 말이다. 50세에 지천명을 한 공자는 죽음도 두려워하지 않았다. 공자가 송나라에 갔을 때 제자들과 큰 나무 아래서 예(禮)를 익히고 있는데, 송나라 사마환태라는 자가 나무를 뽑으면서 공자를 죽이려고 위협한 일이 있었다. "선생님, 빨리 도망하십시오." 제자들이 재촉하자 공자가 말했다. "하늘이 나에게 덕을 주었는데, 환퇴 같은 자가 나를 어떻게 하겠는가?" 공자 나이 60세 때의 일이다. 그런 공자가 노년에 아쉬워한 일이 있었다. 꿈속에 주공을 못 만나는 것, 바로 그것이 아쉬운 일이었다. 그 전에는 공자가 꿈속에서 자주 주공을 만났음을 알 수 있다.

주공은 누구인가? 주공(周公)은 주나라 때 성인으로, 아버지인 문왕(文王)과 함께 『주역』 경문(經文)을 만든 분이다. 6백 년의 시간적 거리가 있었지만 공자와 주공은 꿈에서 종종 조우했던 것이다. 그들은 왜 꿈속에서 만났으며, 꿈속에 만난 두 사람 사이에는 대체 무슨 일이 있었을까? 꿈속에서 어떤 사람을 한두 번도 아니고 여러 번 만난 것은 매우 특별한 인연이 있다는 뜻이다. 또한 못 만나는 것이 아쉬울 정도라면 더 애틋하고 간절한 만남이었을 것이다. 몽매간에 사모하는 연인 사이에나 있을 법한 일이다.

공자는 평생 주역 공부에 엄청난 정성을 기울였다. 역사상 공자만큼 주역을 빡세게 파고든 사람도 드물 것이다. 공자가 얼마나 열심히 주역 공부를 했는지는 '위편삼절(韋編三絶)'이라는 말로 쉽게 짐작할 수 있다. 당시에는 종이가 없어서 대나무에 글자를 써서 책으로 엮었다. 그것을 죽간(竹簡)이라 한다. 가장 귀한 책은 가죽으로 제본을 했다. 그것을 위편(韋編)이라 한다. 공자는 가죽으로 제본한 『주역』 책을 세 번이나 너덜너덜 헤질 정도로 파고 또 팠다. 그래서 위편삼절이라는 말이 나왔다. 그 고사를 통해 우리는 두 가지 사실을 알 수 있다. 하나는, 공자가 주역의 이치를 파악하는 과정이 쉬운 과정이 아니었음을 말해 준다. 쉬웠으면 그렇게까지 공부했을 리가 없다. 또 하나는, 공자가 주역에 너무나 귀하고 중요한 이치가 담겨있음을 알았다는 점이다. 그래서 끝까지 파고들었던 것이다.

공자는 50대에 드디어 주역의 이치를 깨우쳤다. 그 결과 천명(天命)을 알았다. 공자가 성인이 된 데는 주역 공부가 큰 역할을 했던 것이다. 그는 만년에 이렇게 안타까움을 표했다. "몇 년을 더 살아서 주역을 50년만 공부했더라면 큰 허물이 없을 텐데…." 공자(B.C. 551~479)는 73세까지 누렸으니까, 역산해 보면 20대부터 50년 가까이 주역을 공부했다. 50대에 주역으로 득도(得道)를 했고, 평생 주역을 공부했음을 알 수 있다. 그 과정에서 낮에는 『주역』 책이 세 번 헤질 정도로 공부하고 밤에는 꿈속에 주공을 만났던 것이다.

공자가 꿈속에서 주공을 만났을 때 어떤 일이 있었을까? 오매불망 그를 생각하다가 만났을 것이니 차 한 잔 나누며 대화하고 헤어지진 않았을 것이다. 아마도 주역 공부를 하다가 잘 풀리지 않을 때마다 주공을 그리워했으리라 추측된다. 왜 그런지 알 수 있는가? 내가 비슷한 경험을 했기 때문에 알 수 있다. 꿈에 주공이나 공자를 만난 적은 없지만, 애타게 찾던 주역의 비밀을 꿈속에 알아낸 적이 여러 번 있었다. 머리말에 밝힌 바와 같이, 주역에 완전히 미쳤던 3년의 기간 동안 벌어진 일이다. 코드를 벽면 가득 붙여놓고 명상을 하면서도 그렇게 막연하던 것이 새벽에 꿈속에서 풀리곤 했다. 주역은 하늘의 코드이기 때문에 명상과 꿈을 통해 무의식의 작용으로 쉽게 다가온 것이 아닌가 싶다.

그런 경험을 몇 차례 하다 보니 공자가 꿈에 주공을 만난 이유를 알게 되었다. 공자는 그때마다 주공에게 주역의 핵심 비법을 전수받았을 것이다. 그리고 그 전수받은 내용으로 공자는 소위 '십익(十翼)'이라 불리는 주역 해설집을 만들었다. '십익'은 '10개의 날개'라는 뜻인데, 공자의 작품이 아니라는 주장도 있지만 전통적으로 대부분 공자의 글이라고 보는 것이 일반적인 견해다. '대부분'이라고 한 것은 그 중 일부는 공자의 글이 아닌 것도 있다는 뜻이다.

공자가 위편삼절을 하고 주공에게 전수 받으면서 터득한 주역의 핵심 비결은 무엇일까? 그것은 바로 주역을 코드(Code)로 파악했다는 것이다. 왜 그렇게 말할 수 있는가? 공자는 그의 주역 해설집에서 이렇게 선언했다. "역(易)이란 상(象)이다." 공자가 '역(易)이란…', 즉 '역자(易者)…'로 시작한 문장은 주역 전체에서 단 한 문장 밖에 없다. "역이란 상이다." 온통 주역에 미쳐있었던 나에게 이 말이 확 꽂혔다. 공자 말씀이 나에겐 이렇게 들렸다. "주역은 코드(Code)야! 그러니 주역을 알려면 먼저 코드를 알아야 해."

그런데 문왕과 주공은 코드집을 남기지 않았고, 공자도 일부 힌트만 남겼을 뿐이다. 왜 그랬을까? 몽매간에 주역의 코드를 찾는 동안 필자는 그 이유를 추정할 수 있었다. 코드를 찾는 노력 자체가 주역 공부의 중요한 과정이기 때문에 성인들은 코드집을 남기지 않았을 것이다. 성인의 그런 뜻을 존중해서 이 책에서는 독자 스스로 코드를 찾는 훈련을 하도록 배려했다. 그것은 주역 공부를 더 즐겁게 하기 위한 수단이기도 하다. 어려운 코드를 찾도록 요구하여 스트레스를 주지는 않을 것이다. 그리고 찾은 코드가 맞는지 틀린지 함께 검증하는 기회도 제공하였다.

　　말이 나왔으니 중요한 코드 찾기 퀴즈를 하나 내 본다. '밝음'의 코드를 찾아보자. 밝음의 보통명사는 '명(明)'이지만, 주역적 표현은 '형(亨)'이다. 형(亨)은 '형통함'이 아니라 '밝음'으로 해석해야 한다. '형', '밝음'의 코드는 1획으로 나타낼 수도 있고, 3획으로 나타낼 수도 있다. 아래 표에서 1획일 때와 3획일 때 각각 밝음의 코드는 어느 것일까? 둘 중에 골라서 표시해 보기 바란다.

* 밝음의 코드 찾기

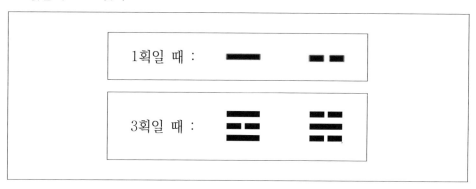

　　해답은 곧 알게 될 것이다. 사실 밝음의 코드를 찾는 것은 초급 수준에 해당한다. 더구나 3획일 때 밝음의 코드는 머리말에서 잠시 언급한 바가 있다. 초급 수준의 코드 중 조금 더 어려운 것을 해독해 보자. 다음 주역 코드 중 하나는 '가라(go)'는 코드이고, 나머지 하나는 '멈추라(stop)'는 코드다. 코드와 설명을 서로 연결해 보라.

* 고(go)와 스톱(stop)의 코드 찾기

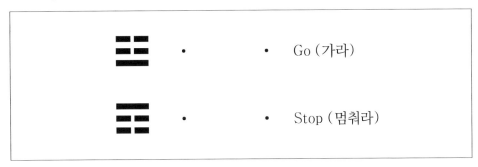

주역 공부에서 스스로 코드를 찾는 과정은 매우 의미 있고 중요하다. 심리학과 주역의 대가인 융은 "주역이 잠재의식을 개발하는 데 큰 도움이 된다."고 했다. 필자의 경험상으로도 주역 코드를 찾는 과정은 잠재의식을 개발하고 창조적인 두뇌를 갖게 하는 중요한 수단임을 알 수 있었다. 퀴즈의 답은 곧 나올 것이다. 주역을 공부할 때 코드를 참구하는 것은 상상력과 창의력을 키워 주고, 마음 수양과 치매 예방에도 도움 되는 좋은 공부법이라고 믿는다.

주역의 코드를 알아야 하는 이유는 뭘까? 인터넷 계정에 들어가려면 ID와 비밀번호가 있어야 한다. 그렇게 입장을 하고 나야 그 계정의 내밀한 정보를 파악할 수 있다. 주역을 공부하는 것은 하늘의 이치, 즉 궁극의 이치를 터득하기 위함이다. 달리 말하면 지천명(知天命)을 하기 위함이다. 지천명을 하려면 하늘 문을 열어야 하니 당연히 비밀스런 코드가 필요하지 않겠는가? 주역은 코드를 통해 하늘의 메시지를 알아내는 매우 특별한 도구다.

주역의 기본 코드는 8개이다. 그것을 '8괘(卦)'라고 한다. 8괘는 주역의 문을 여는 8자리의 ID와 비번이라 할 수 있다. 괘(卦)는 '걸다', '걸리다'의 뜻인데, 8개의 코드에 여러 가지가 '걸려있다'는 의미로 쓰였다. 그 8개의 코드를 겹쳐서 64개로 만들어버리면 놀랍게도 우주 만물과 세상만사가 모두 거기에 걸려있게 된다. 따라서 그 이치를 알면 모든 이치를 알 수 있게 된다. 동서고금의 많은 사람들이 주역 공부에 열을 올리는 것은 바로 그 때문이다.

우주 만물과 세상만사가 다 걸려있는 것을 공부하는 게 쉬운 일일까? 그것이 만만치 않은 일임은 쉽게 짐작할 수 있다. 그래서 주역을 공부하고 싶어 하면서도 엄두를 못 내거나 시작을 하고서도 끝을 내지 못하는 것이다. 이 책의 독자들은 이미 시작을 했다. 그러니 이제 끝을 맺으면 될 것이다. 그저 따라 읽기만 하면 이해할 수 있도록 하는 것, 주역의 정수를 가장 쉽게 담아내는 것이 이 책의 목표다. 그 과정이 마냥 재미있는 것만은 아닐 테지만, 이 책이 주역 공부의 왕도(Royal road)가 될 것이라는 믿음이 있다. 그런 믿음이 없으면 시작하지 못했을 것이다.

그럼 중급 수준의 코드 문제를 하나 풀어 보자. 이번에는 집[家]과 문(門)의 코드다. '집'과 '문'은 같은 코드를 쓴다. 아래 8개의 코드 중에 찾아서 표시해 보기 바란다.

* 집과 문의 코드 찾기

이 여덟 개의 코드가 바로 8괘다. 그 중 4개는 태극기에 나온다.

그 덕분에 우리 한국인은 이미 주역 8괘에 상당히 친숙한 편이다.

　이제 퀴즈 정답을 하나씩 풀어보자. 밝음의 코드는 1획으로 나타낼 때는 양(－)효이고, 3획으로 나타낼 때는 이(☲)괘다. 왜 그런가? 음양으로 따지면 양(－)은 밝음, 음(--)은 어둠의 코드가 된다. 3획의 경우 이(☲)괘는 기본적으로 '불'의 코드지만, '태양'의 코드도 된다. '날 일(日)', 태양(☉)의 모양은 이(☲)괘로 밖에 표현할 수 없다. 이(☲)는 태양의 코드인 동시에 '밝음'의 코드도 되는 것이다.

　　* 밝음의 코드

　　　　　　　　　밝음의 코드 :　━━　　☲

　다음으로 '가라(Go)'는 코드와 '멈추라(Stop)'는 코드는 어떤 것인지, 이제 그 해답을 보자.

　　* 고와 스톱의 코드

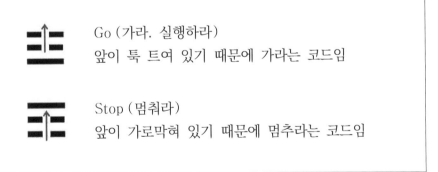

　　　　Go (가라. 실행하라)
　　　　앞이 툭 트여 있기 때문에 가라는 코드임

　　　　Stop (멈춰라)
　　　　앞이 가로막혀 있기 때문에 멈추라는 코드임

퀴즈 풀이가 정답과 일치했다면 기분이 좋겠지만 불일치했다고 상심할 필요는 없다. 이제 겨우 시작일 뿐이다. 우리는 '멈출 것인가, 갈 것인가?'의 판단이 이 두 개의 코드에 걸려있음을 알게 되었다. '걸려있다', '달려있다'는 뜻을 가진 괘(卦)라는 주역적 표현은 그렇게 하여 생겨났다.

그러면 집[家]과 문(門)의 코드는 무엇일까? 정답은 간(☶)이다.

먼저 문의 코드를 알아보자. 간(☶)은 '문 문(門)'의 한자 모양과 비슷하다. 알고 나면 어렵지 않을 것이다. 다음은 집의 코드를 생각해 보자. 위의 양(一)은 물 샐 틈 없는 지붕, 아래의 두 음(--)은 네 개의 기둥이기 때문에 집의 코드가 된다. 이 정도는 중급 코드에 속한다.

* 집과 문의 코드

집과 문의 코드 : ☶

공자도 이런 코드는 어렵지 않게 찾았을 것이다. 공자는 집의 코드를 확인하기 위해 주역 책을 계속 넘기면서 '집 가(家)' 자가 나올 때마다 유심히 보고 또 봤을 것이다. 그렇게 하여 주역에 나오는 10개의 '가(家)'자를 확인하고 나서야 '집의 코드가 간(☶)이구나' 하는 최종 결론을 내렸을 것이다.

이런 식으로 찾아나가다 보면 어느덧 주역 코드에 익숙하면서 친해지게 된다. 그래서 어느 순간 이(☲)괘를 보면 태양과 밝음의 이미지가 저절로 떠오르게 되고, 간(☶)을 보면 산과 집과 문의 이미지가 저절로 떠오르게 되는 날이 올 것이다.

그런데 공자는 중국인이고 주역은 중국의 학문일까? 보이는 현상만 놓고 보면 그렇게 볼 수도 있다. 하지만 조금만 깊이 들어가 보면 다른 결론에 이르게 된다. 먼저 공자의 사상을 보자. 공자는 자신이 유교를 창안한 것이 아니라고 말했다. 다만 요·순임금의 사상을 계승했다는 것이다. 공자는 스스로 '술이부작(述而不作)'이라 했다. '계승하였지 창작한 것이 아니다.'라는 뜻이다. 『중용』에는 '중니 조술요순(仲尼 祖述堯舜)'이란 말이 나온다. 중니는 공자의 이름이며, 조술요순은 '요·순임금을 종조로 삼아 계승했다.'라는 뜻이다. 요·순임금은 모두 우리의 조상인 동이인이다. 공자의 조상도 동이인이며, 공자 자신은 동이인이 중원에서 활약했던 주 무대인 산동지역 출신이다. 결론적으로 공자 사상은 동이인의 사상을 체계적으로 정리한 것이라 할 수 있다. 그럼 주역은 중국 학문인지를 보자. 주역을 창안한 이는 동이인 성자인 복희씨다. 다음 절에 이어지는 얘기를 보면 주역과 가장 밀접한 관계가 있는 사람들이 우리 조상님들이고, 그 원형이 가장 잘 남아있는 곳도 바로 대한민국임을 알 수 있을 것이다.

태극기에 녹여낸 하늘 사상

140년 전 일본이 조선을 넘보는 과정에서 운양호라는 군함을 강화도로 보내 조선을 위협한 사건이 벌어졌다. 그 때 조선군은 운양호에 포격을 가하며 저항했으나 역부족으로 오히려 큰 피해를 입었다. 일본은 적반하장으로 "운양호에 일본 국기가 걸려 있었는데, 왜 포격을 했느냐?"며 트집을 잡고 강화도조약 체결을 강요했다. 그 때까지 조선에서는 '국기'가 무엇을 뜻하는지, 왜 필요한지 알지 못했었다.

이 일을 계기로 조선 조정에서 국기 제정 논의가 촉발되었다. 대신들이 처음에는 이런 저런 의견을 주고받았겠지만 그 방향은 이내 정해졌을 것이다. "조선의 정신을 담아야 한다." 이런 의견이 나오고 나면 논의가 일사천리로 진행되었을 것이다. "그럼 조선의 정신은 무엇인가?" "단군의 개국 정신, 하늘 사상이다." "그것을 사각의 국기에 어떤 무늬로 담을 건가?" "태극 문양을 넣어야 한다." 이렇게 즉문즉답으로 진행되었을 가능성이 크다. 왜 그렇게 추측할 수 있는가?

한국인은 예부터 뿌리를 중시했다. 우리 조상님들은 '우리는 어디서 왔는가'를 생각하며 하늘을 바라본 민족이다. 『삼국유사』에 단군의 개국 이야기가 나오는데 거기에 뿌리 이야기가 담겨있다. 한국인이라면 누구나 그 이야기를 알고 있다. 단군의 아버지인 환웅은 하늘에서 왔다. 홍익인간의 뜻을 품고 천부인 세 개를 들고 왔다. 천부인(天符印)은 하늘에 부합하는 도장이라는 뜻이다. 홍익인간을 하기 위해 하늘의 뜻에 따라 국가를 경영하겠다는 뜻이 개국 이야기에 담겨있다.

국기를 만들고자 머리를 맞댄 조선의 대신들이 단군의 개국 정신, 하늘 사상을 담아야 한다는 쪽으로 의견을 수렴하는 것은 우리 민족의 전통을 고려할 때 당연한 일이다.

남은 문제는 '국기에 어떤 무늬를 넣어 그 정신을 담을 것인가' 하는 것이다. 그것도 토론을 오래 끌지 않고 쉽게 결론 낼 수 있었을 것이다. 그 당시 이미 조선의 대표 문양은 태극 문양이었기 때문이다. 궁전, 서원 등 조선을 대표하는 건축물에는 태극 문양이나 삼태극 문양이 곳곳에 아로새겨져 있었다. 조선인의 무의식에 태극 문양은 조선 정신을 담은 대표 문양으로 각인되어 있었던 것이다.

태극(太極)이라는 용어는 『주역』「계사전」에 처음 나온다. 태극의 도형이 그려진 것은 송나라 주렴계(1017~1073)가 「태극도」를 발표한 것이 시초인 것으로 알려져 있다. 그러나 그것은 사실이 아니다. 우리나라에서는 그 보다 400년 전에 태극 문양을 사용했다. 628년 신라시대에 건립된 감은사지 석각에 태극 문양이 새겨진 것이 발견되었다. 한국인은 어디를 가나 태극 문양과 삼태극 문양을 쉽게 볼 수 있다. 태극 문양은 태극과 음양의 이치를 담은 코드이고, 삼태극 문양은 태극과 천지인 삼재의 사상을 담은 코드다.

* 태극, 삼태극, 감은사지 태극 문양

1882년 박영효가 수신사로 도일할 때 처음으로 국기를 만들었는

데, 그 도안에는 태극 문양과 건(☰), 곤(☷), 감(☵), 이(☲), 네 개의 코드가 배치되었다. 네 개의 코드에 대해서는 따로 설명할 것이다. 박영효 일행은 일본에 도착하여 숙소건물 지붕 위에 이 국기를 게양했다. 이것이 태극기의 효시가 되었다.

* 박영효 태극기와 현재 태극기

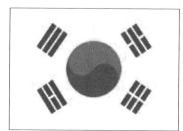

한국인이라면 태극기의 문양을 모르는 사람이 없을 것이다. 예전 초등학교 수업 시간에 태극기를 몇 차례 그려본 기억도 있을 것이다. 이 태극기가 바로 주역을 기반으로 만들어진 것이다. 태극기에는 주역 코드의 핵심이 형상화 되어있다.

태극기 네 모퉁이에 있는 건·곤·감·이의 코드에 담긴 의미를 점검해 보자. 코드집을 남기지 않은 성인의 뜻을 감안해 퀴즈를 곁들여서 코드에 접근해 보기로 한다. 네 코드 중 건(☰), 곤(☷)은 각각 하늘과 땅을 상징한다. 그럼 감(☵), 이(☲)는 무엇을 상징하는 코드일까? 이 퀴즈는 어느 라디오 프로그램에 실제로 나온 것인데 안타깝게도 청취자가 맞추지 못하여 '땡!' 소리를 듣고 말았다. 독자들은 아래 코드와 물상을 서로 연결해 보기 바란다. 초급 수준이니 아마 쉽게 맞출 수 있을 것이다.

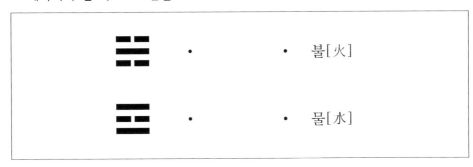

* 태극기의 감·이 코드 연결

불[火]

물[水]

　　우리와 가장 친숙한 태극기를 통해 주역 코드에 접근하는 것은 주역을 쉽게 이해하는 좋은 방법이 될 것이다. 우리가 이미 알고 있는 지식을 바탕으로 태극기의 각 부분 구성 요소를 하나씩 좀 더 자세히 살펴보기로 하자.

　　태극기의 가운데 위치한 둥근 문양은 태극(太極)과 음양(陰陽)을 상징한다. 태극은 '궁극의 이치'를 뜻한다. 궁극! 이 말은 왠지 쉽게 지나칠 수 없는 말 같지 않은가? 궁극을 아는 것은 전체를 파악하는 지름길이기 때문에 매우 중요하다. 퇴계 선생은 '원두처(源頭處)'라는 표현을 썼다. "공부를 하는 이는 먼저 원두처를 알아야 한다."고도 했다. 궁극인 태극은 '만물의 근원'을 뜻하기도 한다. 모든 존재가 그곳에서 나왔다는 뜻이다. 원래 이 세상에는 아무 것도 없었다. 그것을 무극(無極)이라고 한다. 450억 년 전 빅뱅으로 하늘이 생겨났다. 우리 조상님들은 개천(開天), 즉 '하늘이 열렸다'는 표현을 쓴다. 하늘이 처음 열릴 때는 아무 생명도 없고 변화도 없는 상태였다. 그런 상태를 태극(太極)이라 한다. 만물의 근원, 궁극의 이치만 있었다.

　　우리 공통의 조상은 단군이며, 그 아버지 환웅은 하늘에서 왔다. 그것은 신화가 아니다. 이치로 알 수 있는 사실을 스토리텔링으로 만든 것일 뿐이다. 우리가 어디서 왔는지 따라가 보면 그 근원은 단 하나, 하늘임을 알 수 있다. 증명해 보자.

우리는 원래 이 세상에 없었다. 부모에게서 생겨난 존재다. 원래는 부모도 없었다. 부모는 조부모에게서 왔다. 그렇게 따라 올라가 보면 하나의 근원에서 만나게 된다. 그 하나의 근원이 바로 '하늘'이다. 우리 조상님들은 하나의 근원이 하늘임을 알고, 그 사실을 후손인 우리들에게 알려주고 싶었다. 그래서 단군의 개국 이야기를 만들면서 맨 앞에 그 이치를 담은 것이다. 사람뿐만 아니라 개, 닭 등 모든 생명의 근원도 하늘이다. 산천초목이나 무생물의 근원도 다 하늘이다. 주역은 만물의 이치를 담은 학문인데, 만물의 근원을 주역적으로 표현한 용어가 바로 '태극'이다. 태극은 '하늘' 또는 '하늘의 이치'와 동의어라고 할 수 있다.

태극은 눈에 보이지 않기 때문에 말로 설명하기란 쉽지 않다. 뭔가를 쉽게 설명하려면 눈에 보이는 것으로 설명해야 한다. 만물의 근원인 태극은 눈에 보이지 않지만, 그것이 겉으로 드러난 공통적인 현상은 '음'과 '양'이다. 사람도 여자(음)와 남자(양)로 나뉘고, 모든 생명에 암수가 있다. 밤이 있으면 낮이 있고, 가을이 있으면 봄이 있다. 음지가 있으면 양지가 있고, 오르막이 있으면 반드시 내리막이 있다. 공간은 위와 아래, 좌와 우로 나눠진다. 모두가 '음'과 '양'이다. 태극과 음양을 하나의 코드로 나타낸 것이 바로 태극 문양(☯)이다. 태극 문양의 윗부분은 '양', 아래 부분은 '음'을 상징한다.

네 모서리에 있는 건(☰), 곤(☷), 감(☵), 이(☲)는 주역의 기본 코드 8개 중 대표적인 4개를 배치한 것이다. 태극기의 구성요소와 명칭과 의미를 요약해 보면 다음과 같이 정리할 수 있다.

* 태극기의 구성요소와 명칭과 의미

구성요소	명칭	의미	코드의 의미
☯	태극	궁극의 이치, 만물의 근원, 하늘	○: 무한하고 영원함
	음양	태극이 드러난 공통적인 현상, (만물은 음과 양으로 되어있음)	위는 양, 아래는 음
☰	건(乾)	하늘, 하늘과 같은 모든 것	하늘처럼 빈틈없고 시종일관 굳셈
☷	곤(坤)	땅, 땅과 같은 모든 것	땅과 같이 성기고 부드러움
☵	감(坎)	물, 물과 같은 모든 것	물은 가운데가 깊고 가장자리는 얕음
☲	이(離)	불, 불과 같은 모든 것	불은 밖이 뜨겁고 속이 덜 뜨거움

3획을 음양의 조합으로 만든 8괘 중 대표적인 4괘가 건·곤·감·이다. 이를 '네 가지 바른 괘'라는 뜻으로 사정괘(四正卦)라고 한다. 아래 8괘를 보면서 왜 그 네 가지가 대표성이 있는지 생각해 보자.

8괘 중 하나의 대표를 뽑는다면 당연히 하늘을 뜻하는 건(☰)이다. 대표 둘을 뽑으라면 땅을 상징하는 곤(☷)을 추가해야 한다. 둘은 3획이 모두 양(−) 또는 음(--) 한 가지로만 되어 있다. 넷을 뽑을 때는 감(☵), 이(☲)를 추가한다. 그 둘은 중앙의 획만 다르다. 주역에서 가장 중요한 개념이 중(中)이다. '중'은 가운데를 뜻한다. 우리 마음에서 가운데 부분은 본마음이다. 그 본마음은 다름 아닌 하늘의 마음이다. 모든 사람에게서 마음이 계속 솟아나는데, 그 원천은 가운데서 솟아나는 하늘의 마음이다. 그래서 우리는 본래 한마음이다. '하늘마음'이 줄어서 '한마음'이 되었다. '사람은 하늘과 같다'는 선언도 그 본마음이 하늘의 마음이라는 뜻을 담고 있다.

감(☵)과 이(☲)는 각각 물과 불을 상징하는데, 우주의 대표적인 기운이 바로 물[水]과 불[火]이다. 물과 불 기운이 없으면 우주가 유지될 수 없고 생명도 유지될 수 없다. 물과 불이 있어야 음식도 만들 수 있다. 우리 몸 안에 있는 대표적인 기운도 물과 불이다. 두 기운이 음양으로 균형일 이룰 때 건강한 상태가 된다. 불 기운이 물을 꺼버릴 정도로 커지면 열을 받거나 화가 치밀어 오른다. 반대로 물 기운이 불을 꺼버릴 정도로 강하면 열정이 식어버리고 감기가 들기도 한다. 두 기운이 음양으로 균형을 갖춘 상태가 최적의 상태다.

그런 이유 때문에 태극기의 네 모퉁이에 건·곤·감·이 사정괘를 넣은 것이다. "조선은 하늘의 이치에 따라 경영하는 하늘의 나라다." 태극기 문양에는 바로 그런 조선 정신의 선언이 담겨있다. 하늘의 뜻에 따라 바르고 조화롭게 경영하여 세세생생 무궁하게 이어가는 나라가 조선이고 대한민국이다. 태극기를 알고 나면 그 고귀한 정신에 경건함과 자부심을 느낄 수 있을 것이다.

앞의 '태극기 코드 퀴즈'는 잘 통과하였을 것으로 믿는다. 주역 코드로 국기를 만든 나라는 전 세계에서 한국이 유일하다. 우리 한국인은 어려서부터 국기인 태극기를 보고, 만지고, 그림으로 그리고, 노래하며 살아왔다. 그래서 우리는 주역 코드와 매우 친숙하다. 국기 하나만으로도 한국인은 주역 공부를 잘 할 수 있는 환경을 타고났다고 할 수 있다. 서원 같은 전통 건물이나 부채 같은 전통 소품에서도 태극 문양을 쉽게 볼 수 있다. 사상의학, 한글의 천지인 코드 등 주역 코드와 관련된 사례는 대단히 많다. 주역의 코드를 한국인만큼 광범위하게 활용하는 나라는 전 세계 어디에도 없다. 가히 "한국인의 혈맥에 주역의 피가 흐르고 있다." 라고 말할 수 있을 정도다. 조선시대만 해도 이름난 학자나 리더들이 거의 모두 주역의 대가였다. 각 고을마다 구석구석 주역 공부를 한 유명·무명의 선비들이 부지기수였다. '김주역', '이주역'이라는 말이 있을 정도다. 자칭, 타칭 주역을 한 가닥씩 하는 이들이 수도 없이 많았던 것이다.

한국인이 주역을 좋아하는 이유는 무엇일까? 그것은 한국인이 하늘지향적인 사고를 갖고 있기 때문이다. 서당에서 가장 먼저 배운 글자는 '하늘 천(天)'이었다. 『천자문』, 『소학』 등이 모두 '하늘 천'으로 시작한다. 그 이유는 두 가지였을 것으로 추정된다. 첫째, '사람이 하늘과 같다'는 것을 알라는 뜻이다. 사람을 하늘과 같이 귀하게 여기는 것, 그것은 한국인의 전통 철학에서 어떤 것보다 중시된다. 둘째, '하늘의 이치를 알아야 한다'는 뜻이다. 하늘의 이치를 알면 모든 이치를 알 수 있기 때문이다. 그것이 바로 '하늘 천'부터 가르친 이유일 것이다. 그 하늘의 이치를 코드화 한 것이 바로 주역이다. 한국인이 주역을 좋아하는 이유는 더 말할 필요도 없이 자명하다. 이 공부를 하노라면 지난 5천년 동안 주역이 한국인에게 창조와 변화와 극복과 통찰의 에너지를 은연중에 어떻게 제공해왔는지 알 수 있게 된다.

주역 64괘 코드 탄생의 비화

공자와 태극기 이야기를 하면서 주역과 은근히 친해지는 시간을 가졌다. 이제 우리는 주역 코드 탄생의 비화를 직접 알아볼 때가 되었다. 즐겁게 익히도록 실화 소설 같은 스토리를 곁들였다.

음양: 이치의 실마리를 찾다

우리는 이 세상에 태어나서 때로 즐겁고 때로 힘겹게 살다가 결국엔 몸이 늙고 병들어 죽게 된다. 세상을 떠날 때가 되면 대부분 후회한다. '이렇게 사는 게 아니었는데….' '좀 더 잘 사는 방법이 있었을 텐데….' 하는 마음으로 회한에 찬 눈빛으로 꿈같이 보낸 지난 시간을 돌아본다. 많은 시행착오와 어려운 문제들을 마주하며 서로 갈등하고 경쟁하면서 불안정하게 살아가는 게 인생이다. 참으로 안타까운 일이다. 도대체 이런 일이 왜 생기는 것이며 그 해결책은 무엇일까? 그렇게 살다가 가면 모든 게 끝나는 허망한 일인가? 삶의 모든 이치를 훤히 알아서 자신의 인생을 능숙하게 경영할 수는 없는 걸까?

5천 년 전 선사시대, 복희(伏羲)라는 동이인 마을의 성자가 있었다. 그는 이 오묘한 삶의 이치를 알고 싶은 욕구가 너무나 큰 철인이었다. 하늘을 우러러보고 땅을 굽어보았다. 일상적인 삶의 고뇌에 대한 해답과 함께 궁극의 이치를 알고자 함이었다. 하지만 하늘은 아무 말이 없다. 땅도 말이 없다. 그러니 도무지 해답을 찾을 길이 없었다. 다음 날도, 그 다음 날도 성자는 언덕에 올라 하늘과 땅을 바라보며 깊은 생각에 잠기곤 했다. 저 하늘과 땅의 이치를 깨달으면 궁극의 답을 찾을 수 있을 것만 같은 기대가 있었기 때문이다. 그러던 어느 날 그의 뇌리에 밝은 영감이 내려앉았다. 음과 양! 궁극의 이치는 알 수 없지만 그 드러난 현상을 보면 모든 게 음(陰)과 양(陽)으로 되어 있다는 것을 깨닫게 되었다. 천지, 남녀, 음지와 양지, 밤낮, 계절의 변화 과정 등 모든 모습과 현상이 음양의 양면성으로 나타남을 깨닫는 순간이었다.

그의 얼굴에 화색이 돌기 시작했다. 세상의 모든 현상이 '음'과 '양'으로 되어있다는 착상으로 이치를 푸는 실마리를 찾게 되었기 때문이다. '탁!' 무릎을 치며 기뻐하던 그는 손에 잡히는 마른 나뭇가지를 꺾어 땅 바닥에 굵은 획을 그었다. 흐뭇한 미소와 엄숙함이 교차한 표정으로….

* '양'과 '음'의 코드

양(陽)   음(陰)

당시에는 문자가 없었으니 코드로 나타낼 수밖에 없었다. 그것이 바로 역(易), 변화의 이치를 세우는 출발점이었다. 주역(周易)이라는 인류 최고의 발명품은 그렇게 시작되었다. 우리가 알고 있는 모든 물상과 우리가 묘사할 수 있는 사물의 모든 특성은 어떤 것이든 '양'과 '음'의 코드로 분류할 수 있다.

성자는 '양'과 '음'의 코드를 그릴 때 무의식적으로 각각 직선(ㅡ)과 점선(ㅡㅡ)으로 그렸다. 그것은 각각 '굳셈'과 '부드러움'의 상징이며, '하늘'과 '땅'의 상징이다. 또한 그것이 남녀의 성기 모양과 관련이 있다는 설도 유력하다. 어쨌든 '양'과 '음'의 코드를 창안한 것에 만족하며 그는 입가에 흐뭇한 미소를 띠었다.

* 음양 코드의 기본 특성과 물상

코드	기본 특성	물 상
▬▬ (양)	굳셈(대표적 특성) 밝음, 낮, 위, 앞, 좌, 강(强), 더위 등	하늘(대표적 물상) 해, 남자, 불, 양지 등
▬ ▬ (음)	부드러움(대표적 특성) 어두움, 밤, 아래, 뒤, 우, 약, 추위 등	땅(대표적 물상) 달, 여자, 물, 음지 등

나중에 공자는 이렇게 말했다. "한 번 '음'이 되었다가 한 번 '양'이 되었다가 하는 것을 도(道)라 한다." 일음일양지위도(一陰一陽之謂 道)! 춘하추동 사계절의 변화, 낮과 밤의 반복 등 모든 변화가 '음'과 '양'의 끊임없는 반복이다. 우리의 일상도 그렇다. 살다 보면 일이 잘 풀릴 때가 있다. 가정사, 직업적인 일 등 모든 일이 잘 되어 아무 문제가 없을 때가 있다. '이젠 되었다.' 하는 생각이 드는 순간 일이 꼬이기 시작한다. 가족과의 관계, 금전 문제, 이것저것 다 꼬인다. '머피의 법칙'이 이런 거구나 싶고 더 이상 희망이 보이지 않을 때 의외의 일로 실마리가 풀리기 시작한다. 집값도 천정부지로 오르다가 폭락하기도 하고, 주가도 오르락내리락 반복한다. 모든 게 양과 음의 반복이다. 맑은 날과 궂은 날이 반복되는 것과 같다.

시대 흐름도 사계절의 변화와 같이 일정한 패턴으로 반복된다. 사람들이 물질적인 것을 추구하고 경쟁이 심화되면 짐승처럼 사는 시대가 된다. 하지만 그것이 극에 달하면 그 반작용으로 정신적인 가치를 추구하고 서로 협력하며 인간답게 사는 시대가 다시 오게 된다. 그렇게 하여 태평한 시대가 오고 안정이 되면 다시 나태해지고 욕심을 추구하는 세력이 나타나게 되어 혼란이 초래되고 만다. 주역에서는 이를 일치일란(一治一亂)이라 한다. 한 번 다스려지고 한 번 혼란스러워지는 것이 반복된다는 뜻이다. 하은·주 삼대가 태평성대였다면 춘추전국시대는 혼란기였다. 그 때 공자, 맹자 등 제자백가가 나타나 사람답게 사는 방법을 제시하게 된다. 서양의 역사도 헬레니즘과 헤브라이즘과 같은 반복적인 흐름이 있다.

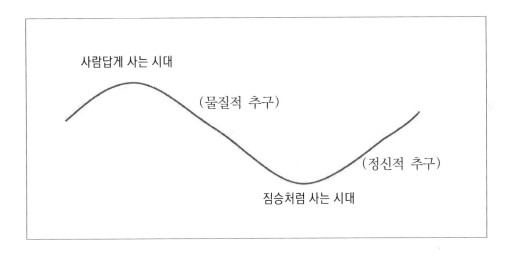

중요한 것은 지금이 어떤 시대인가를 아는 것이다. 그것을 알면 대처 방안이 나오기 때문이다. 지난 수백 년 동안 인류는 물질적 추구를 점차 심화시켜 왔다. 지금은 아마 물질적 추구와 경쟁이 극에 달한 시대일 것이다. 돈이 되면 무슨 짓이든 하고, 부모 자식 간에 서로를 해치는 일이 이토록 빈발한 시대는 역사상 없었다. "이게 사람의 세상이냐!" 이런 말이 나온다. 그때 인문학에 대한 관심이 커지고, 주역이나 명상을 공부하려는 사람도 많아진다. 그것은 사람들이 정신적인 것을 추구하는 새로운 변화 흐름을 타기 시작했다는 증거가 된다.

"한 번 음이 되었다가 한 번 양이 되었다가 하는 것을 '도'라 한다." 이 말에 그런 중요한 뜻이 담겨있다. 그 이치를 알면 잘 나갈 때 조심하고, 아무리 절망적인 상황에서도 희망을 잃지 않게 된다. 주역을 공부하면 그런 지혜를 갖출 수 있다. 인생을 점점 능숙하게 경영하는 지혜가 생긴다. 일음일양지위도(一陰一陽之謂道). 이 말은 만물의 존재 형식이 '음'과 '양'으로 구분 되고, 변화의 원리도 '음'과 '양'의 반복이라는 이치를 밝힌 말이다. 『주역』「계사전」에 나온다.

음양의 이치를 두 개의 코드(一, --)로 그린 후 성자는 한결 가벼운 마음이 되었다. 그날 저녁 그는 깊은 명상을 하고 잠자리에 들었다. 눈을 감고 잠자는 동안에도 왠지 환하게 밝은 느낌이었다. 새벽 첫닭 울음소리를 들으며 의식이 깨어난 그의 뇌리에 문득 새로운 생각이 스쳐갔다. 두 개의 획만으로 세상만사를 설명할 수는 없다. 낮은 '양'이지만 아침과 한낮이 다르고, 밤은 '음'이지만 저녁과 한밤중은 다르다. 사물도 겉과 속이 다를 수 있다. 겉은 딱딱한데 속은 부드러운 것도 있고, 반대로 겉은 부드러운데 속은 딱딱한 것도 있지 않은가? 그러니 사물의 속살까지 봐야 할 것이며, 그것을 표현하는 코드가 또한 필요하다.
성자는 들판에 나가 떠오르는 태양을 우러러 봤다. 한참 눈을 감고 사색에 잠긴 끝에 다시 나뭇가지를 잡았다. 양(一) 위에 각각 '양'과 '음'을 한 번씩 더 그려보았다. 음(--) 위에도 각각 '양'과 '음'을 하나씩 더 그려보았다.

사상: 사물의 속살까지 보다

양(一)과 음(--) 위에 각각 '양'과 '음'을 하나씩 더 그려 놓고 나니 네 개의 모양이 드러나게 되었다. 나중에 주역학자들은 이를 사상(四象)이라 이름 붙이게 되었다.

사상은 태양, 소음, 소양, 태음 등 네 가지 코드다. 겉과 속이 모두 굳센 것이 태양이고, 겉은 부드럽지만 속이 굳센 것은 소음, 겉은 굳세지만 속이 부드러운 것은 소양, 겉과 속이 모두 부드러운 것을 태음이라 한다. 이를 요약해 보면 그림과 같다.

* 사상의 코드

코드	특 징	명 칭
⚌	순수한 양 (겉과 속이 모두 굳셈)	태양(太陽) 또는 노양(老陽)
⚎	양을 품고 있는 음 (겉은 부드럽지만 속은 굳셈)	소음(少陰)
⚍	음을 품고 있는 양 (겉은 굳세지만 속은 부드러움)	소양(少陽)
⚏	순수한 음 (겉과 속이 모두 부드러움)	태음(太陰) 또는 노음(老陰)

태양, 소음, 소양, 태음, 이런 명칭은 나중에 붙여진 것이다. 태양(太陽)은 '양'이 극에 달한 상황이므로 곧 '음'으로 변하게 될 처지에 있다. 따라서 늙은 양이라는 뜻으로 노양(老陽)이라고도 한다. 그와 같은 이유로 태음(太陰)은 노음(老陰)이라고도 한다. 네 개의 코드, 즉 '사상(四象)'은 이렇게 하여 만들어졌다.

한의원에 가면 사람의 체질을 네 가지로 분류하여 알려주는 곳이

있는데, 바로 주역의 네 가지 코드인 사상(四象)에서 비롯된 것이다. 약 100여 년 전 조선의 이제마 선생(사진)이 사상의학을 창시했는데, 이는 사람의 유형을 그 특성에 따라 네 가지로 분류한 독특한 의학체계이다. 사람은 이 세상에 나올 때 서로 다른 특성을 타고난다. 그 서로

다른 특성을 유형화 하여 이해하는 것은 인간관계 개선, 질병치료 등

에 큰 도움이 된다. 서양에서 MBTI, 에니어그램 등 다양한 방법으로 사람의 특성을 분류한 것도 '사람이 서로 다르다'라는 것을 이해하기 위한 것이다. 그런데 유독 조선인 이제마 선생은 주역 코드를 이용해 사상체질로 사람의 특성을 분류했다. 그 내용은 이제마 선생의 『동의수세보원』에 실려 있다.

이제마 선생이 주역 코드를 의학에 활용한 이유를 아는 것은 주역의 실마리를 푸는데 큰 도움이 된다. 사상의학의 독특한 점은 그 사람의 외모와 내면의 특성을 동시에 파악하는 데 있다. 외모는 겉으로 드러나는 것이며, 내면은 속에 있어서 직접 드러나지 않는 것이다. 사물의 겉과 속을 동시에 보는 주역 코드가 바로 '사상'이다.

- 태양인(太陽人): 겉과 속이 모두 굳센 사람
- 소음인(少陰人): 겉은 부드럽지만 속은 굳센 사람
- 소양인(少陽人): 겉은 굳세지만 속은 부드러운 사람
- 태음인(太陰人): 겉과 속이 모두 부드러운 사람

MBTI, 에니어그램 등 서구에서 개발한 '인격 유형 분류' 방법은 그 사람의 성격만으로 파악하는데 비해 이제마 선생의 사상의학은 사람의 외관과 내면을 함께 파악하는 독특한 방법이다. '사상'이라는 주역의 네 가지 코드가 바로 그런 특성을 갖고 있기 때문에 거기서 특별한 영감을 얻어 응용할 수 있었던 것이다.

네 개의 코드를 고안한 성자는 기뻐서 손발이 덩실덩실 춤을 췄다. 하지만 며칠 후, 그는 수많은 물상과 사물의 특성을 네 가지로 분류하기에는 여전히 충분하지 않다는 생각에 이르게 된다. 그래서 다시 그 위에 제각기 양(─)과 음(──)을 한 번씩 더 올려서 그려보았다. 그랬더니 4개의 코드가 순식간에 8개로 늘어났다.

팔괘: 기본 코드의 완성

이렇게 생겨난 8개의 코드를 나중에 주역학자들이 '8괘(八卦)'라 부르게 되었다. 이렇게 태극(1)에서 음양(2), 사상(4), 팔괘(8)로 분화되는 과정을 거쳐 8개의 주역 기본 코드가 완성되었다. 하나의 뿌리(근원)에서 두 개의 가지가 생겨나고, 다시 각각 두 개씩의 잔가지로 계속 분화되는 과정을 거치는 것과 같은 원리다.(그림)

* 태극에서 음양, 사상, 팔괘로 분화되는 과정

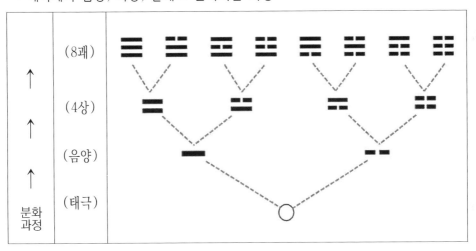

그렇게 생겨난 8괘에 문왕은 대표적인 물상을 대응시켰다. 3획 모두 양인 것(☰)은 시종 굳센 특성이 있어서 '하늘'에 대응시켰다. 3획 모두 음인 것(☷)은 하늘에 따르는 부드러운 땅과 같은 특성이 있어서 '땅'에 대응시켰다. 나머지에는 연못, 불, 우레, 바람, 물, 산 등을 배치했다. 8괘에는 이렇게 대표적인 물상 8개가 배치되었다.

문왕은 다시 8괘에 주역적인 명칭을 부여했다. 순서대로 건(乾 ☰), 태(兌 ☱), 이(離 ☲), 진(震 ☳), 손(巽 ☴), 감(坎 ☵), 간

(艮 ☶), 곤(坤 ☷)이라 이름을 붙이게 된 것이다.

* 8괘의 코드 설명

코드	순번	주역적 명칭	대표 물상	대표 특성	설 명
☰	1	건(乾)	하늘 천(天)	굳건함	하늘은 빈틈없이 꽉 차 있으며, 그 운행은 굳건하다.
☱	2	태(兌)	연못 택(澤)	기쁨	수면이 찰랑거리는 연못, 기뻐하는 소녀의 찰랑이는 머리
☲	3	이(離)	불 화(火)	걸림	불은 바깥 부분이 더 뜨겁다. 해(☉)가 하늘에 걸린 모습
☳	4	진(震)	우레 뢰(雷)	움직임	지진이 아래에서 꿈틀거리며 움직인다.
☴	5	손(巽)	바람 풍(風)	공손함	하늘 아래 부드러운 바람, 바람은 하늘에게 공손하다.
☵	6	감(坎)	물 수(水)	험함	가운데가 더 세찬 물(〻), 물은 험하다.
☶	7	간(艮)	뫼 산(山)	막힘	딱딱한 바위로 덮힌 산(⛰), 산이 가로막힌다.
☷	8	곤(坤)	땅 지(地)	유순함	땅은 흙 사이에 빈틈이 있다. 땅은 유순하게 하늘을 따른다.

분화된 결과로 나타난 팔괘에 주역적 명칭과 대표 물상의 이름을 붙여 순서대로 읽으면, 1건천, 2태택, 3이화, 4진뢰, 5손풍, 6감수, 7간산, 8곤지가 된다. 주역을 공부할 때 암기할 것은 거의 없다. 그러나 가장 기본적인 것을 입에 익혀 두는 것이 공부에 상당한 도움이 되기도 한다. 그 중 하나가 8괘의 이름이다.

* 암기할 것: 1건천, 2태택, 3이화, 4진뢰, 5손풍, 6감수, 7간산, 8곤지
(☰)   (☱)   (☲)   (☳)   (☴)   (☵)   (☶)   (☷)

몇 번 반복하여 읽다 보면 익숙해져서 저절로 암기가 될 것이다.

한 코드에 두 이름

8개의 코드에는 각각 서로 다른 두 개의 이름이 붙어있음을 알 수 있다. 예를 들어, 3획이 모두 양인 코드(☰)는 건(乾)이라고도 하고 천(天)이라고도 한다. 하나의 코드에 두 개의 이름을 붙인 이유는 뭘까? 천(天)은 보통명사로서 '☰'이 상징하는 대표적인 물상의 이름이다. 그 밖에 아버지, 임금, 굳셈 등 여러 가지 물상과 특성이 거기에 해당한다. 거기에 '건(乾)'이라는 이름을 붙였을 때 추상명사로서 주역적인 표현이 되어 버린다. 건(乾)은 하늘, 아버지 등 굳건한 특성을 가진 모든 물상과 굳셈, 빈틈없음 등 모든 하늘같은 특성을 모두 포괄하는 주역 특유의 용어인 것이다. 나머지 7개의 괘도 그와 같다.

세상에 존재하는 모든 물상과 모든 특성을 8개의 코드에 배속시킬 수 있다. 예를 들어, 자동차, 휴대폰, 화살의 코드는 각각 다음과 같이 귀속된다.

자동차(☵): 가운데 양(ㅡ)은 차체, 아래 위의 음(--)은 네 바퀴
휴대폰(☳): 아래 두 양(ㅡ)은 딱딱한 몸체, 위의 음(--)은 부드러운 자판
화살(☶): 위의 양(ㅡ)은 단단한 화살촉, 아래 두 음(--)은 화살대

우주 만물과 모든 특성을 8개의 기본 코드에 배속시키면서 주역 특유의 명칭이 동원된 것이다. 주역에는 건, 태, 이, 진, 손, 감, 간, 곤 등 8개의 코드에 붙은 이름 외에도 '원형리정(元亨利貞)'과 같은

주역 특유의 추상적 표현이 다양하게 등장한다. 사람과 친해지려면 그의 이름을 자주 불러 주고 애칭도 자주 불러주는 것이 좋은 것처럼, 주역을 공부하는 동안 주역 특유의 표현을 자주 불러주는 것은 주역과 친밀해지는 중요한 과정을 명심할 필요가 있다.

주역 코드의 창시자

주역의 기본 코드인 음양, 4상, 8괘를 발견한 이는 복희씨라고 알려져 있다. 중국 고대의 전설상의 제왕(帝王)이며 동이인 성자인 복희는 주역 코드의 창시자라고 할 수 있다.

* 주역 코드 창시자 복희씨와 복희 8괘도

하지만 이는 선사시대인 5천 년 전의 일이라 확실한 증거가 없다. 근래 이에 대한 의문을 가진 중국의 학자들이 탐구해 본 결과 산동지역에 '복희'라는 동이인 마을의 존재를 확인했다고 한다. 그래서 "동이

족의 하나였던 복희라는 부족에서 주역이 형성되었다.”라고 주장하기
도 한다. 그것이 옳다면 ‘복희’는 동이 마을의 이름이고, 주역은 이름
모를 동이인 성자가 만든 것이 된다.

사실 복희가 사람 이름인지 부족 이름인지 보다 더 중요한 것은
주역의 본의를 파악하여 자신의 삶을 창조적으로 경영하는 데 구체적
으로 응용하는 것이다. 다만 동이인 성자가 주역을 만들었다는 점은
의미 있게 받아들일 만한 대목이다. 실제로 주역은 한국인의 사상과
그 핵심이 일치한다. 단군 이야기, 사상의학, 태극기 코드 등의 내용
을 상기하면 그 사실을 합리적으로 추론할 수 있다. 주역의 창시에서
부터 그 사상의 원형이 가장 잘 보존되고 있는 나라가 바로 동이인의
나라 한국이다.

64괘, 주역 코드의 완성

복희씨(또는 복희 부족의 성자)가 8괘를 창안한 것이 주역의 주춧
돌이 되었지만, 8괘만으로 우주와 세상 만물의 변화를 설명하기에는
여전히 부족함이 있다. 그래서 다시 8괘를 중첩한 64괘가 만들어지게
되었다. 그제야 비로소 주역의 코드가 최종 완성된 것이다.

예컨대, 건(☰) 위에 올려놓을 수 있는 것은 건(☰)에서 곤(☷)까
지 8개의 괘다.

태(☱), 이(☲), 진(☳), 손(☴), 감(☵), 간(☶), 곤(☷) 위에도

각각 8개의 괘를 올릴 수 있다. 그래서 64괘(8괘×8개 = 64괘)가 된다. 8괘는 복희씨가 창안한 것으로 알려져 있으나, 64괘는 복희가 만들었다는 설과 주나라를 세운 문왕(文王)이 만들었다는 설 등이 있어서 확실하지가 않다.

8괘도 괘이고 68괘도 괘다. 따라서 그냥 괘(卦)라고 하면 헷갈릴 수가 있다. 따라서 건(☰), 태(☱), 이(☲), 진(☳), 손(☴), 감(☵), 간(☶), 곤(☷) 8괘를 '3획괘(三劃卦)' 또는 '소성괘(小成卦)'라 하고, 8괘를 중첩하여 만든 64괘를 '6획괘(六劃卦)' 또는 '대성괘(大成卦)'라 한다. 소통을 위해 기억해야 할 용어다. 또한 8괘를 중첩하다 보니 '상괘(上卦)', '하괘(下卦)'라는 말이 생겨나게 되었다. 예를 들어, 하늘의 코드인 건(乾)이 중첩된 코드와 땅의 코드인 곤(坤)이 중첩된 코드의 '상괘'와 '하괘'를 이해해 보자. 하늘의 코드인 건(乾)이 중첩된 코드도 건(乾)괘라 하고, 땅의 코드인 곤(坤)이 중첩된 코드도 곤(坤)괘라 한다.

* 상괘와 하괘

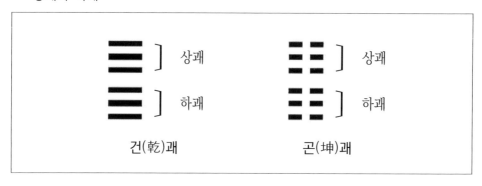

주역 64괘는 모두 384획(64괘×6획 = 384획)로 구성되어 있다. 주역의 384획 하나하나를 효(爻)라고 한다. 효(爻)는 '본받는다'는 뜻이다. 384획에 각각의 상황에서 처신하는 지혜가 담겨있으니 그것을 '모든 사람이 본받으라'는 뜻이다. '爻(효)'라는 한자는 점을 칠 때 사용되는 산가지가 겹쳐진 모습으로 보는 견해도 있다.

괘(卦)는 '걸려있다'는 뜻이니, 우주 만물의 존재와 변화의 원리가 64괘에 걸려있다는 뜻이다. 효(爻)는 '본받는다'는 뜻이니, 개별적인 상황에 대처할 때 그것을 본받아 판단하라는 뜻이다. 성인은 그렇게 하늘의 코드인 64괘(卦)와 384효(爻)에 주역의 전모를 담고, 세상만사를 담아냈다. 64괘는 하늘과 땅 사이에서 벌어질 수 있는 모든 일과 그 이치를 담고 있다. 그 모두가 하늘의 이치에 따르는 것이기 때문에 64괘를 한 마디로 '하늘의 코드'라고 할 수 있다. 거기에 하늘의 이치가 다 담겨 있고 세상만사가 다 걸려있으니 어찌 이번 생애에 큰 마음 먹고 도전하고 싶지 않겠는가?

이야기6
코드 수수께끼, 말로 풀어내다

64괘 코드는 풀기 어려운 수수께끼처럼 보인다. 다빈치 코드처럼 비밀스런 코드다. 그 자체만 그려놓고 보면 우리 같이 평범한 사람들은 그 숨겨진 의미를 도무지 알 길이 없다.

그 수수께끼의 실마리를 풀어낸 사람이 바로 주(周)나라 문왕이다. 문왕(文王)이 그 코드에 글로 설명을 붙인 것은 복희가 코드를 창안한 것 못지않은 엄청난 사건이다. 주역의 부흥이 일어난 것이다. 문왕은 주역의 코드를 언어로 변환하여 세상 사람들이 이해할 수 있는 기틀을 마련했으니 오늘날 주역 학문 체계의 확립에 결정적인 공을 세운 성인이다. 문왕이 얼마나 절박한 상황에서 그 일을 해냈는지 알고 나면 숙연한 마음이 들기도 한다.

중국에 하·은·주 3대의 태평성대가 있었다. 각 나라는 마지막에 폭군이 나타나 나라가 멸망하게 된다. 그 중 은(殷)나라의 마지막 임금은 주(紂)라는 폭군이었다. 폭군을 말할 때 흔히 걸·주(桀紂)가 일컬어지는데, '주'는 하(夏)나라 마지막 임금인 걸(桀)과 함께 천하 고금의 포악한 임금의 대명사가 되었다. 폭군 '주'는 현자로서 백성의 신뢰를 얻게 된 문왕(文王)을 포로로 잡아 감옥에 가두고 갖은 핍박을 가하였다.

감옥에 갇히기 전에 문왕은 주역 64괘를 연구하던 중이었다. 그것을 통해 변화의 이치와 세상만사의 이치를 파악하던 차에 감옥에 갇히게 된 것이다. 문왕은 유리(羑里)라는 마을의 감옥에서의 3년 동안 모진 고초를 당하며 정신력으로 이겨냈다. 문왕이 극한의 고초를 이겨낼 수 있었던 것은 바로 하늘이 알려 준 주역의 이치를 정신적 원동력으로 삼았기 때문에 가능한 일이었다.

그는 자신의 고난 극복 과정에 가장 큰 힘이 되어준 주역의 이치를 세상 사람들에게도 알리고 싶었다. 그래서 코드만으로 되어있는 64괘에 설명을 붙이게 된 것이다. 감옥에 있는 동안 문왕은 수수께끼 같은 주역 코드를 말로 풀어내는 엄청난 작업을 해냈다. 그 결과 성인 반열에 들게 되었다. 문왕이 64괘의 코드를 말로 풀어서 설명한 것을 이해하는 것, 그것이 주역 이해의 첩경임은 말할 나위 없다.

하늘이 내린 천재, 문왕

문왕은 주역 64괘 하나하나에 명칭과 설명을 갖다 붙였다. 그것을 각각 '괘명(卦名)'과 '괘사(卦辭)'라고 한다. '괘명'과 '괘사'에는 모든 사람들이 주역의 원리를 파악할 수 있도록 배려한 성자의 마음이 고스란히 담겨있다. 문왕이 괘사를 통해 주역의 원리를 밝힘으로써 비로소 64괘에 대한 해석 체계가 구축되었다.

만일 문왕이 감옥에 갇히지 않았다면 주역을 말로 풀어 설명한 '괘사'는 존재하지 않았을 수도 있다. 그가 감옥에서 했던 작업으로 인해 주역 코드는 마침내 진리의 글로 만세에 빛나게 된 것이다. 수많은 현자들이 주역 공부에 엄두를 내고, 혹자는 일생을 주역에 몰입하여 미친 듯 파고들 수 있었던 것은 바로 문왕이 이룩한 이 획기적인 사건이 있었기 때문에 가능한 일이었다.

주역 64괘 중 첫 번째 괘인 건(乾)괘를 예로 들어 문왕이 이뤄낸 성과를 살펴보자. '건'괘는 3획이 모두 양으로 구성된 건(☰)괘가 아래와 위에 중첩된 6획괘다. 하늘을 뜻하는 건(乾)이 중첩되었기 때문에 괘명을 '중천건(重天乾)'이라 한다. 간단하게 '건'괘라고도 한다.

괘상(卦象)	괘명(卦名)	이름의 유래
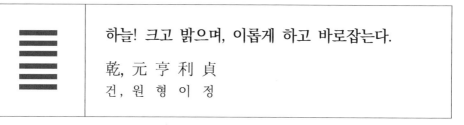	중천건 (重天乾)	'하늘 천(天)'을 뜻하는 '건'괘가 중첩되어 '중천건'이라 함

문왕은 거기에 "건(乾), 원형리정(元亨利貞)"이라는 묘한 설명을 붙였다. 이를 '건'괘의 괘사라고 한다. 우리말로 해석하면, "하늘! 크고 밝으며, 이롭게 하고 바로잡는다." 라고 해석할 수 있다.

* '건'괘 괘사

	하늘! 크고 밝으며, 이롭게 하고 바로잡는다. 乾, 元 亨 利 貞 건, 원 형 이 정

문왕은 '건'괘의 괘사에 하늘의 특성과 역할을 주역 특유의 언어로 표현했다. 원(元)은 '으뜸'이라는 훈이 있지만 문왕이 사용한 원(元)은 그 단순한 훈으로는 설명이 되지 않는다. '원'과 같은 주역 특유의 표현은 이미 한자어의 의미를 넘어선 것이다.

문왕은 어떤 의도로 '건'괘의 괘사를 그렇게 정했을까? 주역을 배우는 이는 먼저 그것을 염두에 두어야 한다. 이는 매우 중요한 접근법이다. 성인의 의도를 얼마나 잘 파악하느냐에 따라 주역 해석의 수준이 완전히 판가름 나기 때문이다.

'원, 형, 이, 정'은 주역적 표현

주역의 건(乾)괘 괘사인 원형리정(元亨利貞)은 주역적 표현이다. 자전에 원(元)은 '으뜸', 형(亨)은 '형통', 이(利)는 '이롭다', 정(貞)은 '곧다'는 일반적인 뜻이 있지만, 그것이 주역에 사용되었을 때는 주역 특유의 표현으로 바뀌어 버린다. 예를 들어, 원(元)은 '크다', '시작하다', '사계절 중 봄', '방위로는 동쪽' 등 수 많은 의미를 포괄하고 있는 주역적 표현이다.

주역의 해석이 주역학자마다 다른 것은 바로 이 때문이다. 열 사람의 주역 책을 보면 그 해석이 열 가지다. '건(乾), 원형리정(元亨利貞)'을 어떻게 해석하고 있는지, 영향력 있는 대표적인 두 주역학자의 해석 사례를 살펴보자.

건(乾)은 원(元)하고 형(亨)하고 이(利)하고 정(貞)하니라.(크게 형통하고 바르게 함이 이로우니라) - 김석진, 『대산주역강의』

하늘의 운행처럼 원칙적인 변화를 하는 상황이다. 봄에 만물의 삶이 시작되듯 일을 시작하며, 여름에 만물이 무성해지듯 떨쳐 일어나 적극적으로 일을 처리하고 확장시키며, 가을에 만물이 결실하듯 일을 마무리하고 정리하며, 겨울에 만물이 정지하여 봄을 기다리듯 가만히 참고 견디면서 만물을 분별한다. - 이기동, 『주역강설』

전자는 전통적인 주역 해석으로, 배우는 이들이 우리말 해석을 보고도 어려움을 느낀다. 그에 비해 후자는 전통적인 해석의 문제점을 극복하고, 현대인이 이해하기 쉽게 풀이했다. 이처럼 주역 해석이 서로 다르다 보니 주역을 처음 공부하는 이는 헷갈릴 수밖에 없다. 주역을 정복하고자 하는 큰 욕구에 비해 인내심이 부족한 경우라면 쉽게 포기해버릴 수도 있다. 실제로 주역 공부를 하다가 정신이 이상해졌다는 사례도 종종 들려온다. 그러면 주역을 공부하는 이는 어떤 마음으로 접근해야 할까? 먼저 괘사는 많은 의미를 담고 있는 주역 특유의 추상적 표현이기 때문에 어떻게 번역을 하더라도 그 뜻을 완전하게 전달할 수 없다는 점을 이해해야 한다. 나아가 주역을 읽는 이의 경험과 철학에 따라 다른 관점으로 볼 수 있다는 점도 이해해야 한다.

따라서 처음에는 마음에 드는 『주역』 책을 하나 잡고 저자가 주역에 접근한 나름의 방법과 해석을 수용하면서 하나의 관점을 습득하는 것이 좋은 방법이다. 그리고 나서 점점 깊이 파고 들어가면서 공부하는 과정에서 자신만의 만족스런 해석 체계를 갖추겠다는 자세가 중요하다. 그렇게 스스로 만족할 해석 체계를 갖추었을 때 비로소 주역을 자유자재로 현실에 적용할 수 있게 될 것이다. 주역과 서서히 친해져서 어느새 자기 인생을 능숙하게 운행하는 주역의 달인, 인생의 달인이 될 것이다.

나는 그것을 '주역의 완성'이라 부른다. 주역의 코드와 글은 복희, 문왕, 주공, 공자 등 네 성인이 완성한 것이지만, 주역의 본의를 파악하는 것은 우리들 각자가 스스로 완성해야 하는 것이다. 주역을 해석하는 것도 중요하다. 하지만 주역의 이치를 체득하여 삶 속에서 실천하는 것, 그것이야 말로 주역을 최종적으로 완성하는 것이라 할 수 있을 것이다. 그 과정에서 나는 문왕이 만든 '건(乾), 원형리정(元亨利貞)'이라는 괘사를 이렇게 해석했다.

＊하늘! 크고 밝으며, 이롭게 하고 바로잡는다. - 손기원

사람은 하늘의 요소인 정신과 땅의 요소인 물질의 차원에서 살아

가고 있다. '건'괘는 사람도 정신적인 면에서 하늘을 본받아 크고 밝은 마음으로, 세상을 이롭게 하고 바로잡는 역할을 하라는 취지를 담고 있다. 이는 내가 주역을 공부하면서 스스로 만족스럽게 얻은 하나의 관점이다. 나의 해석이 유일하게 바른 해석이라고 주장하는 것은 결코 아니지만, 스스로 '바른 해석'이라는 믿음은 있다.

문왕은 64괘에 괘사를 만들어 붙이는 엄청난 작업을 마쳤다. 그때 세상이 뒤바뀌어 문왕이 감옥에서 나와 새로운 왕조를 건설하는 대업을 이룬다. 어느 날 그는 깊은 생각에 잠겼다. '주역 64괘뿐만 아니라 각각의 획도 각기 그 상징성을 갖고 있으니 그것도 모두 글로 표현할 필요가 있지 않겠는가?' 주역의 획은 총 384개(64괘×6획)다. 문왕은 그 384효에도 설명을 달아야 비로소 주역의 해석 체계가 완성될 것이라는 생각에 이르게 된다. 그렇게 해야 완성된 경전으로 자리를 잡아 세세생생 인류의 삶에 큰 도움을 줄 수 있을 것이라는 믿음을 갖게 된 것이다.

연로한 문왕은 혼자 그 일을 하기에는 벅차다는 생각에 자식들을 둘러보았다. 문왕은 아들이 열 명이나 된다. 그 중 둘째인 무왕(武王)과 넷째인 주공(周公)이 특히 뛰어났다. 그는 무예에 능한 무왕에게 왕좌에 앉아 주나라의 국토를 확보하고 백성들의 민생을 살피는 데 전념하도록 지시하고, 특별히 명석한 두뇌를 소유한 주공과는 틈만 나면 주역에 대한 이야기를 나누곤 했다. 주공은 아버지의 도움을 받으며 그 뜻을 이어받아 384효 각각에 대해 적절한 주역적 표현을 만들어 붙임으로써 주역 해석 체계를 완성하게 되었다. 그때 문왕과 주공 부자는 주역 코드집을 만들어 놓고 작업을 했다. 괘효에 대한 해설을 완성하고 나서 문왕이 주공에게 말했다. "코드집은 불태워버리자." 주공이 대답했다. "예, 아바마마. 제가 직접 태워 없애겠습니다."

대를 이은 주역 코드 해설

384획을 각각 효(爻)라고 한다. '효'의 코드에 붙인 말을 '효사(爻辭)'라고 한다. 다시 강조하자면 '효'는 '본받는다'는 뜻이다. '효사'는 구체적인 상황에서 그것을 본받아 처신하는 기준이 된다.

문왕과 주공 두 부자는 주역의 괘사와 효사를 만들고 그 이치에 입각하여 백성들에게 덕을 베풀었기 때문에 후세 사람들이 그들 부자를 모두 성인이라 칭송하게 되었다. 그 두 분이 괘사와 효사를 만들지 않았다면 우리가 주역에 접근하는 것은 사실상 거의 불가능한 일이었을 것이다. 사실 두 분이 만들어 놓은 괘사와 효사를 이해하는 것도 쉬운 일이 아니다. 그런데 그것을 창안해낸 문왕과 주공은 얼마나 대단한 분들인가! 실로 하늘이 내린 천재라고 밖에 달리 설명할 길이 없다. 공자는 이렇게 말했다. "천하에 지극히 정밀한 이가 아니고서는 누가 능히 이 일에 참여할 수 있겠는가?"

문왕과 주공이 주역 코드를 말로 풀어낼 때의 시대 상황은 난세의 극이었다. 그렇기 때문에 주역에는 고난을 극복하는 지혜가 많이 담겨 있다. 공자는 이렇게 말했다. "역이 부흥한 것은 중고시대였으며, 역을 만든 이는 우환의식이 있었던 것이다." 중고시대는 은나라 말기에서 주나라 초기를 뜻하며, '역을 만든 이'는 문왕과 그 아들인 주공을 말한다. 공자는 유학을 자신이 창작한 것이 아니라 요·순임금과 문왕·무왕의 뜻을 계승했다고 스스로 밝힌 바 있다. 그리고 주공은 꿈속에서도 자주 뵐 정도로 존경해마지 않았다.

이제 주공이 완성했다는 효사의 예를 들어 보자. 주공은 건(乾)괘 여섯 효 중에 맨 아래에 있는 초효(初爻)에 "초구(初九) 잠룡 물용(潛龍 勿用)" 이렇게 효사를 붙였다. '초(初)'는 맨 아래 첫 번째 효이기 때문에 그렇게 말한 것이며, '구(九)'는 양(―)효의 코드를 지칭하는 주역 특유의 별칭이다.

＊주역에서 양(ㅡ)효는 '구(九)', 음(--)효는 '육(六)'이라 하는데 그 이유는 나중에 따로 설명할 것이다. 일단 양효는 '구'라 하고, 음효는 '육'이라 한다는 점을 기억해 두면 좋을 것이다.

'초구'는 첫 번째 효가 양효라서 붙여진 이름이다. 굳이 우리말로 풀면 '굳센 시작'이라고 표현해도 될 것이지만 그냥 '초구'라는 표현에 익숙해지는 것이 주역 공부에 도움이 될 것이다. 우리말로 풀어 보면, "초구는 물속에 잠겨있는 용이니, 용쓰지 말라."라는 뜻이다.

＊'건'괘 초구 효사

 초구는 물속에 잠겨있는 용이니, 용쓰지 말라.

初九 潛龍 勿用
초구 잠룡 물용

'건'괘의 6효는 각각 사람의 성장 단계로 파악할 수 있다. 그 중 초효는 소년기(10대)에 해당한다고 볼 수 있다. 그렇게 보면 초효는 10대 소년기에 가져야 할 마음 자세를 효사에 담은 것이다. "소년기는 물속에 잠겨있는 용과 같은 상황임을 알아서 함부로 힘을 쓰지 말라." 앞에서 '건'괘 괘사를 설명하면서 괘(卦)는 '걸려있다', '달려있다'는 뜻이라고 이해했었다. '건'괘 괘사는 '하늘! 크고 밝은 마음으로, 이롭게 하고 바로잡는다.'라고 해석했다. 사람도 정신적인 면에서 하늘을 본받아 크고 밝은 마음으로, 이롭게 하고 바로잡는 것이 중요하고, 거기에 인생의 성패가 달려있다는 뜻이다. 그 전반적인 상황 하에서 6효의 효사를 봐야 한다. 초효는 성장 단계로 보면 10대 소년기에는 '물속에 잠겨있는 용과 같은 상황임을 알아서 함부로 힘을 쓰지 말라'는 효사를 본받아 잘 처신하라는 것이다. 그것이 주공이 효사를 만든 취지이다. 말하자면 괘사는 전반적인 상황을 설명하는 총론이고, 효사는 개별적, 구체적인 상황에 적용되는 각론인 셈이다.

문왕이 64괘에 붙인 괘사와 주공이 384효에 붙인 효사로 『주역』의 경문(經文)은 모두 완성되었다. 주역을 공부한다는 것은 기본적으로 주역의 코드와 경문을 공부한다는 뜻이다.

이러한 과정을 거쳐 주역은 64괘를 통해 우주 만물과 세상 변화를 모두 설명하는 도구로 완성되었다. 코드를 통해 하늘의 이치를 체계화했다는 점에서 주역은 역사상 가장 탁월한 창작품이라 하겠다. 주역을 깨우치는 것은 모든 이치를 깨우치는 것과 같고, 인류 문명사의 획기적인 발명품들이 여기서 시작되었기 때문이다.

문왕과 주공이 주역의 해석 체계를 완성한 후 6백 년이 흘렀다. 그 때 유학을 집대성한 공자가 나타났다. 그는 주역에 오묘한 진리가 담겨있다는 사실을 알고는 주역의 경문을 읽고 또 읽었다.

"건(乾), 원형리정(元亨利貞)"
"초구(初九) 잠룡 물용(潛龍 勿用)" …

공자가 처음 그 내용을 보았을 때는 여전히 수수께끼 같은 느낌이 강했을 것이다. 공자는 대나무 쪽을 가지런히 잘라서 죽간(竹簡)을 만들고, 주역 괘사와 효사를 다시 옮겨 적었다. 그리고는 죽간을 가죽 끈으로 튼튼하게 제본했다. 그는 주역을 읽고 또 읽었다. 건(乾), 원(元)·형(亨)·이(貞)·정(利), 초구(初九)·잠룡(潛龍)·물용(勿用) … 그러면서 깊고 밝게 생각했다. '문왕과 주공은 괘와 효에 왜 이 말을 붙였을까?' 앞에서부터 읽고, 뒤에서부터 거꾸로 읽고, 그러는 동안 가죽 끈이 다 헤졌다.
새로운 가죽을 구해서 다시 단단히 묶고 반복해서 읽어나갔다. 그러던 어느 날 공자가 무릎을 쳤다. '주역은 코드로구나.' 그는 자신의 깨달음을 이렇게 기록했다. "역자 상야(易者 象也)." 그 때부터는 형(亨)이라는 글자만 찾아서 문장을 읽고, 마(馬)라는 글자만 찾아서 읽고, 그렇게 주역에 미친 사람처럼 코드 찾기를 밤낮으로 그치지 않았다. 일과가 끝나면 죽간을 머리맡에 놓고 잠자리에 들곤 했다. 그때 새벽마다 꿈속에서 주공이 나타나 코드를 하나씩 알려주었다. 그러는 동안 가죽 끈이 또 다시 헤쳤다. 그렇게 가죽 제본이 세 번 헤칠 때까지 주역의 코드를 찾고, 뜻을 파악하는데 몰두하였다. 공자는 생각했다. 문왕과 주공이 만든 주역 경문은 한 자도 고칠 것이 없구나. 나는 거기에 보충설명을 하여 멋진 날개를 달아야겠다.

주역에 날개를 단 공자

이 스토리를 일러 바로 '위편삼절(韋編三絕)'이라 한다. '가죽 위(韋)', '엮을 편(編)', '석 삼(三)', '끊을 절(絕)', 가죽 제본이 세 번이나 끊어졌다는 뜻이다. 공자가 『주역』 책을 그토록 파고든 것은 주역이 진리학습에 그토록 중요한 책이라는 의미도 되고, 그만큼 파악하기 힘든 내용이었다는 뜻도 된다.

그렇게 파고 또 파고 든 끝에 공자는 주역의 경문에 대한 10가지 종류의 해설을 덧붙이게 되었다. 주역에 10개의 날개, 즉 '십익(十翼)'을 단 것이다. 「단전」, 「상전」, 「계사전」 같은 것이 거기에 속한다. 공자의 글임에도 불구하고 '경(經)'으로 분류되지 않고 '전(傳)'이라 하였다. 그 이유는 공자 자신이 문왕과 주공이 만든 주역 경문에 한 글자도 손을 대지 않고 단지 해설만을 덧붙였기 때문이다.

공자의 십익은 후대의 주역학자들이 난해한 주역 코드와 은유적 표현을 이해하는데 지대한 도움을 주었다. 만일 공자가 십익을 남기지 않았다면 우리가 주역을 이해하는 것이 훨씬 더 어려운 일이 되었으리라. 그것은 분명한 사실이다. 십익 가운데 「계사전」은 역(易)의 원리, 괘효(卦爻)의 사례, 점치는 법 등 주역 이론을 집대성한 것으로,

주역 전반을 통합적으로 이해하는데 필수적인 내용들이 들어있다. 「계사전」에 포함된 심오한 철학은 후대의 동양철학에도 지대한 영향을 미치게 되었다. 그래서 공자의 십익은 '전(傳)'이지만 주역학자들이 '경(經)'과 같이 소중히 여기게 되었다.

그 후 중국과 한국은 물론, 동서양의 수많은 주역학자와 리더와 현자들이 주역을 탐구하고 학습하는데 열을 올리며 오늘에까지 이르게 되었다. 그 주역 연구는 모두 복희, 문왕, 주공, 공자 등 네 성인이 이룩해 놓은 주역의 진리체계를 토대로 이루어진다. 5천 년 전부터 긴 세월 동안 네 분의 성인이 주역을 만들었으니, 어떤 다른 경전도 그렇게 다수의 성인이 참여하여 만든 예는 역사상 전무후무하다.

이야기7
주역을 마스터하기 위한 세 관문

주역 공부에 큰 열망을 갖고 시작한 많은 사람들이 중도에 포기하고 만다. 어디서부터 시작해야 할지 실마리를 찾지 못하는 경우가 태반이다. 그 실마리를 찾고 나서도 여전히 필수적인 관문을 못 찾아서 미로를 헤매는 경우가 대부분이다. 나의 안내에 따라 공자의 주역 공부 비법을 챙기면 그 실마리와 관문을 찾을 수 있다. 공자가 주역을 공부하며 깨달은 비결은 3가지로 집약할 수 있다. 주역을 쉽게 마스터하려면 그 3가지 비결을 습득하는 것이 첩경이다. 그 3개의 관문만 통과하면 주역을 마스터하는 데 큰 어려움이 없을 것이다. 그 세 관문은 바로 '코드'와 '은유'와 '기본 공식'이다. 그 중 가장 중요한 실마리가 첫 관문인 '코드'다. 코드 관문을 넘으면 나머지는 사실 큰 난관이 아니다. 왜냐 하면, '은유'와 '기본 공식'은 코드와 밀접한 관련이 있고, 조금 노력하면 쉽게 터득할 수 있기 때문이다. 공자가 위편삼절을 하며 주역을 공부하는 동안 가장 많은 시간과 에너지를 쏟은 부분도 바로 첫 관문인 코드 관문을 통과하는 과정이었을 것이다.

공자가 주역을 공부한 방식의 핵심은, 바로 주역이 코드로 만들어진 것임을 알고 먼저 그 코드를 파악했다는 것이다. 그래서 필자는 공자의 주역 공부 비법을 담아 '코드주역'이라 이름 붙이고 여러 번 강의하면서 검증을 거듭했다. 조만간 이 책의 후속으로 방대한 코드주역의 전모를 일반에 공개할 것이다. 이 책에서는 그 전 단계로 기본 8괘 코드를 이해하고, 코드에 입각한 64괘의 바른 해석을 공유한다. 우리는 앞에서 밝음의 코드, 집과 문의 코드를 함께 찾아본 경험이 있다. 코드를 하나씩 찾는 과정이 주역을 공부하는 중요한 절차이기 때문에 가끔씩 함께 코드 찾는 일을 독자들도 즐겼으면 좋겠다. 필자가 쉬운 길로 자상하게 안내할 것이다.

이번엔 조금 더 어려운 중급 코드 문제를 하나 풀어보자. 8괘는 가족 구성원을 상징하기도 하는데, 이제 그 가족 코드를 찾는 퀴즈를 풀어보자. 코드에 맞는 가족 구성원을 찾아서 빈 칸에 채우면 된다. 보이는 것만 기록해도 좋다.

* 가족 구성원 코드 찾기

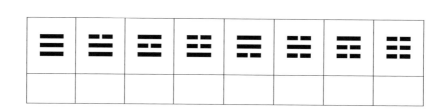

가족 구성원: 아버지, 어머니, 장녀, 중녀, 소녀, 장남, 중남, 소남

유학에는 천지(天地)를 부모(父母)로 보는 관점이 있다. 모든 것이 하늘과 땅에서 나왔기 때문이다. 하늘은 양이며 땅은 음이다. 따라서 아버지는 하늘, 어머니는 땅과 각각 대응된다. 맨 먼저 첫 칸의 건(☰) 아래에 아버지를 적고, 맨 마지막 칸의 곤(☷)에는 어머니를 적어야 할 것이다.

부모 사이에 있는 여섯 개의 괘는 여섯 남매가 된다. 남매를 파악하려면 우선 음양을 통해 남녀를 구분하는 방법을 알아야 한다. 양이 하나(−), 음이 둘(==)이면 남자다. 수학에서도 '음×음'은 양이 되는 것처럼 주역에서도 음이 둘이면 양이 된다. 반면에 양이 둘(☰), 음이 하나(--)면 여자다. 양이 하나(－), 음이 둘(☷)인 남자는 진(☳), 감(☵), 간(☶)이다. 획의 순서는 아래서부터 시작하는데, 맨 아래가 양이면 장남(長男), 가운데가 양이면 중남(中男), 맨 위가 양이면 소남(少男)이 된다. 양이 둘(☰), 음이 하나(--)인 여자는 태(☱), 이(☲), 손(☴)이다. 그 중 맨 아래가 음이면 장녀(長女), 가운데가 음이면 중녀(中女), 맨 위가 음이면 소녀(少女)가 된다. 퀴즈 정답을 모두 적은 정답지는 아래와 같다.

* 가족 구성원 코드

☰	☱	☲	☳	☴	☵	☶	☷
아버지	소녀	중녀	장남	장녀	중남	소남	어머니

자녀 코드 기억법: 태소녀, 이중녀, 진장남, 손장녀, 감중남, 간소남

　　예를 들어, 상괘가 소녀인 태(☱)이고, 하괘가 소남인 간(☶)인 괘는 '택산함(澤山咸)'이라는 괘가 되는데, 청춘남녀가 서로 교감하는 상황을 나타낸다. 이 때 함(咸)은 교감을 뜻하는 감(感)과 통한다.

　　이런 식으로 찾아가다 보면 코드에 점점 익숙하게 된다. 이제 퀴즈 풀기를 멈추고 주역 코드의 세계로 곧장 들어가 보기로 하자. 8괘 코드 하나하나를 분석하면서 그 주요 상징물과 특성을 알아보는 중요한 시간이다.

코드명: 건(乾), 1건천
특징: 3획 모두 굳센 양(－)으로 구성되었다.
대표 물상: 하늘 천(天)
대표 특성: 굳건함

건(☰)은 하늘과 굳건함의 코드다. 하늘은 빈틈이 없이 꽉 차 있으며 그 운행이 굳건하다. 그래서 건(☰)은 하늘의 코드가 된다. 굳건한 것은 좋은 것일까? 일반적으로 좋은 일이지만 늘 좋기만 한 것은 아니다. 인간관계에서 험한 일이 벌어졌는데 굳건하면 싸움이나 소송이 일어나게 된다. 아랫사람들이 힘이 부족한데 윗사람들이 굳건하게 카리스마를 발휘하면 꽉 막혀서 소통이 안 된다. 어떤 특성이 늘 좋거나 늘 나쁜 것은 없다. 때에 맞게 굳건한 특성을 발휘하면 좋은 것이고, 부드러워야 할 때 굳세면 좋지 않은 것이다.

동물 상징으로는 용(龍)이다. 용은 굳건하면서 하늘과 같이 신령한 동물이기 때문이다. 신체 상징으로는 머리다. 사람의 머리는 하늘과 연결되어 있어서 하늘의 메시지를 받아 굳건한 정신 작용을 한다. 가족 상징은 아버지에 해당한다. 임금, 리더, 군자, CEO, 오녀, 대통령, 정신 등 굳건함과 관련된 여러 가지를 상징하는 코드가 건(☰)이다. 한국인의 코드도 '건'이다. 왜냐 하면 한국인은 리더가 되고자 하는 욕망이 강하고, 정신적인 것을 중시하며, 시종일관 굳센 민족성을 갖고 있기 때문이다. '건'은 하늘의 코드이며, 하늘과 같은 모든 것, 하늘과 같은 모든 특성이 이 코드에 들어있다. '건'을 제외한 나머지 7개의 코드는 '건'에서 하나 이상의 코드가 음으로 바뀌어서 생겨난 것으로 이해할 수 있다.

코드명: 태(兌), 2태택
특징: 3획 중 맨 위만 부드러운 음(--)이다.
대표 물상: 연못 택(澤)
대표 특성: 기쁨

태(☱)는 기쁨의 코드다. 소녀가 머리를 찰랑이며 기쁘게 뛰어 노는 모습을 상상하면 될 것이다. 그래서 기쁨의 코드이면서 동시에 소녀의 코드도 된다. 대표적인 물상으로는 연못에 해당한다. 위의 음(--)은 연못의 수면으로, 수면이 찰랑이는 연못의 상이다. 연못이 물을 내려주면 만물이 그 은택을 받아 기뻐하게 된다. 기뻐하는 것은 좋은 것일까? 일반적으로 좋은 일이지만 늘 좋은 것은 아니다. 험한 일이 벌어졌는데 기뻐하고 있으면 곤경에 처하게 된다. 기뻐하는 것도 때에 맞게 해야 한다.

동물 상징은 양(羊)과 호랑이다. 위의 음(--)효를 양의 두 뿔로 볼 수 있고, '양 양(羊)'자 글자 위에 있는 두 점으로 볼 수도 있다. 호랑이의 눈을 음(--)효로 볼 수 있고, 꼬리를 음효로 볼 수도 있다. 신체 상징은 입[口]에 해당한다. 위의 음(--)효가 두 입술에 해당한다. 말[言]도 그에 해당한다. 입으로 하는 것이 말이기 때문이다. '가르침'이나 '대화'의 코드도 된다. 입으로 가르치고, 입으로 대화하기 때문이다. 말도 가르침도 대화도 다 기쁜 일이다.

재미난 것은 태(☱)가 '술잔'의 코드도 된다는 것이다. 주역에 술잔을 기울이는 얘기가 나오는데 그 때 태(☱)에서 술잔을 보게 된다.(그림) 좋은 일에 함께 술잔을 기울이는 것도 기쁜 일이다.

코드명: 이(離), 3이화
특징: 3획 중 가운데만 부드러운 음(--)이다.
대표 물상: 불 화(火)
대표 특성: 밝음, 걸림

이(☲)는 밝음의 코드다. 밝은 태양(☉)의 코드이며, 불의 코드다. 불은 바깥 부분이 더 뜨거워 양(-)이 되고, 속은 오히려 덜 뜨거워 음(--)에 해당한다. 태양과 불은 밝음의 상징이다. 밝은 것은 좋은 것인가? 일반적으로 좋지만 늘 그런 것은 아니다. 핍박당하고 있을 때는 밝음을 감춰야 한다. 밝은 지혜도 아무 때나 쓰는 게 아니다. 감춰야 할 때는 감춰야 한다. 밝은 지혜를 감춰야 할 때 감추지 못하면 힘 있는 자의 부림을 당하거나 제거 당할 수도 있다.

밝으면 부유해지고 부유해지면 풍부해진다. 따라서 이(☲)는 부(富), 풍부, 복(福)의 코드도 된다. 왜냐 하면, 엽전 모양도 이(☲)의 코드가 되고(그림), 밖에서 굳세게 벌어서 안에서 잘 관리하는 상이기도 하다. 풍부함과 복은 부와 관련이 있다. 믿음[信]의 코드도 같다. 밝은 마음이 믿는 마음이다. 디자인, 아이디어와 같이 속에서 귀한 것이 나오는 것은 모두 이(☲)가 그 코드다. 이(☲)는 태양이 하늘에 걸려있는 모습도 되기 때문에 '걸림'을 상징하는 코드가 되기도 한다. 따라서 이(離)는 '걸려있다'는 뜻으로 쓰이기도 한다. 동물 상징은 꿩, 새매, 여우와 같이 눈이 동그랗게 빛나는 짐승에 해당한다. 가족 상징은 중녀다. 신체 상징은 눈에 해당한다. 눈(◉)의 모양과도 닮은 점이 있으며, 가운데 음(--)효가 눈동자에 해당한다.

코드명: 진(震), 4진뢰

특징: 3획 중 맨 아래만 굳센 양(一)이다.

대표 물상: 지진, 우레 뢰(雷)

대표 특성: 움직임

진(☳)은 지진, 우레, 움직임의 코드다. 지진이 아래에서 굳세게 (一) 꿈틀거리면 위가 흔들리며(☷) 움직이기 때문이다. 가다(go)의 코드도 같다. 움직임, 가는 것은 좋은 것인가? 늘 그런 것은 아니다. 가야 할 때 가고 멈춰야 할 때 멈추는 것이 좋은 것이다. 부(富)와 반대 되는 불부(不富)의 코드도 진(☳)이다. '부'의 코드가 이(☲)인데, 위가 열려 있으니 '부유하지 않음'의 코드가 된다.

동물 상징으로는 말[馬]이 진(☳)이다. 맨 아래 양(一)이 굳센 말 발굽이며, 말은 잘 달리는 동물이다. 가족 상징은 장남이다. 신체 상징은 발에 해당한다. 아래 양(一)이 발이고 위의 두 음(☷)은 따라가는 다리다. 발은 움직이는 역할을 한다는 점에서도 진(☳)이 된다. 명령[命]의 코드도 진(☳)이다. 아래 양(一)효가 명령을 하면 위쪽으로 울려 퍼지는 상이다. 울림[鳴]도 진(☳)이다. 아래 양(一)을 '둥~!'

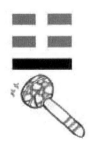

하고 울리면 위로 울려 퍼지는 상이다.(그림) 동기부여의 코드도 같다. 동기부여는 울림을 주는 것이기 때문이다. 진동과 관련된 코드는 모두 진(☳)에 해당한다. 질그릇, 대그릇의 코드도 같다. 둘 다 아래는 굳세지만 위쪽은 부드럽다. 그래서 질그릇은 윗부분이 잘 깨진다. 뼈와 살과 피부의 코드도 여기서 찾을 수 있다. 아래 양효는 뼈, 가운데 음효는 살, 맨 위 음효가 피부에 해당한다.

코드를 찾는 과정 − '울릴 명(鳴)' 코드의 예

필자가 코드를 찾은 과정을 샘플로 소개한다. '울릴 명(鳴)'코드의 사례다. 먼저 주역에 나오는 명(鳴)을 모두 한 곳에 모아서 벽에 붙였다. 주역에 명(鳴)은 3개의 괘에 모두 4회 등장한다.

겸(謙)괘	울림 이야기
䷎	상육; 명겸(鳴謙): 울려서(마지못해) 겸손하다. 육이; 명겸(鳴謙): 울림을 주는(감동을 주는) 겸손이다. ＊육이는 길(吉)한 효사, 상육은 흉(凶)한 효사에 해당

예(豫)괘	울림 이야기
䷏	초육; 명예(鳴豫): 울려서(마지못해) 기뻐한다. ＊흉(凶)한 효사에 해당

중부(中孚)괘	울림 이야기
䷼	구이; 명학(鳴鶴): 우는(노래하는) 학이 그늘에 있다. ＊길(吉)한 효사에 해당

＊위 효사의 해석은 코드를 찾아낸 후 그에 맞게 해석한 최종 결과임

코드 앞에 면벽하고 앉아 명상하고, 오며 가며 보고 또 보고, 잠 잘 때 머리맡에 『주역』책을 놓고 잠을 자다 보면 어느 날 새벽꿈에 그 코드가 보인다. 이렇게 알아낸 명(鳴)의 코드는 진(☳)이다. 간혹 운이 좋을 때는 눈을 감고 명상을 할 때나 뚫어지게 바라볼 때 코드가 보이기도 한다. 잘 보면 관련된 4개의 효 아래 또는 위에 진(☳)이 보인다.

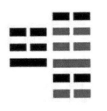 겸(謙)괘에서는 2효와 상효 사이에(외호괘) 진 (☳)이 보인다. 그 중 양효 아래에 있는 음(2효) 은 울림을 주는(감동을 주는) 경우고, 음효 위에 있는 것(상효)은 울림을 받는(마지못해서 하는) 경우다.

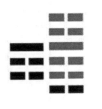 예(豫)괘에서는 초효 위에(내호괘) 뒤집어진 진 (☳)이 보인다. 초효는 울림을 받는(마지못해서 하는) 경우다.

 중부(中孚)괘의 경우 2효를 포함하여 2, 3, 4효 (내호괘)가 진(☳)이다. 그래서 자동사인 '우는(노래하는)'으로 번역된다.

 '울릴 명(鳴)'의 코드가 진(☳)이라는 사실을 알고 나면 주역 해석에 큰 영감을 얻게 된다. 비로소 그 해석이 명확해지고 기존의 『주역』책에 있는 해석 상 오류도 적나라하게 드러난다. 다른 코드도 다 그런 방법으로 찾아 스스로 만족스러운 주역 해석을 하게 되었다. 그렇게 해석하고 나면 공자의 주역 해설인 '십익'과 거의 어그러지지 않고 딱 맞아떨어진다. 이는 공자가 코드를 통해 주역을 해석했다는 증거라고 하겠다.

이 책의 2부에 나오는 주역 64괘 괘사와 효사의 해석은 모두 이와 같은 과정을 거쳐서 나온 해석임을 밝혀둔다. 따라서 바른 해석이라고 믿고 읽어도 좋을 것이다.

코드명: 손(巽), 5손풍

특징: 3획 중 맨 아래만 부드러운 음(--)이다.

대표 물상: 바람 풍(風)

대표 특성: 공손함

손(☴)은 바람과 공손함의 코드다. 바람은 하늘 아래에서 부드럽고 공손하게 분다. 그래서 바람과 공손함의 코드가 된다. 공손한 것은 좋은 것인가? 역시 항상 좋은 것은 아니다. 아랫사람이 굳센데 윗사람이 공손하면 추진력이 없어지고 일이 잘 풀리지 않는다. 그 때의 공손함은 우유부단함이 되기 때문이다. 오히려 서로에게 스트레스를 주기 쉽다. 위가 막혀있는데 아랫사람이 공손해도 적폐가 쌓이게 된다. 위가 막히면 아래에서라도 돌파해야 한다. 아랫사람이 공손할 때 윗사람이 추진력이 있으면 일이 잘 풀리게 되고 지속가능성이 높아진다. 윗사람이 공손할 때 아랫사람들이 밝으면 화목한 분위기가 된다. 이처럼 공손함도 때에 맞게 써야 한다.

손(☴)의 코드는 나무로도 자주 쓰인다. 위의 두 양(⚌)은 나무의 줄기와 밑동이며, 아래의 음(--)은 눈에 보이지 않는 뿌리에 해당한다. 물 위에 떠 있는 배의 코드도 손(☴)이다. 배를 나무로 만든다고 생각해도 되고, 위의 두 양(⚌)은 선체, 아래 음(--)은 물속의 보이지 않는 부분으로 볼 수 있다. 손(☴)의 동물 상징은 소[牛]에 해당한다. 소는 공손한 동물이며, 위의 두 양은 소의 몸체, 아래 음(--)은 다리에 해당한다. 주역에 나오는 소는 총 8마리인데 모두 손(☴)으로 명쾌하게 설명이 된다. 가족 상징은 장녀다. 분위기, 한결같음 등 바람과 관련된 코드는 모두 손(☴)으로 설명된다.

코드명: 감(坎), 6감수

특징: 3획 중 가운데만 굳센 양(─)이다.

대표 물상: 물 수(水)

대표 특성: 험함

감(☵)은 물의 코드다. 물은 가운데가 깊고 세차며, 가장자리는 얕고 느리다. '물 수(水)'자를 눕혀 놓은 모양과도 유사하다. 또한 험함의 코드다. 물을 건너는 것은 험한 일이기 때문이다. 근심, 피, 재앙, 도적, 귀신, 전쟁, 다툼, 군사, 시체, 가시밭, 진흙, 숲 등 험한 것에 관련된 것은 모두 '감'괘를 코드로 삼는다. 반면에 물이 없으면 생명이 존재할 수 없다. 따라서 생명의 코드도 된다.

주역에 자주 나오는 수레의 코드도 감(☵)이다. 가운데 양(─)은 수레의 본체, 양쪽 두 음(--)은 수레바퀴에 해당한다. 동물 상징은 새, 사슴, 돼지 등이다. 어째서 새의 코드가 되는가? 가운데 양(─)은

새의 몸통, 양쪽 두 음(--)은 새의 날개에 해당하기 때문이다.(그림) 사슴의 몸통은 양(─), 뿔과 다리가 각각 음(--)에 해당하고, 돼지는 험한 동물이라서 '감'이 그 코드다. 가족 상징은 중남이다. 신체 상징은 귀에 해당한다. 신체에서 귀는 물을 주관하는 신장과 연결이 되어 있어서다.

불신(不信) 등의 코드도 '감'으로 설명 된다. 믿음[信]의 코드가 이(☲)라서 불신의 코드는 그와 반대인 '감'이다. 임신의 코드도 '감'이다. 임신은 물과 관련이 있기 때문에 '감'이 그 코드가 되는 것이다.

코드명: 간(艮), 7간산

특징: 3획 중 맨 위만 굳센 양(－)이다.

대표 물상: 뫼 산(山)

대표 특성: 막힘

간(☶)은 산의 코드요, 막힘을 상징하는 코드다. 산이 산의 모습을 계속 유지하려면 윗부분이 굳세야 한다(⋀). 위가 굳세지 않으면 흙이 비에 쓸려 내려가서 평지가 되고 만다. 딱딱한 바위로 덮여있는 인수봉 같은 산을 연상하면 될 것이다. 길을 가다가 앞에 산이 있으면 길이 가로막힌다. 그래서 막힘의 코드도 된다. 막히는 것은 좋지 않은 것인가? 꼭 그렇지는 않다. 막혔을 때 크게 쌓으면 위대해질 수 있다. 그래서 군자는 막히는 것을 기회로 삼는다. 막힘이 없으면 축적의 기회가 없어서 크게 되기 어렵다. 문왕도 폭군 주(紂)에 의해 옥에 가두어져 핍박을 당할 때 주역 괘사를 만드는 대업을 이뤄냈다.

문(門)과 집[家]의 코드도 간(☶)이다. 울타리의 코드도 역시 같다. 공격을 하려면 화살이 필요한데, 그 코드도 '간'이다. 위의 양(－)

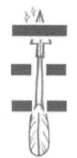

은 딱딱한 화살촉, 아래 두 음(⚏)은 부드러운 화살대의 상이다.(그림) 화살과 관련된 공격, 침벌 등의 코드도 같다. 덕(德)의 코드 또한 간(☶)이다. 왜냐 하면 덕은 산처럼 쌓는 것이기 때문이다. 가족 상징은 소남이다. 동물 상징은 개[犬]다. 개는 집을 지켜 도둑을 막기 때문에 '간'을 코드로 삼는다. 신체 상징은 손에 해당한다. 막을 때 손바닥을 쓴다고 생각하면 된다. 개와 손이 주역 괘·효사에 등장하는 것은 아니지만 이치가 그러하다.

코드명: 곤(坤), 8곤지

특징: 3획 모두 부드러운 음(--)이다.

대표 물상: 땅 지(地)

대표 특성: 유순함

곤(☷)은 땅과 유순함의 코드다. 하늘은 빈틈이 없지만 땅은 모래 사이에 빈틈이 많다. 또한 땅은 유순하게 하늘을 따른다. 그래서 땅과 유순함의 코드가 된다. 유순함도 항상 좋은 것이 아니고 항상 나쁜 것도 아니다. 굳세기만 하면 문제가 있는 것처럼 유순하기만 해도 문제다. 유순해야 할 때 유순해야 하며, 굳세야 할 때는 굳세야 한다. 언제 그렇게 하며, 어떻게 그렇게 하는지는 주역을 공부하면서 점점 익숙해지게 된다.

백성, 무리(군중)의 코드도 곤(☷)이다. 점이 여러 개 있기 때문에 그렇게 보는 것이다. 주역에서는 군중이 험한 상황에 처한 것을 전쟁 상황으로 본다. 군중이 하늘 아래에 있으면 난세, 군중이 하늘 위에 있으면 치세로 보기도 한다. 재정담당자, 살림꾼, 물질, 경제 등의 코드는 모두 '곤'이다. 건(☰)의 코드와 반대라고 생각하면 된다. 경제적 동물이라 할 수 있는 일본인의 코드도 '곤'이다. 정신적인 면을 중시하는 한국인이 '건'이라는 점을 상기하면서 비교하면 금방 알 수 있다. 가족 상징은 어머니다. 유학에서는 천지(天地)를 부모로 본다. 따라서 하늘은 아버지, 땅은 어머니를 그 코드로 삼는다. 신체 상징은 배에 해당한다. 머리가 건(☰)이고 배가 곤(☷)인데, 뱃속에 있는 여러 장부들은 머리의 지배를 받는다고 생각하면 된다.

그 밖에 중요한 코드를 추가로 챙겨보자. 먼저 시간과 공간의 차원에서 춘·하·추·동 사계절과 동·서·남·북 방위의 코드가 있다. 두 가지는 한꺼번에 이해하는 것이 편리하다.

동쪽은 만물이 꿈틀대며 일어나는 봄에 해당한다. 그래서 꿈틀거리며 움직이는 진(☳)이 봄과 동쪽의 코드가 된다. 서쪽은 수확을 하여

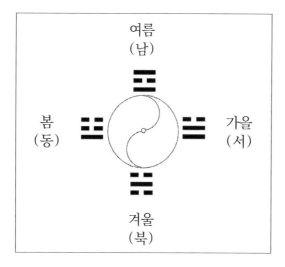

기쁨을 누리는 가을에 해당한다. 그래서 기쁨의 코드인 태(☱)가 가을과 서쪽의 코드가 된다. 남쪽은 밝은 곳이며, 태양이 이글거리는 여름에 해당한다. 따라서 밝음과 태양의 코드인 이(☲)가 여름과 남쪽의 코드가 된다. 북쪽은 차가운 겨울에 해당한다. 따라서 차가운 물의 코드인 감(☵)이 겨울과 북쪽의 코드가 된다.(그림)

주역에서 좌·우·상·하 방향의 코드도 중요하다. 좌우는 각각 동쪽과 서쪽에 해당한다. 임금이 북쪽에 앉아서 남쪽을 바라볼 때 좌측은 동쪽이고 우측은 서쪽이기 때문이다. 따라서 동쪽은 진(☳), 서쪽은 태(☱)가 된다. 동방진, 서방태, 이렇게 기억해도 된다. 사실 방위는 그기준을 어디에 두느냐에 따라서 거꾸로 볼 수도 있다. 그림에서 가운데 태극무늬가 태극기의 경우와 다른데, 주역학자들은 대체로 그렇게 그려서 설명한다. 도로 우측으로 주행하는 나라가 있고 좌측으로 주행하는 나라가 있지만, 우리나라는 우측통행으로 약속한 것과 같다. 같

은 이유로 남쪽은 위(또는 앞)의 이(☲), 북쪽은 아래(또는 뒤)의 감(☵)으로 약속되어 있다.

끝으로 하나만 더 보자. 청·적·백·흑·황 등 색깔의 코드도 주역에서 자주 나온다. 청색은 동쪽, 흰색은 서쪽, 붉은 색은 남쪽, 검은 색은 북쪽에 해당한다. 좌청룡, 우백호, 남주작, 북현무, 이렇게 기억하면 된다. 그리고 황색은 중앙의 색이다.

처음에는 헷갈리겠지만 주역을 공부하는 동안 계속 코드와 연관성을 파악할 것이기 때문에 점차 익숙하게 될 것이다. 이상에서 8괘의 코드를 살펴보았다. 사실 이것만으로 코드 공부가 끝나는 것은 아니다. 때로는 4획 코드, 6획 코드로 나타나기도 하고, 때로는 뒤집어 보기도 해야 하기 때문이다. 2부에서 주요 코드 설명을 곁들였으니 참고하기 바란다. 2부에 정리한 괘·효사 해석과 해설이 정교한 코드 분석을 통해서 나온 것이라는 점도 강조하고 싶다.

공자가 "역은 상이다."라고 선언한 이래로 많은 주역학자들이 코드를 찾기 위해 골몰했다. 그 결과 주역학자들이 코드에 대해 공통된 결론에 도달했을까? 그렇지 않다. 학자마다 코드를 보는 관점이 서로 다르기 때문에 수많은 역상설(易象說)이 존재한다. 중요한 것은 코드 자체가 아니라 코드를 통해 주역의 본의를 제대로 파악하는 데 있다. 주역 천재 중 한 명인 왕필이 '득의망상(得意忘象)'이라 한 것도 그런 취지다. 주역의 본의를 파악하고 나면 코드를 잊어도 좋다는 뜻이다. 그럼에도 주역 코드를 파악하는 것이 중요한 이유는 그것이 주역의 본의를 파악하는 핵심 열쇠(core key)가 되기 때문이다. 문왕과 주공이 코드를 상정해서 괘사와 효사를 만들었기 때문에 그것은 당연한 일이다. 공자와 왕필의 주역 해설이 비교적 일관성과 설득력을 갖는 이유는 그들이 주역 코드를 나름대로 마스터했기 때문이다.

문왕과 주공의 코드집이 발견되지 않는 한 어느 누구도 자신의 코드 이해가 완벽하다고 단언할 수는 없다. 스스로 만족스런 수준으로 주역을 해석했다는 신념이 생길 정도로 일관되고 체계적인 코드 분석을 했다면 그것으로 충분하다. 이것이 우리가 주역 코드를 대하는 바람직한 자세일 것이다.

　　공자가 주역 공부를 하여 터득한 또 다른 중요한 비법이 있다. 그것은 바로 주역의 '은유적 표현'과 '주역 기본 공식'이다. 공자는 주역에 나오는 은유적 표현을 마스터했고, 몇 가지 중요한 공식을 적용한 것으로 추정된다. 필자는 공자의 뜻을 살펴 '코드주역의 7가지 기본 공식'을 제시하였다. 독자들은 이어지는 주역의 은유와 7가지 공식을 잘 이해할 필요가 있다. 그렇게 하고 나면 이제 주역은 더 이상 난공불락의 성으로 남지 않게 된다. 주역에 관심이 있는 사람이라면 누구나 쉽게 이해할 수 있는 친근한 학문 분야가 될 것이다. 공자가 주역을 '이간(易簡)'이라 한 것도 그런 취지다. 마스터하고 나면 쉽고 간단하게 느껴져야 비로소 주역 공부를 제대로 했다고 할 수 있다.

이야기8

은유적 표현과 주역 용어

주역이 어렵게 느껴지는 이유 중 하나는 은유적인 표현이 많다는 데 있다. 교감을 뜻하는 함(咸)괘 괘사에는 "여자를 취하면 길하리라." 즉, '취녀 길(取女 吉)'이라는 말이 나온다. '취녀'를 그대로 해석하면 '여자를 취하라'는 뜻이다. 주역에 이런 내용이 나올 때마다 여자를 취하려 한다면 문제가 커진다. 주역이 남자 전용으로 만들어 진 것도 물론 아니다. '취녀'는 '여자를 취하듯 하라'라고 번역하는 것이 자연스럽다. 그것은 '지극한 정성을 기울이라'는 뜻의 은유다.

주역이 은유적인 표현을 쓴 이유는 직설적인 언어로 세상만사를 다 표현하는 것이 불가능하기 때문이다. 은유를 사용함으로써 다양한 상황에서 다양한 관점으로 응용할 수 있게 하기 위함이다. 주역은 64괘로 세상만사를 설명하는 도구다. 따라서 문왕과 주공은 부득이 은유적인 방법을 쓰지 않을 수 없었던 것이다. 고전 중에는 『주역』과 『장자』에 특히 난해한 은유가 많이 사용되었다. 그것은 심오한 이치를 설득력 있게 표현하는 독특한 방식이기도 하고, 문왕과 주공과 장자의 천재성, 탁월성을 말해주는 것이기도 하다.

주역을 정복하기 위한 3개의 관문 중 첫 관문이 '코드'라면 두 번째 관문은 바로 '은유'를 이해하는 것이다. 사실 주역의 은유를 이해하는 것도 호락호락한 일은 아니다. 그것은 주역 공부에 있어서 코드 다음으로 큰 난관이다. 우리가 코드와 은유를 잘 이해했는지를 스스로 검증하는 방법이 있다. 그것은 주역을 마스터한 공자의 해설과 나의 해석이 어느 정도 부합되는지를 보면 된다. 우리가 『주역』 책을 볼 때 어려움을 느끼는 이유는 괘사·효사의 해석과 공자의 해설에 대한 해석이 각각 따로 놀기 때문이기도 하다. 그것은 공자의 주역을 잘 이해하지 못했다는 증거이다. 달리 말해 주역을 잘 이해하지 못했다는 뜻이기도 하다. 공자의 해설이 절대적인 것은 아니지만 그 중 믿을 수 있는 가장 권위 있는 해설임에는 틀림없다.

이 절에서는 주역에 사용된 대표적인 은유를 이해함으로써 공자의 주역에 좀 더 친숙하게 다가가는 계기로 삼고자 한다. 더불어 주역에 전형적으로 사용되는 주요 용어도 살펴보고자 한다.

잠룡(潛龍): 물에 잠겨있는 용

용은 하늘을 나는 신비의 동물이다. 사람도 본래 정신적으로 엄청난 능력을 갖고 있으면서 신비한 존재다. 사람의 그런 정신적 능력을 강조하기 위해서 용에 비유했다. 그런데 엄청난 능력을 가진 존재라도 그 능력을 축적하면서 내공을 기르는 데는 시간이 필요하다. 그런 다음에라야 사회적 활동을 성공적으로 수행할 수 있기 때문이다. 그런 존재를 주역에서 잠룡(潛龍), 즉 물에 잠겨있는 용으로 표현했다. 예를 들면 소년·소녀들이 그에 해당한다. 조직에서는 신입사원이 그런 존재다. 선거철이 되면 매스컴에서 잠재적 유력 후보자를 잠룡이라고 하는데, 주역에서 인용한 것이지만 잘못된 용례다.

비룡재천(飛龍在天): 하늘을 나는 용

잠룡, 즉 물에 잠겨있는 용이 능력을 축적하고 내공을 길러야 하는 존재의 상황이라면, 비룡(飛龍), 즉 나는 용은 그 능력과 내공이 충분히 길러진 존재를 뜻한다. 비룡재천(飛龍在天)은 '나는 용이 하늘에 있다'는 뜻이다. 이는 엄청난 정신적 능력을 가진 존재가 그동안 내공을 충분히 길러서, 축적된 능력을 마음껏 발휘하는 상황을 은유적으로 표현한 것이다. 사회적으로 훌륭한 리더가 된 경우, 조직에서 CEO가 된 경우 등이 이에 해당한다.

이견대인(利見大人): 대인을 보는 것이 이롭다.

맹자는 '충실하면서 빛나는 사람'을 대인(大人)이라 했다. 자신의 인격과 역할이 충실하고 빛나서 타인에게 큰 도움이 되는 사람이 대인이다. 요즘 표현으로 멘토(mentor)에 해당한다. 외부전문가도 그에 포함된다. 훌륭한 리더도 대인고, 하층부에 있으면서 주도적인 역할을 하는 이도 대인이다. 하층부의 대인은 하층부에서 핵심 역할을 하는 귀한 존재이면서, 잠재적인 리더이기도 하다.

이견대인(利見大人), 즉 '대인을 보는 것이 이롭다'는 말은 '리더, 멘토나 전문가와 같은 사회적 리더를 만나는 것이 이롭다'는 뜻이다. 그런 사람이 주변에 없다면 『주역』이나 『논어』 등으로 성현의 말씀을 듣는 것도 대인을 만나는 방법이 된다. 리더의 입장에서는 '하층부의 핵심 인물을 만나는 것이 이롭다'는 뜻이 되기도 하고, 하층부의 핵심 인물 입장에서는 '리더를 만나는 것이 이롭다'는 뜻이 되기도 한다.

유유왕(有攸往): 가는 바가 있다.

주역에서 왕(往), 즉 '간다'는 것은 실행에 옮긴다는 뜻이다. '가는 바가 있다'는 뜻의 유유왕(有攸往)은 다음과 같은 용례가 있다. 각각 그 해석과 의미를 풀어서 한꺼번에 이해해 보자.

* 이유유왕(利有攸往): 가는 바가 있으면 이롭다.
  '실천에 옮기는 것이 이롭다'는 뜻
* 불리유유왕(不利有攸往): 가는 바가 있으면 이롭지 않다.
  '실천에 옮기는 것이 이롭지 않다'는 뜻
* 군자유유왕(君子有攸往): 군자가 가는 바가 있다.
  '군자가 실천하는 것이 그와 같다'는 말의 은유적 표현
* 물용유유왕(勿用有攸往): 가는 바가 있어도 용쓰지 말라.
  '실천하면 될 것 같더라도 힘쓰지 말고 멈추라'는 뜻

예를 들어, 은퇴를 한 사람이 사업에 뛰어들고 싶어서 주역 괘를 뽑았는데 물용유유왕(勿用有攸往)이 나오면 어떻게 해야 할까? 사업이 잘 될 것 같다는 생각이 들더라도 실천에 옮기지 말라는 지침이 된다. 여기서 물용(勿用)은 '용쓰지 말라'는 뜻이다.

건후(建侯): 제후를 세우다.

옛날 천하를 경영하는 황제를 천자(天子)라 하고, 천자에게 일정한 영토를 할당받아 다스리는 왕을 제후(諸侯)라 했다. 따라서 제후를 세운다는 뜻의 건후(建侯)는 리더를 세운다는 뜻이다. 나아가 리더십을 확립하고, 철학적 기준을 세우고, 시스템을 정비한다는 뜻으로 확장된다. 주역에서 이건후(利建侯), 즉 '제후를 세우는 것이 이롭다'는 말은 리더십을 바로 세우고 시스템을 정비하라는 뜻의 은유다.

섭대천(涉大川): 큰 내를 건너다.

왕(往), 즉 '간다'는 말보다 더 강력한 표현이 섭대천(涉大川)이다. '큰 내를 건넌다'는 뜻이다. 난관이 있더라도 포기하지 말고 그것

을 극복하며 적극적으로 행동에 옮기는 것을 말한다. 그 용례는 다음과 같다.

＊이섭대천(利涉大川): 큰 내를 건너는 것이 이롭다.
 '난관을 극복하는 것이 좋다'는 뜻의 은유적 표현
＊불리섭대천(不利涉大川): 큰 내를 건너는 것이 이롭지 않다.
 '난관을 무릅쓰고 과감하게 행동하는 것은 좋지 않다'는 뜻
＊불가섭대천(不可涉大川): 큰 내를 건너서는 안 된다.
 '난관을 무릅쓰고 과감하게 행동해서는 안 된다'는 뜻
＊용섭대천(用涉大川): 큰 내를 건너고자 용쓴다.
 '난관을 극복하고자 적극적으로 노력하라'는 뜻

이사를 가야 할지 말아야 할지 또는 여행을 가야 할지 말아야 할지 판단해야 할 때, '이섭대천(利涉大川)'이 나오면 '가라'는 메시지다. 반면에 '불리섭대천'이 나오면 안 가는 것이 좋고, '불가섭대천'이 나오면 절대 가지 말라는 메시지로 받아들이면 된다.

경기도 이천의 지명이 '이섭대천'에서 유래되었다고 알려져 있다. 몇 가지 설이 있으나, 일설에는 왕건이 남정(南征)길에 올라 이천에 주둔하고 점을 쳐보았더니, '이섭대천'이란 점사(占辭)를 얻어 그 지명을 정했다고 한다.

종왕사(從王事): 왕의 일에 종사하다.

왕(王)은 리더를 말한다. 왕의 일에 종사한다는 것은 직장을 얻은 경우 또는 리더를 도와 중요한 일을 처리하게 된 경우에 해당한다. '혹 왕의 일에 종사하더라도 이루는 것이 없다'는 말이 나오면 리더를 도와 중요한 일을 맡는 좋은 기회가 오더라도 자신의 이름으로 성과

를 낼 수는 없으니, 다른 욕심을 갖지 말고 리더를 보좌하는 역할에 만족하고 충실히 임하라는 뜻이다.

밀운불우(密雲不雨): **구름만 빽빽하고 비가 오지 않는다.**

지금도 그렇지만 농경시대에는 비가 더욱 중요했다. 비가 오지 않으면 가뭄이 들어서 농사를 지을 수 없기 때문이다. 밀운불우(密雲不雨)는 '구름만 빽빽하고 비가 오지 않는다'는 뜻이다. 될 듯 말 듯 하면서 아직 잘 해결되지 않은 상황을 비유적으로 표현한 것이다. 주역에 '밀운불우'가 두 번 등장하는데, 그 뒤에는 자아서교(自我西郊), 즉 '내가 서쪽 교외에 있는 것에서 비롯된다'는 말이 이어진다. 내가 서쪽 교외에 있다는 말은 문제의 원인이 상대방에게 있는 것이 아니라 나 자신에게 있다는 뜻이다. 동쪽은 밝게 열리는 곳이며, 서쪽은 어둡게 닫히는 곳이기 때문에 그렇게 설명할 수 있다.

예를 들어, 앙금이 생겨 일이 잘 풀리지 않을 때 '밀운불우 자아서교'라는 은유적 표현이 사용되는데, 그 상황은 내 마음이 어둡게 닫힌 것이 원인이지 상대방이나 상황 탓이 아니라는 것이다.

선갑삼일 후갑삼일(先甲三日 後甲三日): **갑일 전 3일, 갑일 후 3일**

갑(甲)은 천간(天干)의 시작이다. '갑을병정무기경신임계'라는 10간은 계속 순환한다. 갑일 전 3일은 신, 임, 계이며, 갑일 후 3일은 을, 병, 정이다. 갑은 새로운 시작(D-day)을 뜻한다. 따라서 '갑일 전 3일, 갑일 후 3일'이란 새로운 시작의 전후 일정한 시기를 뜻한다. 꼭 3일을 말하는 것은 아니며 '상당기간'으로 보면 된다. 예를 들어, 새로운 정권이 들어섰을 때 전임자와 후임자 교체기가 이에 해당한다.

그 때가 결정적인 시기며 중요한 때다. 그때가 전임자의 적폐를 청산해야 하는 때다. 시기를 놓치거나 우왕좌왕하면 후폭풍이 기다리게 된다. 주역에서 '선갑삼일 후갑삼일(先甲三日 後甲三日)'은 새로운 시작의 전후 일정한 시기에 주의하라는 뜻의 은유다.

이와 유사한 것으로 '선경삼일 후경삼일(先庚三日 後庚三日)'이라는 말이 있다. 경일(庚日)은 극적인 변화의 시점이다. 경(庚)은 '고칠

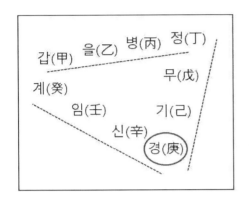

경(更)'과도 통하므로 변화의 시점을 뜻한다. 10간(十干)인 '갑을병정무기경신임계'로 보면, '경'은 그 중 변화의 시점에 해당한다.(그림) 따라서 주역에서 '경일전 삼일과 경일 후 삼일', 즉 '선경삼일 후경삼일(先庚三日 後庚三日)'은 변화를 전후한 시기에 특히 주의하라는 뜻이다. 3일은 상당기간으로 볼 수 있다. 예를 들어, 사회적 지위가 바뀐 경우 그 전후 일정 기간 주의해야 하는데, 그 때 이런 표현이 사용된다.

취녀 길(取女 吉): 여자를 취하면 길하리라.

취녀(取女)를 그대로 해석하면 '여자를 취하라'는 뜻이다. 하지만 '취녀'는 '여자를 취하듯 하라'고 번역하는 것이 자연스럽다. 그것은 '지극한 정성을 기울이라'는 뜻의 은유다.

이성을 사귀어 본 사람이라면 이성과 가까워지는 과정이 얼마나 정성스럽고 조심스러워야 하는 일인지 잘 알 것이다. '취녀(取女)'는 남자가 여자를 취하거나 여자가 남자를 취할 때처럼 지극히 정성스럽

고 조심스럽게 접근하라는 뜻이다. 카사노바는 제비족의 대명사로 알려져 있지만, 실은 그가 마음에 드는 여성을 사귈 때 그녀가 원하는 것이 무엇인지를 세심하게 파악하여 그것을 다 해주는 지극한 정성을 기울였다고 한다. 우리가 다른 사람과 교감할 때 그런 마음으로 해야 함을 주역에서 은유적으로 알려주고 있는 것이다.

저양촉번(羝羊觸藩): 숫양이 울타리를 들이받다.

앞뒤 가리지 않고 힘을 무리하게 쓰는 것을 주역에서 '저양촉번(羝羊觸藩)', 즉 '숫양이 울타리를 들이받는다'고 표현한다. 힘을 써야 할 때는 써야 하지만 무턱대고 힘으로 밀어붙이는 것은 소인이 하는 태도다. 때로는 힘이 아닌 지혜가 필요하다. 소인은 욕심으로 살기 때문에 무턱대고 힘을 쓸 때가 많다. 하지만 군자는 진리를 기반으로 살기 때문에 지혜롭게 도구를 쓴다. 주역에 '숫양이 울타리를 들이받아 뿔이 걸려 고생한다'는 말이 나온다. 무리하게 힘쓰다가 흉한 꼴을 당한다는 뜻의 은유다.

비구혼구(匪寇婚媾): 도적이 아니라 혼인할 짝이다.

사람이 상황 파악을 못하면 도적과 배필도 구분하지 못할 수 있다. 주역은 나와 가까운 곳에서 나를 유혹하는 자를 '도적'으로 표현한다. 그 유혹에 빠지는 것은 욕심 때문이다. '10% 수익을 보장해준다'는 유혹에 속아서 가진 돈을 모두 투자한다면 도적을 만나는 것에 해당한다. 혼인할 짝은 나의 배필을 말한다. '비구혼구(匪寇婚媾)'는 '도적이 아니라 혼인할 짝이다'라고 해석된다. 엉뚱한 유혹에 빠지지 말고 꼭 만나야 할 인연을 만나라는 뜻으로 경계하는 은유적 표현이다.

이서남 불리동북(利西南 不利東北):
서남쪽이 이롭고 동북쪽은 불리하다.

주역에서 서남쪽은 평지 또는 안정된 곳을 상징하는 코드이며, 동북쪽은 산지 또는 험한 곳을 상징하는 코드로 사용된다. '이서남 불리동북(利西南 不利東北)', 즉 '서남쪽이 이롭고 동북쪽은 불리하다'는 말은 험난한 곳을 피해 평이한 곳으로 가라는 뜻의 은유적 표현이다. 서남쪽은 곤방(坤方: ☷)이니 '평이한 곳' 또는 '안정적인 일'을 뜻한다. 동북쪽은 험난한 간방(艮方: ☶)이니 '험난한 곳' 또는 '도전적인 일'을 뜻한다. 예컨대 곤경에 빠진 상황에서는 위험과 고난이 적은 평이한 곳을 택해야 한다.

비슷한 표현으로 '서남득붕 동북상붕(西南得朋 東北喪朋)', 즉 '서남으로 가면 벗을 얻고 동북으로 가면 벗을 잃는다'는 괘사가 있다. 벗은 조력자, 고객 등을 뜻한다. 주역에 이런 표현이 나오면, 평이하고 안정적인 방법으로 하면 조력자가 있겠지만 험난하고 도전적인 일을 하면 고객이나 조력자를 잃게 된다는 뜻으로 받아들이면 된다.

십붕지귀(十朋之龜): 열 벗의 거북점

열 벗은 나의 조력자인 모든 구성원을 뜻하고, 거북점은 그들의 선택을 의미한다. '점을 친다'는 것은 '선택을 한다'는 의미와 같다. '거북 귀(龜)'는 여기서 거북점을 뜻한다. 주역에 '혹 도우면 열 벗의 거북점이 어기지 않는다'라는 말이 나오는데, 이는 내가 덕(德)을 베풀어 남을 도우면 모든 구성원들이 나를 믿고 따라온다는 뜻의 은유적 표현이다. '십붕지귀'의 해석에 논란이 없는 것은 않지만 이와 같이 해석하면 전체적으로 의미가 잘 통한다.

함장(含章): 밝음을 머금다.

주역에 '밝음을 머금는다'는 뜻의 '함장(含章)'이 두 번 나온다. 사람 마음은 원래 밝은데 욕심 때문에 어두워진 상태로 살아가기 쉽다. 밝음을 머금는다는 것은 본래 마음인 밝음을 회복한다는 뜻이다. 『대학』에서는 명명덕(明明德)이라 했다. 본래 밝은 마음이 욕심으로 인해 어두워졌으니, 그것을 다시 밝힌다는 뜻이다.

주역에서 밝음의 코드는 삼획괘로는 이(☲)가 된다. 또한 양(一)효 하나만으로도 밝음의 코드가 될 수 있다. 양(一)은 밝음, 음(--)은 어두움의 코드이기 때문이다. 밝음을 머금는다는 말은 굳센 양(一)의 기운을 쓴다는 뜻으로 볼 수 있다. 주역에 함장(含章)이 나오면 늘 좋은 일과 연결된다. 마음을 밝게 유지하면 항상 좋은 결과가 초래되기 때문이다.

용향(用享): 제사 지내다.
용대생(用大牲): 큰 희생을 쓰다.

주역에 제사지내는 얘기가 많이 나온다. 대표적인 것이 '용향(用享)'이다. '제사 지내는 데 힘쓴다'는 뜻이다. 제사를 지내는 것은 조상이나 하늘에 지극한 정성을 기울이는 의식이다. 따라서 경건하게 지극한 정성을 기울인다는 뜻의 은유로 쓰인다. '용대생(用大牲)', 즉 '큰 희생을 쓴다'는 말도 나오는데, 소를 잡는 경우와 같이 큰 제사를 지내는 것을 말한다. 매우 지극한 정성을 기울인다는 뜻의 은유다. 반면에 '용약(用禴)'은 '간략한 제사를 지내는 것'을 뜻한다. 옛날에 큰 제사를 지낼 때는 소를 잡았지만 간략한 제사를 지낼 때는 양을 잡았다. '간략한 제사를 지낸다'는 것 역시 소박하지만 지극한 정성을 기울인다는 뜻의 은유다.

소사(小事): 작은 일, 조금 섬기다.

주역에 나오는 '소사(小事)'의 해석은 때에 따라 다르다. 힘이 부족할 때 소사(小事)가 나오면 '작은 일'이라는 뜻으로 쓰인다. 힘이 부족할 땐 큰 일을 할 수 없기 때문이다. 서로 반목할 때 소사(小事)가 나오면 '조금 섬기라'는 뜻이 된다.

주역학자들은 '소사'를 모두 '작은 일'로 번역하고 있으나 이는 잘못된 해석이다. 반목할 때 '소사 길(小事 吉)'에서 사(事)는 섬긴다는 뜻이다. 반목할 때 '작은 일은 길하다'고 하면 말이 안 된다. 반목할 때는 조금 섬기는 마음으로 상대를 대하는 것이 반목을 극복하는 지혜다. 그러면 길하게 된다.

기제(旣濟): 이미 건넜다.
미제(未濟): 아직 건너지 못했다.

주역의 마지막 두 개의 괘는 '기제(旣濟)'와 '미제(未濟)'이다. 기제는 '이미 건넜다'는 뜻이고, 미제는 '아직 건너지 못했다'는 뜻이다. '이미 건넜다'는 것은 원하던 것이 이루어졌다는 뜻이다. 달리 말하면 성공했다는 뜻이다. 우리는 무엇인가 성취하면 다 이루어질 것이라고 착각한다. 하지만 뜻한 바를 이루어 성공을 했다고 해서 끝나는 게 아니다. 달이 차면 기우는 것처럼 또 다시 결핍된 상황을 맞게 되는 것이다. 원하던 것을 이루었을 때 방심하기 쉬우므로 주의해야 한다. 주역을 공부하면 일이 잘 풀릴 때도 자만하지 않게 된다.

'아직 건너지 못했다'는 것은 이루지 못했다는 뜻이다. 즉 '미완(未

完)’ 또는 ‘실패’와 같은 뜻이다. 인생에 완성이란 없다. 완성을 향해 노력하고 끝없이 추구할 뿐이다. 한 가지 일에 크게 성공한 사람이 인생의 실패자가 될 수도 있고, 한 가지 일에 크게 실패한 사람이 전체 인생으로 보면 큰 성공자가 될 수도 있다. 주역이 그 지혜를 알려준다. 성공이 인생 성공은 아니며, 실패가 인생 실패는 아니다.

주역의 주요 용어

이상 주역의 은유적 표현을 상당부분 이해했다. 이제 주역에서 전형적으로 사용되는 주요 용어를 한 곳에 모아 이해해 보기로 한다. 주역의 용어는 자전에 나오는 훈과 달리 사용되는 경우가 많다는 점에 유의할 필요가 있다.

원(元): 크다.
자전에서 원(元)의 훈은 ‘으뜸’이지만 주역에서는 ‘크다’ 또는 ‘큰 시작’의 뜻으로 주로 사용된다.

형(亨): 밝다.
자전에서 형(亨)의 훈은 ‘형통’이지만 주역에서는 ‘밝다’, ‘밝게 통한다’라는 뜻으로 쓰인다. 형(亨)을 ‘형통하다’라고 해석하면 뜻이 통하지 않는 경우가 너무나 많다. 예를 들면, 곤경을 뜻하는 곤(困)괘 괘사도 형(亨)으로 시작하는데, 이는 ‘형통하다’라는 뜻이 아니라 밝은 마음으로 대처하여 곤경을 극복하라는 뜻이다. 공자는 형(亨)을 해석할 때 ‘명(明)’, ‘광(光)’ 등으로 해설을 달았다. 공자는 ‘형’을 ‘밝음’으로 본 것이다.

이(利): 이롭다. 이롭게 하다.

주역에서 이(利)는 '이롭다' 또는 '이롭게 하다'의 뜻이다. '나도 이롭고 타인에게도 이롭다'는 자리이타(自利利他)의 취지로 쓰인다. 불리(不利)는 이롭지 않다는 뜻이다.

정(貞): 바르다. 바로잡다.

주역은 음양철학이다. 따라서 주역에서 바르다는 것은 음양의 바름을 말한다. 굳세게 해야 할 때는 굳세게 하고, 부드럽게 해야 할 때는 부드럽게 하는 것이 바른 것이다. 공자는 '정(貞)은 정(正)이다'라고 했다. 물론 '도덕적 의미의 바름'의 뉘앙스로 쓰이기도 한다.

길(吉): 길하다.

주역은 길흉(吉凶)을 알려주는 학문이다. 길한 것은 취하고 흉한 것은 피하도록 그 이치와 기미를 알려준다. 길하다는 것은 '좋은 일이 일어난다', '복을 받는다' 또는 '얻는다'는 뜻이다.

흉(凶): 흉하다.

흉하다는 것은 '나쁜 일이 일어난다', '화를 입게 된다' 또는 '잃는다'는 뜻이다. 흉한 일에는 원인과 기미가 있으므로 사전에 예방하면 피할 수 있다. 주역이 그것을 알려준다.

정길(貞吉): 바르게 하면 길하다.
정흉(貞凶): 바르게 해도 흉하다.

정(貞)은 음양의 바름을 말한다. 따라서 정길(貞吉)은 굳세게 해야 할 때 굳세게 하면 길하고, 부드럽게 해야 할 때 부드럽게 하면 길하다는 뜻이다. 정흉(貞凶)은 음양을 바르게 해도 흉하다는 뜻이다.

잘못이 너무 심할 때는 바로잡아도 흉한 경우가 있다.

대길(大吉), 원길(元吉): 큰마음으로 하면 길하다.

일반적으로 주역학자들은 대길(大吉), 원길(元吉)을 '크게 길하다'라고 해석한다. 하지만 크게 길하지 않은 경우에도 그 용어가 빈발한다. 예를 들어, 조금 지나쳐서 한계를 맞이한 소과(小過)괘 괘사에 대길(大吉)이 나온다. 이는 '크게 길하다'는 뜻이 아니라 '큰마음으로 하면 길하다'는 뜻이다. 주역에 대흉(大凶), 원흉(元凶)이 없는 것도 그 해석을 뒷받침하는 근거가 된다. 정길(貞吉)이 '바르게 하면 길하다'로 해석되는 것처럼 대길(大吉), 원길(元吉)은 '큰마음으로 하면 길하다'라고 해석해야 한다.

무불리(无不利): 이롭지 않음이 없다.
무유리(无攸利): 이로울 바가 없다.

주역에서 무불리(无不利), 즉 '이롭지 않음이 없다'는 말은 자신과 타인 모두에게 이롭다는 뜻이다. 모든 구성원에게 도움이 된다는 뜻이다. 길무불리(吉无不利)라는 말도 있는데, '길하여 이롭지 않음이 없다'는 뜻이다. 반대로 무유리(无攸利), 즉 '이로울 바가 없다'는 말은 모두에게 이롭지 않다는 뜻이다.

정(征): 정벌하다. 힘차게 나아가다. 무리하다.

정(征)은 '치다', '가다'의 뜻이지만, 주역에서는 상황에 따라 '정벌하다' '힘차게 나아가다' '무리하다' 등 세 가지 뜻으로 쓰인다. 왕용출정(王用出征)이라 할 때는 '왕이 정벌하러 나간다'는 뜻이다. 군자정흉(君子征凶)이라 할 때는 '군자가 무리하게 하면 흉하다'라는 뜻이다. 정길(征吉)은 일반적으로 '힘차게 나아가면 길하다'라는 뜻으로 쓰인다.

회(悔): 후회하다. 안타깝다.

회(悔)는 '뉘우치다', '후회하다'의 뜻인데, 주역에서는 '후회하다' 또는 '안타깝다'는 뜻으로 쓰인다. 유회(有悔)는 후회할 일이 생긴다는 뜻이다. 예를 들어, '목에 힘주면 후회할 일이 생기리라' 등의 용례로 쓰인다. 반대로 무회(无悔)는 '후회가 없을 것이다'라는 뜻으로 쓰인다. 회망(悔亡)은 '후회가 없어진다', '안타까움이 사라진다'는 뜻이다. 안타까움이 있었는데 사라지게 된다는 뉘앙스다.

인(吝): 막히다.

인(吝)은 '아끼다', '인색하다'의 뜻이지만 주역에서 '막힌다'는 뜻으로 쓰인다. 앞의 회(悔)와 더불어 회린(悔吝)이라 한다.

주역은 인생에서 겪게 되는 여러 가지 상황을 길흉회린(吉凶悔吝)의 순환으로 설명하기도 한다. 길(吉)한 일은 계속 되지 않고, 언젠가는 막히게[吝] 되어 흉(凶)한 일로 이어진다. 흉(凶)한 일이 생기면 후회하며 뉘우쳐서[悔] 다시 길(吉)하게 되는 사이클이 반복되는 것이다.(그림) 주역을 공부하는 것은 길할 때 미리 대비하여 막하는 일을 최소화하고, 흉한 일을 예방하는 데 목적이 있다고 해도 과언이 아니다. '정인(貞吝)'은 '바르게 해도 막힌다'는 뜻이며, '소린(小吝)'은 '조금 막힌다'는 뜻이다.

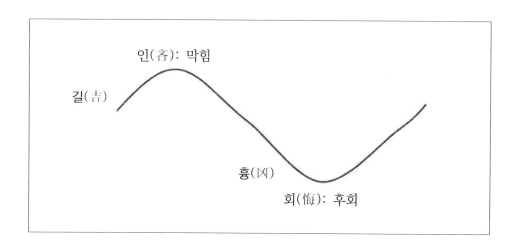

무구(无咎): 허물이 없다. 탓할 이가 없다.

주역에서 무구(无咎)는 일반적으로 '허물이 없다'는 뜻으로 쓰인다. 구(咎)는 '허물', '탓하다'의 뜻인데, 허물이 있으니 사람들이 그를 탓하게 되는 것이다. 무구(无咎)는 허물이 없으니 아무도 탓할 사람이 없다는 뉘앙스다. 길한 것은 당연히 매우 좋은 일이지만 허물이 없는 수준도 상당히 좋은 일이다.

그런데 무구(无咎)는 종종 완전히 다른 뜻으로 쓰이기도 한다. 즉, '탓할 이가 없다', '누구를 탓하겠는가!'로 해석될 때가 있다. 이는 흉한 경우에 쓰이며 앞에 흉(凶)이 와서 '흉 무구(凶 无咎)'로 쓰이기도 한다. '흉한 일이니 누구를 탓하겠는가!' 그것은 환경 탓도 아니고 남의 탓도 아니며 오직 자신의 탓임을 알라는 지침이다.

여(厲): 위태롭다.

여(厲)는 '갈다', '위태롭다'의 뜻이지만 주역에서는 오직 '위태롭다'의 뜻으로 쓰인다. 정려(貞厲)는 '바르게 해도 위태롭다'는 뜻이며,

'여 무구(厲 无咎)'는 '위태롭지만 허물이 없다'는 뜻이다.

유부(有孚): 믿음을 가져라. 확실하다.

부(孚)는 '믿을 신(信)'의 주역적 표현이다. 유부(有孚)는 '믿음을 가져라', '확실하다'의 뜻으로 쓰인다. 미래는 아직 오지 않은 것이므로 불확실하다. 예를 들면, 자녀의 미래, 사업의 성패에 대한 확신을 갖기 어렵다. 하지만 잘 준비하고 기다리면 자녀는 틀림없이 훌륭하게 성장할 것이고, 잘 준비하고 기다리면 고객은 틀림없이 몰려올 것이다. 이때 주역에 유부(有孚)라는 지침이 나온다.

간정(艱貞): 어렵게 여겨 바르게 하라.

간(艱)은 '어렵다'는 뜻이고, 정(貞)은 '바르다'는 뜻이다. 상황이 좋지 않은 방향으로 진행되거나 난관이 있을 경우 어렵게 여겨 바르게 해야 한다. 이 때 간정(艱貞)이라는 표현을 쓴다. 몇 번 강조했지만 '바르게 한다'는 것은 원칙적으로 음양의 바름을 말한다. 굳세게 해야 할 때 굳세게, 부드럽게 해야 할 때 부드럽게 하라는 뜻이다.

자읍(自邑), 읍인(邑人), 읍국(邑國): 자기 자신, 자기 세력

읍(邑)은 '고을'이라는 뜻인데, 주역에서는 은유적으로 쓰인다. 자읍(自邑)은 '자기 고을', 읍인(邑人)은 '자기 고을 사람', 읍국(邑國)은 '자기 나라' 라는 뜻이다. 하지만 주역에서는 공통적으로 '자기 자신' 또는 '자기 세력'을 뜻한다. 고자읍(告自邑)은 자기 고을에 알리라는 뜻이지만, 자기 스스로 자신에게 물어서 답을 찾으라는 뜻의 은유다. 정읍국(征邑國)은 '읍국을 정벌한다'는 뜻인데, 스스로 사사로운 욕심을 물리쳐야 한다는 은유로 쓰인다. 주역에는 자읍(自邑), 읍인

(邑人) 등에서와 같이 고을을 뜻하는 읍(邑)이 9회 등장한다. 그 중 유일하게 정(井)괘에서만 '고을'의 뜻으로 쓰였고, 나머지는 모두 '자기 자신' 또는 '자기 세력'의 뜻으로 쓰였다.

무수(无首): 머리가 없다, 수장을 무시한다.

무수(无首)는 '머리가 없다'는 뜻인데, 주역에서 두 가지 의미로 사용된다. 하나는 '자신이 우두머리가 되려하지 않는다'는 뜻이고, 또 다른 하나는 '수장을 무시한다'는 뜻이다. 모든 사람이 하늘 같이 귀한 존재인 상황에서 무수(无首)라는 말이 나오면 우두머리가 되려하지 말라는 뜻이다. 반면에 리더를 따라야 하는 상황에서 '무수 흉(无首 凶)'이 나오면 수장을 무시하면 흉하다는 뜻이 된다.

유종(有終): 끝맺음이 있다.

종(終)은 끝맺음, 마무리를 뜻한다. 유종(有終), 즉 '끝맺음이 있다'는 말은 자신의 역할을 성공적으로 마무리한다는 뜻이다. 인생을 성공적으로 마감하는 이가 군자다. 유학에서 인생을 성공적으로 마무리한다는 것은 도(道)를 이룬다는 말과 동의어다. '도를 이룬다'는 것은 하늘의 이치에 따라 스스로 행복한 삶을 살고 타인의 행복에 훌륭하게 기여하는 삶을 실천한다는 뜻이다. 그런 삶을 사는 것을 '유종의 미를 거둔다' 또는 '유종한다'고 말한다. 공자, 맹자, 퇴계 선생, 세종대왕 같은 성현, 위인들이 훌륭한 이유는 유종을 했기 때문이다. 하늘의 이치를 알며, 나도 행복하고 타인에게도 행복을 주는 삶이 그런 삶이다. 우리가 이치공부와 마음공부를 하는 이유도 그렇게 성공적인 삶을 영위하기 위함이다. 주역을 공부하는 목적이 유종을 하는 데 있다고 해도 과언이 아니다.

용구(用九), **용육**(用六)

모든 괘는 6효로 구성되어 6효의 효사가 나온다. 그런데 첫 번째 괘인 '중천건'과 두 번째 괘인 '중지곤'에는 각각 용구(用九)와 용육(用六)이 추가로 나온다. 이는 가장 중요한 두 괘에 해당 괘의 전반에 통용되는 내용을 추가한 것이다. 용구(用九)는 '중천건'괘 전반에 통용되는 내용이며, 용육(用六)은 '중지곤'괘 전반에 통용되는 내용이다. 통용(通用)된다는 뜻으로 용(用)이라 했다.

이야기9

코드주역의 7가지 기본 공식

이제 주역을 정복하기 위한 3개의 관문 중 마지막 단 하나의 관문이 남았다. 그것은 '기본 공식'을 챙기는 것이다. 중고등학생 시절 수학 공부에서 가장 중요한 것은 공식을 이해하는 것이었다. 인수분해 문제를 풀 때 공식을 모르면 풀기 어렵다. 주역도 마찬가지다. 수학 공식은 무조건 외서 되는 것이 아니라 먼저 그 이치를 이해를 해야 한다. 주역 공식도 그러하다. 수학 공식은 여러 가지 어려운 것이 많지만 주역 공식은 간단한 공식 7가지뿐이다. 그 외에 어떤 공식도 필요치 않다. 필자는 이를 '코드주역의 7가지 공식'으로 명명했다. 7가지 공식은 공자의 주역 해석을 기반으로 도출한 것이다. 따라서 그 공식에 따랐을 때 공자의 주역 해석과 일관되게 부합하는 것은 너무나 당연하다. 하나씩 습득해 보기로 하자.

제1공식: 6효의 위상(位相)

한 가정에 6명의 가족이 있다면 위에서부터 조부모, 부모, 삼촌, 형, 동생, 막내와 같은 위상이 있다. 주역 6효에는 아래에서부터 각각 초효, 2효, 3효, 4효, 5효, 상효라는 위상이 있다. 위상(位相)을 다른 말로 '자리'라고도 한다.

6효는 그 획을 그리는 순서와 읽는 순서가 다르다. 획을 그릴 때는 위에서부터 그리지만, 읽을 때는 아래에서부터 읽는다. 따라서 6효의 위상은 아래서부터 숫자로 표시한다.(그림) 다만, 초효와 상효는

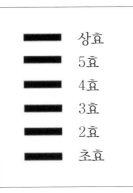

숫자 대신 '초(初)'와 '상(上)'이라는 표현을 쓴다. 그 이유는 시작과 끝이라는 의미를 강조하기 위함이다. 상효의 경우 '6효'라고 표현하면 '여섯 개의 효'라는 뜻으로 오해하기 쉽다는 이유도 있다. 6효라고 하면 여섯 개의 효를 말하고, 상효는 여섯 번째 효를 말한다.

초효는 어떤 일을 시작하는 상황, 어린 아이, 신입사원 등을 상징하는 코드다. 점차 일이 진척되거나 성장을 하여 5효가 되면 가정의 경우 부모가 되고 조직의 경우 CEO(리더)가 된다. 상효는 일을 마무리하는 상황, 원로 등을 상징하는 코드다.

이러한 것은 소통을 위한 하나의 약속이기 때문에 공식으로 이해하는 것이 좋다. 그래서 '코드주역 제1공식'으로 삼았다.

제2공식: 6효의 호칭(呼稱)

가족들도 각기 호칭이 있는 것처럼, 6효는 각각 자기 고유의 호칭을 갖고 있다. 효는 음(--)효와 양(—)효 두 가지다. 그런데 음효와 양효에는 각각 '6'과 '9'라는 별칭이 있다. 이에 대하여는 몇 가지 이론이 있으나, 다음과 같이 간단히 기억해두면 좋다.

	6개의 점: 별칭 '6'	
	9개의 점: 별칭 '9' (가운데 3개의 점 추가됨)	

* 음(--)효의 별칭: 6   * 양(─)효의 별칭: 9

음효로 이루어진 소성괘: 6개의 점으로 이루어져 있다.

양효로 이루어진 소성괘: 9개의 점으로 이루어져 있다.

제1공식(6효의 위상)과 음효·양효의 별칭을 결합하면 6효의 호칭이 된다. 양(─)효는 각각 초구, 구이, 구삼, 구사, 구오, 상구라는 호칭으로 부른다. 음(--)효는 각각 초육, 육이, 육삼, 육사, 육오, 상육이라 부른다.(그림) 사람의 성명이 성과 이름을 합하여 완성되는 것처럼 주역의 6효도 음

▬▬	상구	▬ ▬	상육
▬▬	구5	▬ ▬	육5
▬▬	구4	▬ ▬	육4
▬▬	구3	▬ ▬	육3
▬▬	구2	▬ ▬	육2
▬▬	초구	▬ ▬	초육

양과 위상에 따라 각기 그 호칭이 정해져 있는 것이다. 각각의 호칭에는 의미가 있다. 예를 들어, '초구'는 '굳센 시작'을, '초육'은 '부드러운 시작'을 의미한다. '상구'는 '굳센 마무리'를, '상육'은 '부드러운 마무리'를 뜻한다.

자세히 보면 '구'와 '육'이라는 별칭이 숫자보다 앞에 오는데, 예외적으로 '초'와 '상'의 경우에는 별칭이 뒤에 오는 것을 알 수 있다. 이는 초(初)와 상(上), 즉 시작과 끝을 강조하기 위함이다. 이 또한 소통을 위한 하나의 약속이기 때문에 공식으로 이해하는 것이 좋다. 그래서 이것을 '코드주역 제2공식'으로 삼았다.

사람 이름을 쉽게 기억하려면 자꾸 불러주는 것보다 좋은 방법이 없다. 친하게 지내면서 100번만 이름을 불러주면 잊어버리지 않게 된다. 그래서 3년 만에 다시 만난 친구 이름은 잘 기억나지 않지만 매

일 만나는 가족 이름은 쉽게 기억하는 것이다. 6효의 호칭도 다정하게 자꾸 부르다보면 금방 익숙하게 될 것이다.

이상 6효의 위상과 호칭을 알아봤다. 제1공식과 제2공식은 6효의 개별적인 위상과 호칭에 관련된 공식이었다. 이어지는 제3공식에서 제6공식까지 네 개의 공식에서는 6효가 서로의 관계 속에서 어떤 의미를 갖는지를 밝히는 공식이다.

사람도 관계 속에서 자신의 자리와 역할이 중요한 것처럼 주역의 6효도 관계 속에서 자리와 역할을 중시하여 그것으로 주역을 해석한다. 자리와 역할과 관계, 주역에서는 그 자체도 '코드'라는 특성이 있다. 왜냐 하면 주역은 코드를 통해 세상만사를 설명하기 때문이다. 주역은 자리와 역할과 관계를 중(中)·정(正)·응(應)·비(比)라는 특유의 방식으로 설명할 수 있는데, 네 가지가 각각의 공식이 된다. 아래 나오는 그 네 가지가 코드주역의 가장 중요한 공식이다.

제3공식: 중(中) - 가운데 자리

사람의 자리도 더 중요한 자리가 있고, 덜 중요한 자리가 있다. 예를 들어 가정에서는 부모의 자리가 가장 중요하다. 또한 고3 학생이 있으면 가정이 그를 중심으로 움직인다. 조직에서는 CEO의 자리가 가장 중요하다. 하층부에서 중요한 역할을 하는 팀장의 자리도 매우 중요하다. 그런 자리에 있는 사람을 중심(中心)이라 한다. 주역에서는 가장 중요한 자리를 '중(中)'이라 하며, 그것을 코드로 나타낸다. '중'은 '가운데 자리'라는 뜻이다.

주역의 6효는 상괘와 하괘로 나뉘는데, 각각 '중'의 자리가 있다.

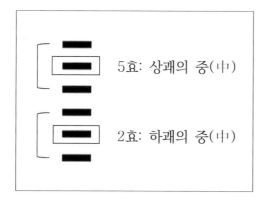

5효: 상괘의 중(中)

2효: 하괘의 중(中)

상괘의 '중'은 5효이며, 하괘의 '중'은 2효다.(그림) 상괘의 '중'이 부모의 자리, CEO의 자리에 해당한다. 그들이 상층부의 중심이다. 하괘의 '중'은 고3 학생의 자리, 팀장의 자리에 해당한다. 그들이 하층부의 중심이다. 주역에서는 모든 것을 코드로 나타내기 때문에 5효와 2효가 '중(中)의 코드'가 되는 것이다.

코드로서의 '중'은 5효와 2효지만, 그 의미는 중용(中庸)의 '중'과 같다. 중용의 '중'은 '치우치지 않는다'는 뜻도 되지만, 더 중요한 의미는 '상황에 맞게 처신한다'는 것이다. 따라서 5효와 2효는 상황에 맞게 처신하는 경우이므로, 효사에 좋은 일이 벌어지는 경우가 많다. 그러나 부모나 CEO나 팀장에게도 좋지 않은 일이 일어날 수 있다. 상황에 맞게 처신해도 일이 안 풀리는 예외적인 경우도 있다. 따라서 '중'이라고 해서 늘 좋은 얘기만 나오는 것은 아니다.

주역에서 가장 중요한 자리가 중(中)이며, 가장 중요한 개념도 '중'이다. 주역은 상황을 알고 그 상황에 맞게 처신하기 위한 학문 체계이기 때문이다. 5효와 2효를 '중'이라 하는 반면, 그 둘을 제외한 나머지 효는 부중(不中)이라 한다. '부중'은 상황에 맞게 처신하지 못한다는 뜻이기도 하다. 물론 다 그런 것은 아니다. 예외 없는 법칙은 없으며, 상황에 따라 다를 수 있다.

참고로, 초효와 상효는 각각 시작 상황과 마무리 상황이므로 '중'이나 '부중'의 개념이 적용되지 않는다고 말하는 주역학자들도 있다. 나름 일리가 있는 주장이다.

제4공식: 정(正) – 바른 자리

주역에서 중(中) 다음으로 중요한 개념은 '바르다'는 뜻의 '정(正)'이다. 주역은 기본적으로 '음양의 도'를 밝힌 철학이다. 따라서 '바르다는 것'은 음(--)과 양(－)의 바름을 말한다. 즉, 굳센 양의 특성을 써야 할 때는 굳세게 하는 것이 바른 것이고, 부드러운 음의 특성을 써야 할 때는 부드럽게 하는 것이 바르다는 뜻이다. '바르다'는 말에 도덕적인 측면의 뉘앙스가 없는 것은 아니지만 그 보다 음양의 관점에서 파악하는 것이 더 중시된다.

6효에는 각각의 바른 자리가 코드로 지정되어 있다. 음과 양에 지정석이 따로 있는 셈이다. 초효, 3효, 5효 등 홀수 효는 양(－)의 자리로 정해졌다. 따라서 그 자리에 양이 오면 정(正), 음이 오면 부정(不正)이 된다. 반면 2효, 4효, 상효 등 짝수 효는 음(--)의 자리다. 따라서 그 자리에 음이 오면 정(正), 양이 오면 부정(不正)이다.

예를 들어, 중천건(重天乾)괘의 5효와 상효를 분석해 보자.

아래에서 다섯 번째 효를 제1공식에서 '5효'라고 했다. 5효는 리더의 자리다. 제2공식에 따라 호칭을 붙이면 '구오(九五)'가 된다. 제3공식에 따라 그 자리를 보면 '구오'는 상괘의 중(中)이다. 제4공식에 따라 그 자리가 바른가를 보면 5효는 양(－)의 자리에 '양'이 왔다. 따라서 자리가 바르다. 즉, 정(正)이다. '중'이면서 '정'인 경우를 '중정(中正)'이라 한다. '상황에 맞게 바르게 처신한다'는 뜻이다. 중천건괘는 정신적으로 하늘을 따르는 상황인데, 리더로서 상황에 맞게 바르게 처신하면 어떤 일이 일어날까? 그 효사에 비룡재천(飛龍在天), "나는 용이 하늘에 있다."

라는 말이 나온다. '용이 하늘을 난다'는 것은 리더로서 자신의 역량을 충분히 발휘한다는 뜻의 은유이다.

그 위에 있는 여섯 번째 효는 위상이 '상효'이며, 그 호칭이 '상구'이다. 인생을 마무리하는 단계인 원로에 해당한다. 자리가 '중'이 아니니 부중(不中)이다. 또한 상효는 음(--)의 자리인데 양(-)이 왔으니 그 자리가 바르지 않다. 즉, 부정(不正)이다. 상황에 맞게 처신하지도, 바르지도 않다는 뜻이다. 그런 상황에서 어떤 일이 벌어질까? 그 효사를 보면 "목에 힘주는 용이면 후회한다." 라는 말이 나온다. 부드러워야 하는 자가 굳세게 처신하는 것을 '목에 힘준다'는 말로 은유했다. 그러면 후회할 수밖에 없다. 그러면 어떻게 해야 할까? 부드러운 '음'의 에너지를 쓰면 될 것이다. 중천건괘 '상구'는 원로가 되면 목에 힘주지 않는 것이 바람직한 처신임을 알려주고 있는 것이다.

하나 더 예를 들어 보자. 중지곤(重地坤)괘에서 중정(中正)은 몇 효이며, 그 호칭은 무엇일까? 중지곤괘는 사람이 물질적인 활동을 함에 있어서 땅을 본받으라는 뜻이 들어있다. 땅은 만물을 싣고 있다. 지상과 지하에 모든 금은보화를 소유하고 있다. 땅은 드넓으며 하늘에 따르기 때문에 온갖 값진 물건을 다 소유할 수 있는 것이다.

중지곤괘에서 중(中)은 역시 2효와 5효이다. 2효는 하괘의 '중', 5효는 상괘의 '중'이다. 그런데 그 자리로 보면 5효는 '양'의 자리에 '음'이 왔으니 자리가 바르지 않다. 2효만이 '음'의 자리에 '음'이 와서 그 자리가 바르다. 즉, 중지곤괘에서 '중정'의 효는 2효뿐이다. 그 효사를 보면 "곧고 방정하고 큰마음으로 하니, 연습하지 않아도 이롭지 않음이 없다." 라고 되어있다. 마음이 곧고 행동은 방정한 이가 큰마음으로 물질적인 활동에 임하면 시행착오 없이 모두에게 큰 도움이 된다는 뜻이다. 사회생활을 함에 있어서 상황에 맞게 바르게 처신할 때 벌어지는 결과를 묘사한 것이다.

그 아래에 있는 '초육'의 경우, "서리를 밟으면 얼음이 된다." 라는 효사가 나온다. 물질적인 활동을 시작하는 상황에서 처음에는 성긴 서리와 같이 푸석푸석하지만 잘 준비하면 머지않아 얼음처럼 단단한 토대가 마련된다는 은유다. 초효는 '양'의 자리인데 '음'이 왔기 때문에 굳센 에너지를 써서 차근차근 쌓으라는 뜻을 담은 것이다.

제5공식: 응(應) — 짝이 되는 관계

가정에서 부부가 짝인 것처럼 주역에도 짝이 되는 관계가 있다. 초효는 4효와 짝이다. 각각 하괘와 상괘의 최하위에 있기 때문이다. 2효는 5효와 짝이다 각각 하괘와 상괘의 '중'이기 때문이다. 3효는 상효와 짝이다. 각각 하괘와 상괘의 최상위에 있기 때문이다.

조직의 위계와 짝의 관계를 보면 쉽게 이해할 수 있다.(그림)

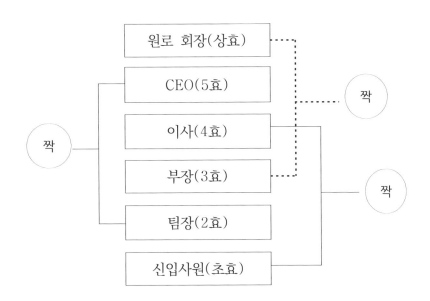

조직에서는 CEO와 팀장이 서로 짝이다. 각각 상층부의 중심, 하층부의 중심 역할을 맡기 때문이다. 둘은 자주 만나서 소통하며 조직의 방향성에 대한 의견을 교환할 필요가 있다. 신입사원은 이사와 잘 통하며, 부장은 원로 회장과 잘 통한다. 이사는 신입사원을 잘 챙겨주고, 부장과 원로 회장은 왕년에 팀장과 CEO의 관계였기 때문이다.

짝은 서로 '양과 양' 또는 '음과 음'이면 좋을까, 아니면 음양으로 조화를 이루는 것이 좋을까? 당연히 후자가 좋다. 부부에게 음양의 조화가 필요한 것과 같다. 둘 다 굳세면 다툼이 잦아지고, 둘 다 부드러우면 추진력이 없다. 한 쪽이 굳세면 다른 한 쪽은 부드러운 것이 좋은 관계다. 꼭 남편이 굳세고 아내가 부드러워야 하는 것은 아니다. 둘 중 하나가 굳세고 하나가 부드러우면 조화를 이룰 수 있다. CEO와 팀장도 그러하다. CEO가 굳세면 팀장이 부드러운 것이 좋다. 거꾸로 CEO가 부드러우면 팀장이 굳센 것이 좋다. 짝이 서로 음양으로 응하는 것을 '정응(正應)'이라 한다. 그렇지 않고 '양과 양', '음과 음'의 관계인 경우 불응(不應)이라 한다. 조화롭지 못하다는 뜻이다.

중천건괘 2효와 5효는 서로 짝인데, 각각 효사에 "대인을 보는 것이 이롭다." 라는 말이 나온다. 서로에게 서로가 짝이면서 대인(大人)인 것이다. 여기서 '대인을 보는 것이 이롭다'는 말은 2효와 5효가 서로를 만나 긴밀하게 협력하는 것이 전체를 위해 좋다는 뜻이다.

제6공식: 비(比) – 이웃이 되는 관계

사람도 이웃을 잘 만나야 좋다. 주역에서는 바로 옆에 있는 효가 이웃이 된다. 예를 들어, 초효의 이웃은 2효이며, 2효의 이웃은 초효와 3효가 된다. 이웃과도 음양으로 조화를 이루는 것이 좋다. 주역에서 이웃과 음양으로 조화를 이루는 것을 '돕는다', '따른다'는 뜻으로 '비(比)'라고 표현한다.

조직의 위계와 이웃의 관계를 보면 쉽게 이해할 수 있다.(그림)

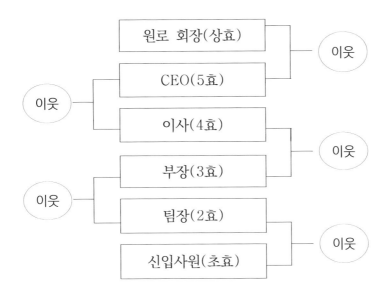

비(比)는 이웃과 서로 '친밀하게 돕는다'는 뜻으로 '친비(親比)'라고도 한다. 그렇지 않고 이웃과 '양과 양' 또는 '음과 음'으로 조화를 이루지 못하면 서로 간에 이웃의 도움을 주고받지 못하기 때문에 불비(不比)라고 한다.

예를 들어, 4효는 5효의 이웃으로서 5효를 보좌하게 되는데, 5효가 '양'인 경우 4효는 '음'으로 부드럽게 보좌하는 것이 좋다. 5효가 '음'인 경우에는 4효가 '양'으로서 굳세게 보좌하는 것이 좋다.

제7공식: 주역의 숫자 이해

주역은 코드를 통해 세상만사를 표현하는 도구이기 때문에, 그 목적에 맞게 숫자가 활용된다. 제2공식에서 음(--)효는 숫자 '6'을, 양(－)효는 숫자 '9'를 별칭으로 사용한 것도 숫자를 코드로 활용한 일례다. 나아가 괘사와 효사를 읽다가 보면 3년, 7일, 8월, 10년 같은 숫자들이 심심찮게 등장한다.

한나라 이후 소위 상수역(象數易) 학자들을 중심으로 주역의 숫자를 규명하거나 숫자를 활용하여 주역을 응용하는 연구가 활발하게 있어왔다. 그 대부분은 주역에서 파생된 지엽적인 분야이기 때문에 그것을 다 알 필요는 없다. 다만 주역 경전을 이해하는데 꼭 필요한 수준의 숫자 원리를 이해하는 것은 중요하다.

주역의 숫자를 이해하려면 "3은 양이고, 2는 음이다.", 즉 삼천양지(參天兩地)의 개념만 이해하면 된다. 이는 공자 말씀이다. 성인이 숫자를 정하는 기준으로 언급한 것은 이것 밖에 없다. 전체 문장은 "3을 하늘로, 2를 땅으로 하여 숫자의 기준을 정했다." 즉, '삼천양지이의수(參天兩地而倚數)'이다. 「설괘전」에 나오는 말이다.

공자의 이론에 따르면 양(－)효는 하늘을 뜻하니 '숫자 3'으로, 음(--)효는 땅을 뜻하니 '숫자 2'로 각각 대응시킬 수 있다. 음(--)은 점이 둘이니 2가 되고, 양(－)은 그 중간에 한 점이 더 있어서 두 점을 이어주는 역할을 하니 3이 된다.(그림) 이 기준

구분	숫자	이 유
■ ■	2	점이 2개
■▉■	3	가운데 점 하나 추가

을 적용하면 주역의 모든 숫자를 설명할 수 있다.

주역의 괘사와 효사에 종종 숫자가 나오는데 그 때 이 공식을 적용하면 된다. 2부에서 괘사와 효사를 해설하면서 일부 숫자를 설명하였으니 참고하기 바란다. 주역에 나오는 숫자들도 넓게 보면 모두 '코

드'의 범주에 속한다.

　이상 6효의 위상과 관계에 관한 코드주역 공식 일곱 가지를 소개
했다. '코드', '은유'와 함께 '7가지 기본 공식'을 알면 주역을 이해하
기 쉬워진다. 하지만 공식을 모르면 주역 공부는 요원한 일이 된다.
수학 공식을 모르고 인수분해 문제를 푸는 것과 같다.
　사실 초심자를 위해 7개의 공식을 제시했지만, 제3공식에서 제6공
식까지 네 개의 공식이 진짜 중요한 공식이고 나머지는 곁가지다. 각
효의 위상과 관계를 중(中)·정(正)·응(應)·비(比)라는 특유의 방식으
로 설명한 것이 코드주역 공식의 핵심이다.

이야기10
주역 점을 이용하는 3가지 방법

주역을 효과적으로 이용하면서 동시에 쉽게 공부하는 특별한 노하우가 있다. 그것은 바로 주역 점을 치고 운세를 보면서 구체적인 선택과 결단에 활용하는 것이다. 주역의 괘사와 효사는 자신의 상황과 연결하여 이해할 때 가장 잘 와 닿기 때문에 주역 점을 활용한 공부가 효과적이다. 주역으로 점을 치거나 운세를 판단하는 방법은 여러 가지가 있는데, 크게 보면 3가지 방법으로 대별할 수 있다.

첫째, 주역의 괘를 직접 뽑아 보는 방법이 있다. '주역 점'이라고 할 때는 바로 이 방법을 말한다.
둘째, 60갑자 프레임을 이용하는 방법이다. 이는 점을 치지 않고 한 해의 운세를 볼 때 적용하는 방법이다.
셋째, 가장 이상적인 방법은 지금 상황이 주역의 어느 괘효에 해당하는지 느낌으로 판단하여 아는 것이다.

세 번째 방법은 주역을 마스터했을 때 현자들이 사용한 방법이다. 그 경지에 이르면 사실 더 이상 『주역』 책이 필요 없게 된다. 공자가 일흔에 종심소욕(從心所欲)에 이르렀을 때가 그 때다. 우리는 이 책에서 첫째와 둘째 방법을 차례로 이해해 보기로 하자.

괘를 뽑는 간편한 방법

주역의 괘를 뽑는 오리지널 방법은 역시 공자의 방식이다. 50개의 산가지로 점을 치는 방법이 「계사전」에 자세히 나온다. 예전에는 시초(蓍草)라는 풀을 이용하거나 서죽(筮竹)이라는 가는 대나무 가지를 이용했다. 요즘도 소위 조릿대라고 하는 산죽(山竹)을 이용하여 서죽을 만들어 사용하거나 대나무를 깎아서 간편하게 만든 서죽을 이용하여 주역 점을 치는 사람들이 있다. 하지만 이 방법은 복잡하여 일반인이 이용하기에는 어려움이 있다. 따라서 나중에 고급 수준에서 배우기로 기약하고 여기서는 생략한다.

그 대신 효과는 거의 같으면서 더 간편한 방법을 배워보자. 바로 동전을 이용하는 척전법(擲錢法)이다. '척전'이란 동전을 던진다는 뜻인데 실제로는 경박스럽게 던지는 게 아니라 잘 섞어서 신중하게 내려놓는다. 퇴계 선생의 『계몽전의』에도 점(占)치는 법이 언급되어 있는데, 역시 동전으로 간편하게 점을 보는 척전법을 다루고 있다. 여기서 동전을 이용하여 점을 치는 간편한 방법을 설명하고자 한다.

* 준비물: 100원 동전 3개, 백지, 필기구, 손수건 크기의 깨끗한 천
(준비물이 구비되면 정갈한 장소에서 마음을 가다듬고 점을 치게 되는데, 탁자 위에 깨끗한 손수건이나 천을 깔고 탁자 앞에 앉아서 하는 것이 좋다. 괘를 뽑는 순서는 다음과 같다.)

1. 마음을 가다듬고 일시와 묻고자 하는 사항을 백지에 적는다.
2. 동전 3개를 섞어서 두 손으로 감싸고 무심히 바닥에 내려놓는다.(경박하게 던지지 말고 10Cm 정도 위에서 경건히 내려놓음)
3. 동전 3개가 내려앉은 방향을 보면 다음 4가지 중 하나에 해당하는데, 그 결과 초효(初爻)를 얻은 것이니 아래의 방법으로 판별하여 백지 위에 초효를 표시한다.(한글 '백원' 쪽이 양, 숫자 '100' 쪽이 음)

동전의 방향	판별	표시	비 고
(양×3)	노양 (老陽)	━━━	'노양'은 양이 극에 달하였으니 곧 음으로 변할 운명이다. '노음'은 음이 극에 달하였으니 곧 양으로 변할 운명이다. (노양은 '태양'이라고도 하며, 노음은 '태음'이라고도 한다.)
(양×2, 음×1)	소음 (少陰)	━ ━	
(양×1, 음×2)	소양 (少陽)	━━━	
(음×3)	노음 (老陰)	▬ ▬	

4. 앞 2~3의 과정을 5회 더 반복하여 2, 3, 4, 5효와 상효(上爻)를 얻어 그때마다 미리 표시한 초효 위에 차례로 표시한다.

5. 괘와 효가 결정되면 이 책의 141쪽에 나오는 '64괘 찾기 매트릭스'에서 해당 괘를 찾은 후, 아래 방법에 따라 괘를 보고 상황 판단과 의사결정에 참고한다.

* 용어: 아래 표에 '변효'와 '지괘'라는 용어가 나온다.

1) 변효(變爻): 노양이나 노음이 나오면 그것을 '변효'라고 하는데, 노양은 음으로, 노음은 양으로 각각 곧 변할 운명이기 때문에 음양을 바꿔서 한 번 더 봐야 하므로 변효라고 한다.

2) 지괘(之卦): '지괘'란 변효의 음양을 바꾼 괘를 말한다. 즉 본괘(本卦)의 노

양을 소음으로, 본괘의 노음을 소양으로 바꾼 괘를 말한다.

* 괘를 보는 법

변효	상황 판단과 의사결정
없음	해당 괘의 괘사를 위주로 판단한다.
1개	본괘와 지괘의 변효 효사를 위주로 판단한다.(변화 추이 고려)
2개	본괘 변효 중 상효를 위주로 하고 하효를 참고하여 판단한다.
3개	본괘와 지괘의 괘사를 위주로 판단한다.(변화 추이 고려)
4개	지괘 불변효 중 하효를 위주로 하고 상효를 참고하여 판단한다.
5개	지괘와 본괘의 불변효 효사를 위주로 판단한다.(변화 추이 고려)
6개	지괘의 괘사를 위주로 판단한다. (단, 건괘는 용구, 곤괘는 용육으로 판단함)

척전법 주역 점 사례

아래 내용은 주역 수업을 듣는 학습동지의 요청으로 실제 상담한 사례다. 내담자는 중학교 선생님인데 억울한 일로 학교를 옮기게 되었다. 그는 교원들 모두가 한마음으로 신명나게 노력하는 학교를 만들어 아이들의 올바른 성장을 돕고 모두가 행복하고 서로 신뢰하는 아름다운 학교를 만드는 꿈을 갖고 있다. 새로 부임한 학교에서 1년 동안 노력했지만 혼자의 힘으로는 어려운 상황이었다. 그래서 새 학기에 다른 고등학교로 옮기는 것이 좋을지 판단하기 위해 하늘에 물어보고자 했다. 내담자가 척전법으로 주역 점을 친 결과는 다음과 같

이 수뢰준(水雷屯)괘가 나왔다.(변효: 3효와 2효)

순서	동전의 방향	판별	본괘
6차		소음 (少陰)	-- --
5차		소양 (少陽)	———
4차		소음 (少陰)	-- --
3차		노음 (老陰)	■■ ■■
2차		노음 (老陰)	■■ ■■
1차		소양 (少陽)	———

다음 쪽과 같이 백지에 괘를 뽑은 상황과 '수뢰준'괘를 기록한 후, 141쪽에 나오는 '64괘 찾기 매트릭스'에서 준(屯)괘의 쪽 번호를 확인하고(151쪽), 해당 쪽을 열어 관련 괘사와 관련 효사를 보고 기록한다. 괘사와 효사의 보충설명을 참고하여 최종 판단을 위한 결론을 내리면 된다. 괘를 뽑은 결과를 기록하고 해석한 결과는 다음과 같이 정리할 수 있다.

이OO

201*년 *월 *일

새 학기에 고등학교로 옮기는 것이 좋을지 여쭙니다.

준(屯)괘

(변효: 육삼, 육이)

＊의미: [시작] 첫 단추를 잘 꿰어라

＊상황과 처신(괘사): 험난한 시작 상황이다. 크고 밝은 마음으로 이롭게
하고 바르게 하라. 가는 바가 있어도 용쓰지 말라. 제후를 세우는 것이
이롭다.

＊세부 지침(육삼을 중심으로, 육이를 참고하여 판단함)

<육삼> 사슴을 좇는데 안내자가 없어서 무작정 숲속으로 들어가기만 한
다. 군자가 그 기미를 알고 그만두는 것만 못하다. 가면 막힌다.

<육이> 험난하게 여겨 머뭇거리는 상황에서 말을 탔다가 내린다. 도적이
아니라 혼인할 짝이니, 여자가 바르게 해도 시집을 못가다가 10년이 되
어 시집을 가게 된다.

＊결론: 새로운 선택을 하면 험난한 시작이 되는데, 세부지침으로 보았을
때 가면 돕는 이가 없고 막히게 된다. 철학적 기준, 삶의 시스템 구축이
선행되어야 한다. 철학적 기준과 시스템을 정비한 후 새로운 선택을 하
면 되는데, 그 때 만나는 사람은 도적으로 보이더라도 나와 힘을 합할
사람이다. 다만, 그 때 다시 자리를 잡는 데는 오랜 시간이 걸린다.

심사숙고한 끝에 몇 개월 후 그 선생님은 새로운 학교에 부임을 했고, 좋은 분들을 만나 힘을 모아 좋은 분위기를 만들어가고 있다고 했다. 주역의 지침이 큰 도움이 되었다는 부언도 빼 놓지 않았다.

위의 사례는 변효가 2개인 경우라서 본괘만으로 판단했다. 만일 변효가 2효 하나만 나왔다면 어떻게 파악해야 할까? 그 때는 세부 지침으로 2효 효사를 중심으로 보고 의사결정에 참고하면 되지만, 그 뒷일을 파악하기 위해 지괘(之卦)까지 봐야 한다. '지괘'는 변효인 2효의 음양을 바꿔서 보는 것이다. 음양은 고정된 것이 아니라 계속 변한다. 2효의 음(--)은 변하여 양(ー)이 되므로 변효라 한다. 이 경우 지괘는 '수택절(節)'이 되며, '절'괘 2효를 보면 의사결정 이후에 전개될 상황과 지침을 알 수 있게 된다.

순서	동전의 방향	판 별	본괘		지괘
6차		소음 (少陰)	--		--
5차		소양 (少陽)	—		—
4차		소음 (少陰)	--		--
3차		소음 (少陰)	--		--
2차		노음 (老陰)	--	→	—
1차		소양 (少陽)	—		—

본 괘	지 괘
준(屯)괘 육이	절(節)괘 구이

* 지괘의 의미: [절도] 분명하게 맺고 끊어라

* 상황과 처신(괘사): 절도가 필요한 상황이다. 밝게 통해야 한다. 절도를 고통
스럽게 여기면 바르게 할 수 없다.

* 세부 지침(구이 효사): 대문 밖에 나가지 않으면 흉하리라.

역시 141쪽에 나오는 '64괘 찾기 매트릭스'에서 절(節)괘를 찾아
쪽 번호를 확인하고(379쪽), 해당 쪽을 보면 괘사가 나오고, 이어서
'구이' 효사도 나온다. 지괘의 괘사와 효사는 의사결정 이후의 상황과
지침으로 보면 된다. 본괘가 준(屯)괘 '육이'인 경우에는 결론이 다음
과 같이 달라진다.

* 새로운 선택은 험난한 시작이 된다. 철학적 기준과 시스템을 구축이 선행되어
야 한다. 그 동안의 선택이 잘못되었으니 다시 새로운 선택을 해야 할 때다.
좋은 사람을 만나게 되니, 만나는 사람이 나와 힘을 합할 사람이다. 하지만 다
시 자리 잡고 뜻을 이루는 데는 오랜 시간이 걸린다.(이상 '본괘'의 해석)

* 새로운 학교에 부임했을 때 교직원 등과 절도 있게 관계하고, 밝은 마음으로
대해야 한다. 또한 세상 밖으로 나아가 외부 활동에 적극 나서야 할 때다.(이
상 '지괘'의 해석)

척전법의 대안: 나만의 8괘 점대 이용법

동전을 이용한 척전법 보다 더 쉽고 간단한 방법이 있다. 초심자들이 주역 점괘를 뽑는 가장 쉬운 방법으로 나만의 8괘 점대를 이용하는 것이다. 8괘 점대를 구입하거나 직접 제작해서 손쉽게 수시로 주역 괘를 뽑을 수 있다. 점대를 직접 만들 때는 대나무를 깎아서 만드는데, 아래와 같이 길게 잘라 8개의 점대를 만든 다음 8괘(3획괘 8개)를 그려 넣으면 된다.(실제 크기는 1×15Cm 정도가 적정함)

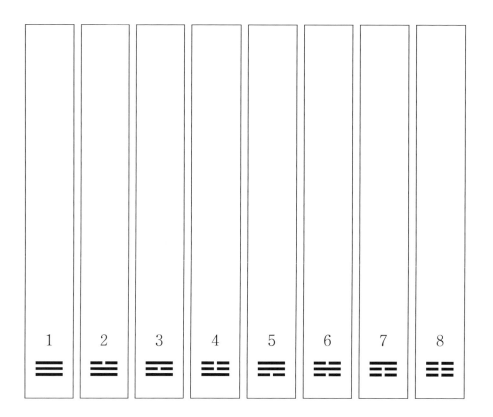

손쉽게 마분지 같은 두꺼운 종이를 오려서 임시로 이용할 수도 있다. 8괘 점대를 이용해 주역 괘를 뽑는 방법과 순서는 다음과 같다.

* 준비:
1) 점대를 구입하거나 직접 제작
   한다.
2) 좌측 사진과 같이 숫자와 괘
   부분이 보이지 않도록 통에
   넣어 사용하는 것이 좋다.
3) 대나무가 없으면 임시로 두꺼
   운 마분지를 잘라서 이용할
   수도 있다.

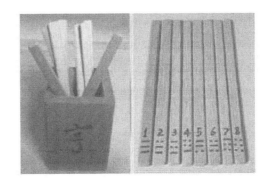

4) 백지, 필기구를 준비하여 정갈한 탁자 앞에 앉는다.

* 주역 괘를 뽑는 순서
1) 마음을 가다듬고 일시, 묻고자 하는 사항을 종이에 적는다.
2) 왼 손에 통을 잡고 오른 손으로 8괘 점대 중 하나를 무심코 뽑는다. 하괘를
   얻은 것이니 종이에 그린다.
3) 뽑은 점대를 다시 넣고 같은 방법으로 두 번째 점대를 뽑는다. 상괘를 얻었
   으니 하괘 위에 그린다. 이제 64괘 중 하나를 얻었다.
4) 뽑은 점대를 다시 넣고 세 번째 점대를 뽑는다. 1~6 중 하나가 나오면 그에
   해당하는 효를 얻은 것이다. 7이나 8이 나오면 넣지 말고 다시 뽑는다.(7과
   8을 미리 빼 놓고 세 번째 점대를 뽑아도 됨)
5) 해당 괘사와 효사를 적고 상황 판단과 의사결정에 참고한다.

  사례를 통해 이해해 보자. 처음 뽑은 점대는 '4 진(☳)', 두 번째
뽑은 점대는 '6 감(☵)', 세 번째로 뽑은 점대가 '2번'이라면 어떻게
해석해야 할까? 본괘는 수뢰준(屯) 2효, 지괘는 수택절(節) 2효를
보면 된다. 그 해석 방법은 앞에 설명한 바와 같다.
  '8괘 대나무 점대 세트' 구입을 원하거나 '주역 괘 해석에 대한 전
문적인 컨설팅'이 꼭 필요할 경우 아래 전화로 문의하면 된다.
  (전화 010-3734-5418: 문자로만 문의 가능함)

60갑자 프레임을 이용해 운세를 보는 방법과 사례

새해 운세를 볼 때도 괘를 뽑아서 나만의 1년 운세를 볼 수 있다. 또 다른 좋은 방법은 괘를 뽑지 않고 60갑자 프레임을 이용하는 것이다. 필자는 원래 직접 괘를 뽑아서 나 자신의 한 해 운세를 보다가 몇 년 전부터는 60갑자 프레임으로 주역 괘를 뽑아 한 해 운세를 보고 대중에게 '새해설계 특강'을 하여 공유하고 있다. 1년의 지침으로 삼아 생활하면 한 해가 더욱 경건해지고 연말이 되어 되돌아보면서 실제로 상당한 도움이 되었다는 느낌을 늘 갖게 된다. 조상님들은 시절의 흐름을 60갑자로 봤기 때문에 이 방법이 객관성을 갖는다.

2019년 기해년 새해에 60갑자 프레임을 이용해 운세를 구한 결과는 다음과 같았다. 각각 본괘(本卦)와 지괘(之卦)를 구하여 본괘는 '연간 운세'로, 지괘는 '하반기 운세'로 보는 방법이다. 본괘와 지괘를 구하는 방법은 잠시 뒤에 설명하고, 먼저 그 결과를 보자.

2019년 기해년(己亥年) 연간 운세
 – 본괘(本卦): 수뢰준(水雷屯)괘 상육(上六)

준(屯)괘 상육

*의미: [시작] 첫 단추를 잘 꿰어라
*상황과 처신(괘사): 험난한 시작 상황이다. 크고 밝은 마음으로 이롭게 하고 바르게 하라. 가는 바가 있어도 용쓰지 말라. 제후를 세우는 것이 이롭다.
*세부 지침(상육 효사): 말을 탔다가 내리면 피눈물을 줄줄 흘리게 될 것이다.

'준'괘 괘사는 앞의 상담 사례에서 봤었다. 그 사례에서는 3효와 2효 효사를 보고 새로운 변화를 천천히 신중하게 준비하라는 지침이었기 때문에 거기에 맞게 해석했었다. 그러나 지금 사례에서는 상효 효사를 봐야 한다. 거기에는 새로운 변화를 도모하면 큰 문제가 생긴다는 지침이 들어있다. 그 해석이 완전히 다르다. 전체적인 상황이 같더라도 개별적인 상황은 완전히 다를 수 있음을 알 수 있다.

60갑자 프레임으로 보면 2019년에는 새로운 일을 도모하지 않는 것이 좋고, 부득이 시작하더라도 매우 신중해야 하는 해다. 특히 새로운 사업 투자, 부동산 투자는 금하는 것이 좋다. 좋은 기회가 왔다고 생각되더라도 자제해야 한다. 그 대신 크고 밝은 마음으로 자신과 세상에 도움이 될 일이 무엇인지 생각하며 준비해야 할 때다. 언젠가 새로운 일을 시작할 때를 대비하여 철학적 기준을 세우고 시스템을 정비하는 것이 좋다. 괘사의 내용이 그런 뜻을 담고 있다.

효사에는 구체적 지침이 나온다. '말을 탔다가 내리면 피눈물을 줄줄 흘리게 될 것'이라고 했다. 말[馬]은 어떤 특징이 있는가? 먼 길을 가는데 걸어서 가면 힘들지만 말을 타고 가면 수월하다. 말은 의지처, 버팀목, 후원자와 같이 '의지가 되는 것'을 은유적으로 표현한 것이다. 말을 탔다가 내린다는 것은 의지처를 잃는 것을 말한다. 의지가 되는 것을 놓치면 피눈물을 줄줄 흘리게 된다는 것을 경계하고 있다. 우리에게 의지가 되는 것은 무엇이 있을까? 배우자, 가정, 재정적 기반, 인맥, 건강 등이 될 것이다. 2019년에는 그런 의지처를 놓치지 말고 꽉 잡고 있어야 할 때다. 지금 우리나라는 이혼율이 매우 높다. 2018년 25만 7,600쌍이 결혼했는데, 이혼은 10만 8,700쌍이나 된다. 단순비율로 보면 이혼율이 42%나 된다. 황혼 이혼은 더 늘어났다. 이혼을 하는 것은 말을 탔다가 내리는 것과 같다. 의지처를 잃고 피눈물을 흘리게 되니 2019년은 부부 화합이 더욱 중요한 때인 것이다.

그럼 60갑자 프레임을 적용한 2019년 기해년 운세가 어떻게 도출되었는지를 보자. 60갑자는 간(天干)과 지지(地支)로 따진다.

* 천간: 갑을병정무'기'경신임계(甲乙丙丁戊<己>庚辛壬癸)
* 지지: 자축인묘진사오미신유술'해'(子丑寅卯辰巳午未申酉戌<亥>)

기(己)는 6번째 천간이다. 따라서 상괘는 6감수(☵)가 된다. 해(亥)는 12번째 지지다. 괘가 8개이기 때문에 12는 8을 빼고 다시 4번째다. 따라서 하괘는 4진뢰(☳)가 된다. 그래서 '수뢰준'이 기해년의 괘가 된다. 효는 천간과 지지의 숫자를 더하여 도출한다. 천간과 지지의 숫자를 더하니 18(6+12)이 되므로, 초효에서부터 숫자를 짚어보면 18은 6효를 두 번 짚고 다시 상효에 이르게 된다. 결과적으로 준(屯)괘 상육이 60갑자로 보는 2019 기해년 주역 괘효가 된다.

다음은 지괘(之卦)로 하반기 운세를 보자. 역시 결과부터 보고 과정은 뒤에 설명한다.

2019년 기해년(己亥年) 하반기 운세
- 지괘(之卦): 풍뢰익(風雷益)괘 상구(上九)

익(益)괘 상구

* 의미: [도움] 살리는 게 살 길이다
* 상황과 처신(괘사): 돕는 상황이다. 가는 바가 있으면 이롭고, 큰 내를 건너는

것이 이롭다.

＊세부 지침(상구 효사): 도움을 주지 말라. 공격받게 될 것이다. 마음을 세워서 한결같지 않으면 흉하리라.

2019년 하반기 운세는 지괘(之卦)로 판단하게 된다. 지괘는 본괘(本卦) 해당 효의 음양을 바꾸는 방법으로 얻는다. 음이 극에 이르면 양으로 바뀌고, 양이 극에 이르면 음으로 바뀌기 때문이다. 여기서 본괘인 '수뢰준'의 지괘는 변효(變爻)인 상효의 음(--)을 양(-)으로 바꿔서 보면 된다. 따라서 지괘는 '풍뢰익(益)'이 되며, '익'괘 상효로 하반기 운세를 파악하는 것이다.

익(益)은 '도움'을 뜻한다. 익괘는 세상에 도움을 주는 홍익(弘益)의 지혜가 담겨있다. 2019년 하반기에는 남을 도와야 하는데, 주역에서 두 가지 방법을 제시하였다. 첫째, 실천해야 한다. 남을 돕는 일은 실천이 중요하며, 실천하면 그것이 자신과 타인 모두에게 이로운 일이다. 그래서 '가는 바가 있으면 이롭다'고 했다. 그리고 남을 돕는 일은 난관이 따르므로 포기하지 말고 그 난관을 극복해야 한다. 그래야만 홍익을 제대로 실천할 수 있다. 그래서 '큰 내를 건너는 것이 이롭다'고 했다. 큰 내를 건넌다는 것은 난관을 극복한다는 뜻이다.

세부 지침인 '상구' 효사를 보면, '도움을 주지 말라. 공격받게 될 것이다. 마음을 세워서 한결같지 않으면 흉하리라' 라고 했다. 여기서 '도움을 주지 말라'는 것은 반어법이다. 도움을 주지 않으면 공격 받게 되는 상황을 강조하기 위해 반어법을 쓴 것이다. 공자가 자신의 해설에서 '편사(偏辭)'라고 했는데, 반어법이라는 뜻이다. 홍익을 끝까지 실천하기란 쉬운 일이 아니다. 남에게 도움 주던 사람은 끝에 가서 마음이 변하기 쉽다. 그러나 끝에 가서 홍익을 실천하지 않으면 공격을 받게 된다. '그동안 진심으로 홍익을 한 것이 아니구나.' 하고 대중들이 판단하여 그를 공격한다는 뜻이다. 한 번 홍익의 뜻을 세웠으면 끝까지 해야지 그 마음이 변하면 흉한 일이 생긴다.

이런 관점에서 보면 2019년 하반기에는 남을 도와야 하며, 그 과정에서 생기는 난관을 극복해야 하고, 그 마음 변치 말고 끝까지 남을 도와야 하는 때임을 알 수 있다.

이런 방식을 적용하면 매년 60갑자 프레임으로 한 해의 운세를 볼 수 있다. 필자가 매년 연말연시에 '새해설계 특강'을 하면서 그 내용을 블로그(사다헌/지혜경영연구소)와 유튜브(손기원TV서당)에 공개하기 때문에 독자들은 그것을 참고하면 될 것이다. 참고로 2020년 경자년 운세는 부록에 실었다. 익숙해지면 이 장의 내용과 2부의 괘사, 효사 해석을 보고 직접 괘를 뽑아 한 해의 운세를 볼 수도 있을 것이다.

주의사항과 주역 점을 대하는 자세

주역 점법을 이용할 때 네 가지 주의할 사항이 있다.

1) 사특한 것, 욕심이 담긴 것은 묻지 말 것
2) 양심에 비추어 판단이 서는 것은 판단대로 할 것
3) 하나의 사안에 대하여 단 한 번만 물을 것
4) 획일적인 해석은 금물, 상황과 괘의 전체적 흐름을 참고할 것

같은 괘사·효사도 괘를 뽑은 목적에 따라서 그 해석이 달라질 수 있다. 예를 들어, 퇴계 선생의 병환이 위독하여 제자들이 괘를 뽑았는데, 지산겸(地山謙)괘가 나왔다. 그 괘사를 보면 다음과 같다.

겸손해야 하는 상황이다. 밝게 통하면 군자가 끝맺음이 있다.

謙, 亨 君子有終
겸, 형 군자유종

'겸'괘는 겸양의 도를 알려준다. '끝맺음'을 뜻하는 종(終)은 자신의 역할을 성공적으로 마무리한다는 뜻이며, 밝은 마음으로 겸양을 실천하면 인생에 유종의 미를 거둘 수 있다는 좋은 취지다. 그러나 지금 상황은 선생이 위독한 상황에서 괘를 뽑았기 때문에 유종(有終)의 '종'은 곧 임종(臨終)의 '종'을 뜻한다. 괘를 뽑는데 참여한 이덕홍, 김부륜 등 제자들이 즉시 책을 덮고 얼굴이 파랗게 질리고 말았다. 이는 퇴계 선생 임종에 관한 기록에 나온다. 이처럼 똑 같은 괘사와 효사도 상황에 따라서 뜻을 달리 해석해야 하는 수가 있다. 이를 일러 '수시취의(隨時取義)'라고 한다.

인생의 성패는 선택(choice)에 달려있다. 우리는 선택한대로 말하고 행동한다. 그것이 성공을 낳기도 하고 실패를 초래하기도 한다. 말과 행동은 '몸'이 하지만 그 선택은 '마음'이 한다. 그래서 성공하려면 마음의 메커니즘을 알아야 한다. 마음 작용은 그 채널(channel)을 어디에 맞추느냐에 따라 달라진다. 돈에 채널을 맞추면 돈을 따라 움직이고, 행복에 채널을 맞추면 행복을 따라 움직이는 게 마음이다. 채널을 이리 저리 틀면 마음도 갈피를 못 잡는다. 그 언행을 살펴보면 그가 어디에 채널을 맞추고 사는지 알 수 있다. 감추려 해도 감출 수 없다. 그 결과 인생의 성패도 감출 수 없어서 조만간 드러나게 된다.
우리 조상님들은 마음의 채널을 하늘에 맞췄다. 사람이 하늘에서 왔음을 알았고, 하늘에 제사를 지내고, 하늘을 우러러 부끄럼 없이 살고자 했다. 결과적으로 우리 조상님들은 크게 성공했다. 그 험난한 역사의 터널을 지나면서 수많은 난관을 다 극복해냈고, 21세기에 장한 후손들이 한류의 영광을 누리고 있다. 한국에서 1등을 못해도 세계무대에 나가면 1등을 하는 시대를 맞이한 것은 다 조상님들과 하늘이 도운 것이다. 현대 한국인들이 국정농단이나 권력형 비리에 대해 지혜롭게 판단하고, 때로 목숨을 걸고 양심에 따라 행동하는 것은 우리 조상님들의 하늘 지향적 전통과 밀접한 관련이 있다.

마음의 채널을 하늘에 맞추는 방법은 두 가지다. 첫째, '느낌'으로 통하는 것이다. 하늘은 밥 먹을 때, 쉬어야 할 때를 느낌으로 알려준다. 위험이 닥쳐올 때는 그 기미를 알려준다. 건강 위험 신호도 느낌으로 알아서 체크할 수 있고, 느낌으로 미래 변화를 예측할 수도 있다. 조상님들은 전란의 위험도 느낌으로 알아서 미리 대비했다.

하늘에 채널을 맞추는 또 하나의 방법은 바로 주역 코드를 이용하는 것이다. 『주역』 책을 읽기도 하고, 주역으로 운세를 점치기도 한다. 주역으로 하늘과 통할 수 있는 것은 주역이 하늘의 코드이기 때문이다. 현대인은 느낌이 많이 퇴화되었기 때문에 주역이 효과적이다. 공자는 『주역』 책의 가죽 제본이 세 번이나 헤질 정도로 공부한 결과 50세에 지천명(知天命)을 했다. 천명은 하늘의 메시지다. 공자는 주역으로 하늘의 메시지를 듣는 능력을 얻어 성인이 되었다. 2천5백 년이 지난 지금까지 많은 사람들이 공자의 가르침을 삶의 지침으로 삼고 있는 것은 바로 그 때문이다.

주역은 때에 따라 '큰 내를 건너라'는 지침을 주기도 하고, '큰 내를 건너지 말라'는 지침을 주기도 한다. 늘 소극적이고 우유부단한 사람은 때로 과감하게 행동해보면 새로운 세상이 열리게 된다. 늘 적극적이고 과감한 사람은 때로 자제하며 조심할 때 아주 다른 세계를 경

험하게 된다. 욕심과 고정관념에서 벗어나 창조적으로 인생길을 열어
가는 지혜를 주역에서 찾을 수 있다.

　이 책은 그 동안 강의실에서 학습동지들에게 밝힌 '코드주역'을 대
중에게 공개한 것이다. 공자는 십익(十翼)을 통해 곳곳에 담아 놓은
주역의 비결과 힌트를 담았고, 필자는 그것을 깊이 탐구하여 '코드'와
'은유'와 '공식'을 적용하여 주역을 새롭고 알기 쉽게 해석했다. 2부의
주역 해석이 바로 그것이다. 구체적인 상황에서 주역 점을 통해 선택
하고 결단할 때 참고할 내용을 해석 아래 주석(*)으로 알기 쉽게 안
내했다. 2부의 주역 64괘 해석과 주석은 독자들이 읽으면서, 또한 운
세를 점쳐서 의사결정에 활용하면서 마음의 채널을 하늘에 맞추는 도
구로 활용하는 목적에 적합하도록 고안한 것이다.
　모든 독자들이 주역을 마스터하여 공자처럼 지천명을 하고 인생을
능숙하게 경영하게 되길 바란다. 그리하여 더 나은 세상을 만드는 데
일조하게 되길 바라는 마음, 그 마음을 64괘에 함께 담았다.

주역 64괘의 바른 해석

2부에는 주역 64괘 괘사·효사의 바른 해석과 보충설명을 담았다.

2부를 학습하는 방법은 두 가지다. 첫째, 읽으면서 그 의미를 파악한다. 먼저 한글 괘사와 효사를 보고 개략적인 흐름과 대의를 파악한 다음, 원문 해석과 해설을 볼 때는 마치 자신이 실제로 그런 상황에 처한 것처럼 가정하고 그 대처방안을 숙고하는 것이 좋다. 둘째, 주역 점을 이용하는 방법이다. 1부 '이야기10'에서 익힌 방법으로 실제 헷갈리는 상황에서 주역 괘를 뽑아 의사결정에 활용하는 것이다. 그 과정을 거치는 동안 독자들은 점점 주역 대가의 반열에 오르게 될 것이다.

상괘 / 하괘	건乾	태兌	이離	진震	손巽	감坎	간艮	곤坤
건乾	중천건 143쪽	택천쾌 311쪽	화천대유 195쪽	뇌천대장 275쪽	풍천소축 175쪽	수천수 159쪽	산천대축 243쪽	지천태 183쪽
태兌	천택리 179쪽	중택태 371쪽	화택규 291쪽	뇌택귀매 355쪽	풍택중부 383쪽	수택절 379쪽	산택손 303쪽	지택림 215쪽
이離	천화동인 191쪽	택화혁 335쪽	중화리 259쪽	뇌화풍 359쪽	풍화가인 287쪽	수화기제 391쪽	산화비 227쪽	지화명이 283쪽
진震	천뢰무망 239쪽	택뢰수 207쪽	화뢰서합 223쪽	중뢰진 343쪽	풍뢰익 307쪽	수뢰준 151쪽	산뢰이 247쪽	지뢰복 235쪽
손巽	천풍구 315쪽	택풍대과 251쪽	화풍정 339쪽	뇌풍항 267쪽	중풍손 367쪽	수풍정 331쪽	산풍고 211쪽	지풍승 323쪽
감坎	천수송 163쪽	택수곤 327쪽	화수미제 395쪽	뇌수해 299쪽	풍수환 375쪽	중수감 255쪽	산수몽 155쪽	지수사 167쪽
간艮	천산둔 271쪽	택산함 263쪽	화산려 363쪽	뇌산소과 387쪽	풍산점 351쪽	수산건 295쪽	중산간 347쪽	지산겸 199쪽
곤坤	천지비 187쪽	택지췌 319쪽	화지진 279쪽	뇌지예 203쪽	풍지관 219쪽	수지비 171쪽	산지박 231쪽	중지곤 147쪽

* 괘사·효사 및 해설을 실은 순서

이하 64괘를 모두 아래와 같은 체계로 해석하고 해설하였다.

<1쪽>
한글 괘사와 효사

괘명, 한글 의미, 괘상, 한글 괘사와 효사를 한 쪽에 실어, 괘 전체를 한 눈에 볼 수 있도록 했다. 의미 파악이 잘 안 되더라도 일단 한 번 읽으며 음미하는 것이 좋겠다.

<2쪽>
한글과 원문 괘사 및 해설

괘명(풀 네임), 괘상, 한글과 원문 괘사를 싣고, 아래에 보충 해설을 달았다. 보충 해설(*)은 괘사를 쉽게 이해할 수 있도록 하여 특히 괘를 뽑았을 때 지침으로 활용하기에 좋다. 필요한 경우 보충 해설 표시(*)를 하나 더 추가해 코드 또는 그런 괘사가 나온 근거를 밝혔다.

<3~4쪽>
한글과 원문 효사 및 해설

한글과 원문 효사를 싣고, 각 효사 아래에 보충 해설을 달았다. 보충 해설(*)은 효사를 쉽게 이해할 수 있도록 하여 특히 괘를 뽑았을 때 지침으로 활용하기에 좋다. 필요한 경우 보충 해설 표시(*)를 하나 더 추가해 코드 또는 그런 효사가 나온 근거를 밝혔다.

1. 건(乾)

[정신] 하늘을 본받아라

괘사

하늘! 크고 밝으며, 이롭게 하고 바로잡는다.

효사

초구는 잠겨있는 용이니 용쓰지 말라.

구이는 나타난 용이 밭에 있으니, 대인을 보는 것이 이로우리라.

구삼은 군자가 종일 힘껏 노력하다가 저녁이 되어 안타까워하면, 위태롭지만 허물이 없다.

구사는 혹 도약하더라도 연못에 있으면 허물이 없으리라.

구오는 나는 용이 하늘에 있으니, 대인을 보는 것이 이롭다.

상구는 목에 힘주는 용이면 후회할 일이 생기리라.

용구*는 여러 용을 보되 머리가 없으면 길하리라.

*용구: 모든 괘가 6효로 되어 있는데, 첫 번째 괘인 '건'괘와 두 번째 괘인 '곤'괘에는 각각 '용구'와 '용육'이 추가로 나온다. 용구(用九)는 '건'괘 전반에 통용되는 내용이며, 용육(用六)은 '곤'괘 전반에 통용되는 내용이다.(107쪽 용어 해설 참조)

중천건(重天乾)

 하늘! 크고 밝으며, 이롭게 하고 바로잡는다.

乾, 元 亨 利 貞
건 , 원 형 이 정

'하늘 건(乾)'이 상하에 겹쳐 있어서 '중천건'이라 한다. 6효 전체가 처음부터 끝까지 굳센 양(ㅡ)이다. 따라서 시종일관 굳센 하늘의 운행을 상징한다. 하늘이 주관하는 춘하추동 사계절의 변화와 밤낮의 변화는 한 치의 오차도 없이 계속 반복된다. 시종일관 굳세지 않고는 그렇게 할 수 없다. 그래서 이 괘는 굳건한 하늘을 뜻하는 '건(乾)'이라는 이름을 얻었다.

사람의 삶은 정신적인 부분과 물질적인 부분으로 구성되어 있다. 정신은 하늘의 요소이고, 물질은 땅의 요소다. 건(乾)괘는 '정신적인 면에서 하늘을 본받으라'는 뜻을 담고 있다. 하늘은 크고 밝다. 그리고 만물을 이롭게 하고 바로잡는다. 사람도 본래 크고 밝은 마음으로 만물을 이롭게 하고 바로잡는 역할을 한다. 하늘같은 마음을 회복하면 누구나 그렇게 할 수 있다. 여기서 형(亨)은 '형통하다'는 뜻이 아니라 '밝다'는 뜻이다. 공자의 해석이 그러하니 믿고 따르면 된다.

*하늘 같이 크고 밝은 마음으로 이롭게 하고 바로잡아라.
물질에 집착하지 말고 정신적 성숙을 도모하라.
*그러려면 이치공부와 마음공부를 해야 한다. 고전으로 이치공부를 하고, 명상으로 마음공부를 하는 것이 옛날부터 검증된 방법이다.

초구는 잠겨있는 용이니 용쓰지 말라.

初九 潛龍 勿用
초구 잠룡 물용

＊이제 시작 단계다. 안으로 충전하며 내공을 쌓아라.
밖에 나가고 싶어도 나가지 않는 것이 좋다.
부득이 나가더라도 앞에 나서지 말고 자신을 챙겨라.
＊인생은 단거리 경주가 아니라 마라톤과 같다. 충분히 실력을 쌓은 후
에 현장에 나가야 성공적으로 역할을 수행할 수 있다.

구이는 나타난 용이 밭에 있으니, 대인을 보는 것이 이로우리라.

九二 見龍在田 利見大人
구이 현룡재전 이견대인

＊세상에 중요한 역할을 할 때다.
리더나 멘토를 만나라. 또한 진리가 담긴 고전을 읽어라.
안에 머물지 말고 밖으로 나가 활동하고 활약하라.
＊2효가 하괘의 중(中)으로 리더인 5효와 짝이라서 나온 효사다.

구삼은 군자가 종일 힘껏 노력하다가 저녁이 되어 안타까워하면, 위
태롭지만 허물이 없다.

九三 君子 終日乾乾 夕惕若 厲 无咎
구삼 군자 종일건건 석척약 여 무구

＊열심히 공부하라(이치공부, 마음공부). 힘껏 노력하라.
늘 부족하다고 생각하며 노력하면 위태롭지만 아무 문제가 없다.
＊아직은 나의 때가 아니지만 조만간 쨍하고 해 뜰 날이 올 것이다.
그 때 역할을 잘 해내려면 지금 잘 준비하고 대비해야 한다.

구사는 혹 도약하더라도 연못에 있으면 허물이 없으리라.

九四 或躍在淵 无咎
구사 혹약재연 무구

＊실력이 있지만 자만하지 말라. 그러면 아무 문제가 없다.
 자기 능력을 발휘하되 너무 나서지는 말고 자제하라.

구오는 나는 용이 하늘에 있으니, 대인을 보는 것이 이롭다.

九五 飛龍在天 利見大人
구오 비룡재천 이견대인

＊실력을 크게 발휘할 때다. 멘토나 핵심요원을 만나는 것이 이롭다.
 그동안 쌓은 실력을 총동원하여 용이 하늘을 날듯이 최대한 발휘하라.
＊5효는 상괘의 중(中)이면서 양의 자리에 양이 와서 그 자리가 바르
다. 즉, 중정(中正)의 리더이다. 그래서 최고의 효사가 나온 것이다.

상구는 목에 힘주는 용이면 후회할 일이 생기리라.

上九 亢龍 有悔
상구 항룡 유회

＊목에 힘주면 후회하게 된다. 겸손하고 유연하게 대처하라.
 왕년에 잘 나갈 때의 상황은 잊어버려야 한다.

용구는 여러 용을 보되 머리가 없으면 길하리라.

用九 見群龍 无首 吉
용구 견군룡 무수 길

＊모든 사람을 하늘처럼 공경하라. 언제나 그렇게 하라.
 자신을 높이거나 앞서려고 하지 않으면 좋은 일이 있으리라.

2. 곤(坤)

[물질] 땅과 같이 이루어라

괘사

땅! 드넓고 밝으며, 이롭게 하고 암말처럼 바르게 한다. 군자가 가는 바가 있다. 앞서면 헷갈리고 뒤따르면 얻게 되니, '살림'을 주관한다. 서남으로 가면 벗을 얻고 동북으로 가면 벗을 잃는다. 안전하고 바르게 하면 길하리라.

효사

초육은 서리를 밟으면 굳은 얼음이 된다.

육이는 곧고 반듯하고 큰마음으로 하니, 연습하지 않아도 이롭지 않음이 없다.

육삼은 밝음을 머금으면 바르게 할 수 있으니, 혹 왕의 일에 종사하더라도 이룰 수는 없지만 마무리 할 수 있다.

육사는 주머니를 묶으면 허물도 없고 명예로움도 없다.

육오는 누런 치마를 입었으니 큰마음으로 하면 길하다.

상육은 용과 들에서 싸우면 그 피가 검고 누렇다.

용육은 끝까지 바르게 하는 것이 이롭다.

＊용육: 용육(川六)은 '곤'괘 전반에 통용되는 내용이다.(107쪽 참조)

중지곤(重地坤)

땅! 드넓고 밝으며, 이롭게 하고 암말처럼 바르게 한다. 군자가 가는 바가 있다. 앞서면 헷갈리고 뒤따르면 얻게 되니, '살림'을 주관한다. 서남으로 가면 벗을 얻고 동북으로 가면 벗을 잃는다. 안전하고 바르게 하면 길하리라.

坤, 元 亨 利 牝馬之貞 君子有攸往 先迷後得 主利
곤, 원 형 이 빈마지정 군자유유왕 선미후득 주리

西南得朋 東北喪朋 安貞 吉
서남득붕 동북상붕 안정 길

'땅 곤(坤)'이 상하에 겹쳐서 '중지곤'이라 한다. 6효 전체가 부드러운 음(--)이다. 땅이 하는 일은 하늘이 하는 일에 부드럽게 순응하는 것이다. 그래서 유순한 땅을 뜻하는 '곤(坤)'이라는 이름을 얻었다.

사람도 물질적인 활동을 함에 있어서 땅과 같이 이루는 것이 최선이다. 땅은 만물을 소유하고 있는데, 드넓은 모습으로 하늘의 뜻에 따르기 때문이다. 사람도 물질적인 활동을 할 때 드넓고 밝은 마음으로, 이롭게 하고 암말처럼 바르게 하면 된다. 그것이 군자의 방식이다. 너무 앞서 나가지 말고, '살림'을 주관해야 한다. 평이한 방법으로 해야 하며, 위험을 감수하면 힘들게 된다. 안전하고 바르게 하면 길하다. 여기도 역시 형(亨)이라는 '밝음'의 메시지가 나온다.

* 경쟁이 아니라 함께 잘 사는 방법으로 물질적인 성취를 이룩하라.
크고 밝은 마음으로 안전하고 바르게 하라. 좋은 일이 있으리라.

초육은 서리를 밟으면 굳은 얼음이 된다.

初六 履霜 堅冰至
초육 이상 견빙지

＊이제 시작이다. 미래가 불확실하지만 성급히 생각하지 말라.
한걸음, 한걸음 나아가다 보면 결국 크게 성공할 것이다.
＊모든 결과에는 원인이 있고, 작은 일이 쌓이고 또 쌓여서 큰 일이 이
루어진다. 공자가 말했다. "작은 선행이라도 계속 쌓으면 반드시 경사
가 뒤따르고, 작은 악행이라도 계속 쌓이면 반드시 재앙이 뒤따른다."

육이는 곧고 반듯하고 큰마음으로 하니, 연습하지 않아도 이롭지 않
음이 없다.

六二 直方大 不習 无不利
육이 직방대 불습 무불리

＊내면을 잘 가꾸고, 늘 올바른 선택을 하라.
＊공자는 "경(敬)이라는 집중하는 마음공부법으로 내면을 곧게 하고,
의(義)로써 외면을 방정하게 한다."고 했다.
그렇게 하여 큰마음으로 대처하면 조만간 큰 성공이 열리게 될 것이다.

육삼은 밝음을 머금으면 바르게 할 수 있으니, 혹 왕의 일에 종사하
더라도 이룰 수는 없지만 마무리 할 수 있다.

六三 含章可貞 或從王事 无成有終
육삼 함장가정 혹종왕사 무성유종

＊밝은 마음으로 굳세게 나아가라.
조만간 좋은 기회가 올 것이나, 내 이름으로 이루려지 말라.
조직의 성과, 리더의 성과를 올려주면 유종의 미를 거두리라.

육사는 주머니를 묶으면 허물도 없고 명예로움도 없다.

六四 括囊 无咎无譽
육사 괄낭 무구무예

＊말을 아껴라. 재물을 아끼고, 투자 기회가 와도 참아야 한다.
아무 문제가 없고, 명예로운 일도 없지만 현상유지는 할 수 있다.

육오는 누런 치마를 입었으니 큰마음으로 하면 길하다.

六五 黃裳 元吉
육오 황상 원길

＊재물이 모이고 사람들이 따르게 된다.
마음을 크게 가지면 일이 성대하게 잘 이루어질 것이다.
＊황색은 중앙의 색이다. 5효가 상괘의 중(中)이라서 황색이 나왔다.

상육은 용과 들에서 싸우면 그 피가 검고 누렇다.

上六 龍戰于野 其血玄黃
상육 용전우야 기혈현황

＊가진 것에 만족하라. 욕심은 끝이 없다.
더 큰 욕심을 내는 것은 크게 망하는 길이다.

용육은 끝까지 바르게 하는 것이 이롭다.

用六 利永貞
용육 이영정

＊쌓기는 어려워도 망가지기는 쉽다. 늘 조심하고, 끝까지 조심하라.
특히 끝에는 더 조심하고 더 겸손하게 해야 한다.

3. 준(屯)

[시작] 첫 단추를 잘 꿰어라

괘사

험난한 시작의 상황이다. 큰마음으로 밝게 통하고, 이롭게 하고 바르게 하라. 가는 바가 있어도 용쓰지 말라. 제후를 세우는 것이 이롭다.

효사

초구는 (굳센 것이) 머뭇거리는 상황이다. 바르게 거하는 것이 이로우며, 제후를 세우는 것이 이롭다.

육이는 험난하게 여겨 머뭇거리는 상황에서 말을 탔다가 내린다. 도적이 아니라 혼인할 짝이니, 여자가 바르게 해도 시집을 못 가다가 10년이 되어 시집을 가게 된다.

육삼은 사슴을 좇는데 안내자가 없어서 무작정 숲 속으로 들어가기만 한다. 군자가 그 기미를 알고 그만두는 것만 못하니, 가면 막힌다.

육사는 말을 탔다가 내려 혼인할 짝을 구하니, 가면 길하여 이롭지 않음이 없다.

구오는 은택을 베푸는 데 어려움이 있으니, 조금 바로잡으면 길하고, 크게 바로잡으면 흉하다.

상육은 말을 탔다가 내리면 피눈물을 줄줄 흘리게 되리라.

수뢰준(水雷屯)

 험난한 시작의 상황이다. 큰마음으로 밝게 통하고, 이롭게 하고 바르게 하라. 가는 바가 있어도 용쓰지 말라. 제후를 세우는 것이 이롭다.

屯, 元亨利貞 勿用有攸往 利建侯
준, 원형리정 물용유유왕 이건후

상괘는 '물 수(水)', 하괘는 '우레 뢰(雷)'라서 '수뢰준'이라 한다. (이하 괘명에 대한 설명을 생략함) 하괘는 움직임을 상징하기도 한다. 하늘과 땅이 생긴 이후 생명력을 움트게 하는 두 요소가 '물'과 '움직임'이다. 위에서는 생명의 근원인 물이 내려오고 아래에서는 지각변동에 해당하는 우레가 꿈틀거리며 생명이 태동하는 것이다. 모든 시작은 험난하다. 따라서 '어렵다'는 뜻의 '준(屯)'이라는 이름을 얻었다. '준(屯)'은 '진을 친다'는 뜻으로 쓰일 때는 '둔'으로 발음하지만, '어렵다'는 뜻이나 '괘'의 이름으로 쓰일 때는 '준'으로 발음한다.

결혼을 하면 가정 살림을 시작하고, 은퇴 이후에는 새로운 삶을 시작한다. 사업을 시작하는 것도 새로운 시작이다. 이처럼 새로운 시작을 하는 시기에는 앞길이 험난하니, 특별한 마음 자세가 필요하다. 큰마음으로 밝게 통하고, 이롭게 하고 바르게 해야 한다. 은퇴 후 사업을 시작하는 경우와 같이, 하면 잘 될 것 같다는 생각이 들어도 용쓰지 말아야 한다. 먼저 철학적 기준이나 리더십을 세우는 것이 이롭다.

＊험난한 시작 상황이다. 시작하면 잘 될 것 같아도 시작하지 말라.
크고 밝은 마음으로 먼저 분명한 방향성과 기준을 세워라.

초구는 (굳센 것이) 머뭇거리는 상황이다. 바르게 거하는 것이 이로우며, 제후를 세우는 것이 이롭다.

初九 磐桓 利居貞 利建侯
초구 반환 이거정 이건후

＊시작하면 잘 될 것 같고, 하고 싶기도 하지만 굳세게 멈춰야 한다.
먼저 분명한 기준과 방향성을 확립하는 것이 이롭다.

육이는 험난하게 여겨 머뭇거리는 상황에서 말을 탔다가 내린다. 도적이 아니라 혼인할 짝이니, 여자가 바르게 해도 시집을 못 가다가 10년이 되어 시집을 가게 된다.

六二 屯如 邅如 乘馬班如 匪寇婚媾 女子貞 不字 十年乃字
육이 준여 전여 승마반여 비구혼구 여자정 부자 십년내자

＊첫 단추를 잘못 꿰었다. 멈춰서 새로운 길을 찾아야 한다.
다시 바른 길로 가서 정상적인 궤도에 오르기까지는 아주 오랜 시간이 걸린다. 그래도 그렇게 해야 한다.

육삼은 사슴을 좇는데 안내자가 없어서 무작정 숲 속으로 들어가기만 한다. 군자가 그 기미를 알고 그만두는 것만 못하니, 가면 막힌다.

六三 卽鹿无虞 惟入于林中 君子幾 不如舍 往吝
육삼 즉록무우 유입우임중 군자기 불여사 왕인

＊아무도 돕는 이가 없는데 무작정 내 생각대로 밀고 나간다.
가면 막히게 되니, 이미 진척이 많이 되었더라도 좋지 않은 기미를 알고 하던 일을 멈춰야 한다.

육사는 말을 탔다가 내려 혼인할 짝을 구하니, 가면 길하여 이롭지
않음이 없다.

六四 乘馬班如 求婚媾 往吉 无不利
육사 승마반여 구혼구 왕길 무불리

＊하던 일을 그만두고 새로운 일을 시작하게 된다.
새로운 일, 새로운 인연이 나와 딱 맞아 서로 큰 도움이 될 것이다.

구오는 은택을 베푸는 데 어려움이 있으니, 조금 바로잡으면 길하고,
크게 바로잡으면 흉하다.

九五 屯其膏 小貞 吉 大貞 凶
구오 준기고 소정길 대정 흉

＊험난한 시작 상황에서의 리더에 해당한다.
좋지 않은 상황 때문에 구성원에게 도움을 주기 어려워 안타깝다.
큰 변화를 도모하면 흉하고, 작은 변화를 도모하면 길하다.
＊작은 일, 쉬운 것부터 하나하나 바로잡아 나가면 길이 보일 것이다.

상육은 말을 탔다가 내리면 피눈물을 줄줄 흘리게 되리라.

上六 乘馬班如 泣血漣如
상육 승마반여 읍혈연여

＊새로운 일을 도모하면 크게 망할 것이다.
지금 의지가 되고 있는 것들(가족, 건강, 예금통장 등)을 놓치지 말고
잘 지키는 것이 최선이다.
＊'준'괘에 말[馬]을 탔다가 내리는 효사가 세 번 나오는데, 모두 양효
옆에 나온다. 그 양효를 기준으로 위와 아래로 보면 항상 진(☳)이 나
온다. 말의 코드가 진(☳)이라서 그런 효사가 나왔다.

4. 몽(蒙)

[자녀] 스스로 하게 하라

괘사

어린이를 깨우쳐야 하는 상황이다. 밝게 통해야 한다. 내가 어린이에게 요구하는 것이 아니라 어린이가 나에게 요청한다. 처음 점을 치면 답을 알려주지만 두 번 세 번 점을 치면 부정 타며, 부정 타면 답을 알려주지 않는다. 이롭게 하고 바르게 하라.

효사

초육은 어린이를 계발해야 하는 상황이다. 형벌을 사람답게 쓰는 것이 이롭다. 형틀에서 벗어나게 해야 하며, 그로써 나아가면 막힌다.

구이는 어린이를 포용하면 길하고, 부인을 맞이하면 길하다. 자녀가 가정을 이룰 수 있다.

육삼은 여자를 취하는 데 용쓰지 말라. 돈 많은 남자를 보고 자기 몸을 지키지 못하면 이로울 바가 없다.

육사는 어린이를 곤란하게 하면 막힌다.

육오는 어린이에게 맡기면 길하리라.

상구는 어린이를 쳐서 깨우쳐야 한다. 도적이 되면 이롭지 않고, 도적을 막으면 이롭다.

산수몽(山水蒙)

어린이를 깨우쳐야 하는 상황이다. 밝게 통해야 한다. 내가 어린이에게 요구하는 것이 아니라 어린이가 나에게 요청한다. 처음 점을 치면 답을 알려주지만 두 번 세 번 점을 치면 부정 타며, 부정 타면 답을 알려주지 않는다. 이롭게 하고 바르게 하라.

蒙, 亨 匪我求童蒙 童蒙求我 初筮告 再三瀆
몽 , 형 비아구동몽 동몽구아 초서곡 재삼독

瀆則不告 利貞
독즉불곡 이정

하괘는 험난함을, 상괘는 멈춤과 덕(德)을 상징한다. 어린이의 상황이 험난한 데, 간섭을 멈추고 산처럼 덕을 쌓아 잘 깨우치는 코드다. 몽(蒙)은 '몽매하다', '어린이'의 뜻이며, '몽'괘는 어린 자녀를 깨우치는 일, 몽매한 자를 교육하는 일을 다루고 있다.

어린이를 깨우쳐야 하는 상황에서는 밝게 통해야 한다. 내가 원하는 대로 자녀를 이끄는 것이 아니라 자녀가 요청할 때 도움을 줘야 한다. 초심으로 끝까지 사랑해야 하며, 그 마음이 바뀌면 안 된다. 시험 성적이 낮게 나왔다고 아이를 핀잔주는 것은 금물이다. 그렇게 하는 것은 욕심 때문이다. 자녀에게 이롭게 하고 바르게 해야 한다. 괘사가 그런 뜻을 은유적으로 표현하고 있다.

＊자녀 교육에 욕심 내지 말고, 초심으로 사랑하라.
내 뜻대로 이끌려 하지 말고 덕을 쌓아 저절로 감화되게 하라.
이는 후배, 신입사원, 배우자 등을 대할 때도 똑 같이 적용된다.

초육은 어린이를 계발해야 하는 상황이다. 형벌을 사람답게 쓰는 것이 이롭다. 형틀에서 벗어나게 해야 하며, 그로써 나아가면 막힌다.

初六 發蒙 利用刑人 用說桎梏 以往吝
초육 발몽 이용형인 용탈질곡 이왕인

* 자녀에게 엄격하게 대하되 인격적으로 대하라.
자녀를 너무 심하게 숨 막힐 정도로 제약하지 말라.
후배, 신입사원, 배우자 등을 대할 때도 똑 같이 적용하라.

구이는 어린이를 포용하면 길하고, 부인을 맞이하면 길하다. 자녀가 가정을 이룰 수 있다.

九二 包蒙 吉 納婦 吉 子克家
구이 포몽 길 납부 길 자극가

* 자녀를 포용하고 인격체로 대하라. 그러면 길하리라.
부모가 생각하는 것보다 자녀는 훨씬 성숙되어 있음을 알아라.
후배, 신입사원, 배우자 등을 대할 때도 똑 같이 적용하라.

육삼은 여자를 취하는 데 용쓰지 말라. 돈 많은 남자를 보고 자기 몸을 지키지 못하면 이로울 바가 없다.

六三 勿用取女 見金夫 不有躬 无攸利
육삼 물용취녀 견금부 불유궁 무유리

* 이성교제나 게임에 빠지지 않도록 주의하라.
욕심이 지나쳐서 자기 몸을 간수하지 못하면 모두에게 이롭지 않다.
* 가장 중요한 것은 먼저 자기를 챙기는 것이다. 자기를 바로잡은 다음에 무슨 일이든 도모해야 한다. 3효는 중(中)도 아니고, 정(正)도 아니면서 짝인 상효와 음양으로 정응하기 때문에 이런 효사가 나왔다.

육사는 어린이를 곤란하게 하면 막힌다.

六四 困蒙 吝
육사 곤몽 인

＊자녀의 앞길을 막지 말라.
후배, 신입사원, 배우자 등 타인의 앞길을 막지 말라.
자녀에게 부끄럽지 않은 부모, 후배에게 부끄럽지 않은 선배가 되라.
＊초효와 음양으로 조화를 이루지 못하고 있으며, 자신과 자녀(또는 상
대방)가 함께 부족한 상태다. 따라서 먼저 자신이 성숙해야 한다.

육오는 어린이에게 맡기면 길하리라.

六五 童蒙 吉
육오 동몽 길

＊자녀가 스스로 하게 하라.
후배, 신입사원, 배우자 등에게 간섭하지 말고 스스로 하게 하라.
맡겨놓고 지켜보면 좋은 결과가 있을 것이다.

상구는 어린이를 쳐서 깨우쳐야 한다. 도적이 되면 이롭지 않고, 도
적을 막으면 이롭다.

上九 擊蒙 不利爲寇 利禦寇
상구 격몽 불리위구 이어구

＊자녀를 돕고, 정신적으로 깨우침을 주라.
후배, 신입사원, 배우자 등에게도 도움이 되도록 하라.
내가 그들의 장애가 되지 말고 그들에게 장애가 되는 것을 막아주는
역할을 하라. 그러려면 자신부터 바르게 해야 한다.

5. 수(需)

[대비] 준비하며 기다려라

괘사

기다리는 상황이다. 믿음을 갖고, 환하고 밝게 통하라. 바르게 하면 길하다. 큰 내를 건너는 것이 이롭다.

효사

초구는 교외에서 기다리는 상황이니, 한결같은 마음을 가지면 이롭고 허물이 없다.

구이는 모래밭에서 기다리면 조금 말이 있으나 결국 길하리라.

구삼은 진흙탕에서 기다리면 도적이 이르게 되리라.

육사는 피를 흘리며 기다리는 상황이니, 스스로 소굴에서 나와야 한다.

구오는 술과 먹을거리를 준비하고 기다리는 상황이니, 바르게 하면 길하다.

상육은 동굴에 들어가야 하는 상황이다. 초대하지 않은 손님 셋이 오게 되니 공경의 마음으로 맞으면 결국에는 길하리라.

수천수(水天需)

기다리는 상황이다. 믿음을 갖고, 환하고 밝게 통하라. 바르게 하면 길하다. 큰 내를 건너는 것이 이롭다.

需, 有孚 光亨 貞吉 利涉大川
수, 유부 광형 정길 이섭대천

상괘는 구름을, 하괘는 하늘을 상징한다. 하늘 위에 구름이 있어 비를 기다리는 코드다. 수(需)는 '대비', '기다림'을 뜻한다. 부모는 아이의 성숙을 기다리고, 가게 주인은 손님을 기다린다. '수'괘에는 막연한 기대가 아니라 잘 대비하며 기다리는 지혜가 들어있다.

준비하며 기다리는 상황에서는 믿음을 갖고, 환하고 밝게 통해야 한다. '정성이 지극하면 안 될 일이 없다.' 라는 믿음이 필요하다. 또한 욕심을 내려놓고 환하고 밝은 마음을 지속해야 한다. 그런 마음으로 바르게 하면 길하게 된다. 주역에서 '바르다'는 것은 기본적으로 굳세게 해야 할 때는 굳세게, 부드럽게 해야 할 때는 부드럽게 하라는 뜻이다. 그 과정에 난관이 있지만 큰 내를 건너는 마음으로 과감하게 극복해야 한다. 지금까지 다섯 괘에 연속으로 '형(亨)'이라는 '밝음'의 메시지가 나왔다. 여기서는 앞에 '빛 광(光)'자가 붙어서 환하고 밝게 통하라고 했다. 주역 괘사의 약 3분의2 정도에 형(亨)이 나오는데 형(亨)은 '형통'이 아니라 '밝음'의 뜻이다. 공자도 그렇게 이해했다.

* 준비하며 기다려라. 믿음을 갖고 밝게 통하라.
군세게 할 때와 부드럽게 할 때를 알고 바르게 하면 길하리라.
난관이 있을 것이지만, 포기하지 말고 과감하게 극복하라.

초구는 교외에서 기다리는 상황이니, 한결같은 마음을 가지면 이롭고 허물이 없다.

初九 需于郊 利用恒 无咎
초구 수우교 이용항 무구

＊이제 시작 상황이다. 멀찌감치 서서 느긋하게 기다려라.
한결같은 마음으로 준비하며 기다려라.
그러면 반드시 좋은 날이 올 것이고, 아무 문제가 없으리라.

구이는 모래밭에서 기다리면 조금 말이 있으나 결국 길하리라.

九二 需于沙 小有言 終吉
구이 수우사 소유언 종길

＊조급해 하지 말고, 느긋하고 여유롭게 기다려라.
구설수가 있지만 결국 좋은 결과가 있을 것이다.
＊음(--)의 자리에 양(－)이 와서 자리가 바르지 않다. 모래밭에서 기다린다는 말에는 음(--)의 유연한 에너지를 쓰라는 비결이 들어있다. 구설수가 있다는 것은, 부모가 자녀의 성숙을 기다리고 가게 주인이 손님을 기다리는데 느긋하게 하니, 남들이 입방아를 찧는다는 뜻이다. 하지만 조급해서 될 일이 아니니 여유를 갖고 잘 준비해야 한다.

구삼은 진흙탕에서 기다리면 도적이 이르게 되리라.

九三 需于泥 致寇至
구삼 수우니 치구지

＊진흙탕 싸움을 하지 말라.
경쟁적인 방법으로 하면 결국은 망하게 된다.
＊나의 특성과 장점을 살리면서 꿋꿋하게 내 길을 가면 된다.

육사는 피를 흘리며 기다리는 상황이니, 스스로 소굴에서 나와야 한다.

六四 需于血 出自穴
육사 수우혈 출자혈

＊과도한 경쟁에 노출되어 출혈이 심한 상황이다.
이미 큰 손해를 입었다고 하더라도 미련을 갖지 말고 과감하게 발을
빼야 한다. 그것이 살 길이다.

구오는 술과 먹을거리를 준비하고 기다리는 상황이니, 바르게 하면
길하다.

九五 需于酒食 貞吉
구오 수우주식 정길

＊손님이 몰려온다. 손님을 잘 대접할 수 있도록 준비하라.
자녀의 성장을 기다리는 경우에는 합격통지서가 오고, 좋은 결과가 나
올 것이다. 잔치를 준비하고, 영양을 보충하며 다음 단계에 대비하라.
걱정 말고 굳세게 나아가라. 그러면 길하리라.

상육은 동굴에 들어가야 하는 상황이다. 초대하지 않은 손님 셋이
오게 되니 공경의 마음으로 맞으면 결국에는 길하리라.

上六 入于穴 有不速之客三人來 敬之 終吉
상육 입우혈 유불속지객삼인래 경지 종길

＊손님이 없으니 자기를 돌아보라.
자기를 수양하면서 기다리면 손님이 올 것이다.
그 때 오는 손님을 공경스럽게 맞이하라. 그러면 결국 길하리라.
＊동굴에 들어가는 것은 자기를 수양하는 것을 말하는 은유다.

6. 송(訟)

[다툼] 지는 것이 이기는 길이다

괘사

다툼의 상황이다. (이긴다는) 믿음을 가지면 막혀서 속이 탄다. 중간에 그만두면 길하고 끝까지 가면 흉하다. 대인을 보는 것이 이롭고, 큰 내를 건너는 것은 이롭지 않다.

효사

초육은 일을 길게 끌지 않으면 조금 말이 있으나 결국에는 길할 것이다.

구이는 다툼에서 이길 수 없으니 돌아와 달아나되, 그 고을 사람이 삼백호면 재앙이 없으리라.

육삼은 과거에 쌓은 덕으로 먹고 산다. 바르게 하고 위태롭게 여기면 결국 길하리라. 혹 왕의 일에 종사하더라도 이룰 수 없다.

구사는 다툼에서 이길 수 없으니 돌아와 명에 따르라. 태도를 바꾸어 편안하고 바르게 하면 길하다.

구오는 다툼의 상황에서 큰마음으로 해결하니 길하리라.

상구는 혹 반대(鞶帶)를 하사 받더라도 결국 아침이 되면 세 배로 빼앗기게 될 것이다.

천수송(天水訟)

다툼의 상황이다. (이긴다는) 믿음을 가지면 막혀서 속이 탄다. 중간에 그만두면 길하고 끝까지 가면 흉하다. 대인을 보는 것이 이롭고, 큰 내를 건너는 것은 이롭지 않다.

訟, 有孚 窒惕 中吉 終凶 利見大人 不利涉大川
송, 유부 질척 중길 종흉 이견대인 불리섭대천

상괘는 굳셈을, 하괘는 험함을 상징한다. 서로 시비가 생긴 험한 상황인데 굳세게 응하여 다툼이나 송사로 이어지는 코드다. 송(訟)은 '소송', '다툼'을 뜻한다. 살다 보면 부득이하게 소송이나 다툼에 휘말리는 수가 있다. 다툼은 결국 서로가 피해를 입게 되어 좋은 결과로 이어지기 어렵다. 따라서 현명한 사람은 다툼에 휘말리지 않는다. 부득이 다툼이 일어났다면 '송'괘에서 지혜로운 해법을 찾을 수 있다.

소송이나 다툼이 생기는 이유는 억울하거나 이긴다는 믿음이 있기 때문이다. 하지만 그런 믿음을 가지면 막혀서 속이 타게 된다. 다툼은 오래 끌수록 서로 간에 피해가 늘어나기 때문에 중간에 그만두는 것이 상책이다. 현명하게 극복할 수 있도록 조언해 줄 대인을 보는 것이 이롭다. 다툼의 상황에서는 큰 내를 건너듯이 과감하게 하면 이롭지 않다. 괘사가 이런 뜻을 은유적으로 담고 있다.

*다툼이 일어난다. 이긴다는 믿음을 가지면 막혀서 속이 탄다.
중간에 그만두면 길하고 끝까지 가면 흉하니 다툼을 중단하라.
멘토를 만나 조언을 듣는 것이 좋고, 과감하게 나가면 이롭지 않다.

초육은 일을 길게 끌지 않으면 조금 말이 있으나 결국에는 길할 것이다.

初六 不永所事 小有言 終吉
초육 불영소사 소유언 종길

* 다툼을 오래 끌지 말라.
구설수가 있지만 빨리 끝내면 결국 길하리라.
* 구설수는 상대방이나 주위 사람들의 입방아를 말하며, 그런 말에 흔들릴 필요가 없다.

구이는 다툼에서 이길 수 없으니 돌아와 달아나되, 그 고을 사람이 삼백호면 재앙이 없으리라.

九二 不克訟 歸而逋 其邑人三百戶 无眚
구이 불극송 귀이포 기읍인삼백호 무생

* 다툼에서 질 것이다. 꼬리를 내려라.
다시 준비해서 다투려 하지 않으면 큰 화는 면하게 될 것이다.

육삼은 과거에 쌓은 덕으로 먹고 산다. 바르게 하고 위태롭게 여기면 결국 길하리라. 혹 왕의 일에 종사하더라도 이룰 수 없다.

六三 食舊德 貞厲 終吉 或從王事 无成
육삼 식구덕 정려 종길 혹종왕사 무성

* 다툼(경쟁)에는 진다. 하지만 과거에 잘 한 덕분에 먹고 산다.
바르게 하고 조심하면 결국 길하리라.
중요한 직책이나 역할을 맡게 되더라도 나의 성과를 바라지 말고, 조직이나 리더의 성과가 되도록 하라.

구사는 다툼에서 이길 수 없으니 돌아와 명에 따르라. 태도를 바꾸어 편안하고 바르게 하면 길하다.

九四 不克訟 復卽命 渝 安貞吉
구사 불극송 복즉명 투 안정길

*다툼에서 이길 수 없다. 돌이켜서 내 역할에 충실히 임하라.
태도를 바꾸어 편안하고 부드럽게 하라. 그러면 길하리라.

구오는 다툼의 상황에서 큰마음으로 해결하니 길하리라.

九五 訟 元吉
구오 송 원길

*다투면 이길 것이지만 큰마음으로 양보하고 해결하라.
남들의 다툼도 큰마음으로 해결해주라. 그러면 길하리라.
*'구오'는 상괘의 중(中)이면서 양의 자리에 굳센 양이 와서 자리가 바르다. 그래서 상황에 맞게 바르게 처신한다.
맹자가 말했다. "도를 얻은 군자는 다투지 않는다. 하지만 만일 다투는 일이 있으면 반드시 이긴다." 다툼을 예방하고, 혹 다투게 되더라도 원만하게 잘 해결하는 이가 군자이며 대인이다.

상구는 혹 반대(鞶帶)를 하사 받더라도 결국 아침이 되면 세 배로 빼앗기게 될 것이다.

上九 或錫之鞶帶 終朝三褫之
상구 혹석지반대 종조삼치지

*다툼에서 이기려 하지 말라.
크게 이기더라도 조만간 3배로 갚게 될 것이다.

7. 사(師)

[전쟁] 생사를 걸어라

괘사

전쟁 상황이다. 바르게 해야 한다. 장인이 나서면 길하고 허물이 없다.

효사

초육은 군사를 출정할 때 군율에 따라야 한다. 그렇지 않으면 훌륭히 싸워도 흉하다.

구이는 전쟁에 있어서 '중'을 지키니 길하고 허물이 없다. 왕이 세 번 명령을 내린다.

육삼은 전쟁에서 혹 시체를 수레에 실으니 흉하다.

육사는 전쟁에서 왼쪽으로 물러나 주둔하니 허물이 없다.

육오는 사냥터에 새가 있으니, 말[言]을 집행하면 이롭고 허물이 없다. 장자가 군사를 통솔해야 하며, 제자는 수레에 시체를 싣게 되니 바르게 해도 흉하다.

상육은 대군이 명을 내리게 된다. 나라를 열고 가문을 잇게 하는데 있어서 소인은 등용하지 말아야 한다.

지수사(地水師)

전쟁 상황이다. 바르게 해야 한다. 장인이 나서면 길하고 허물이 없다.

師, 貞 丈人 吉 无咎
사, 정 장인 길 무구

하괘는 험한 상황, 상괘는 군중을 상징한다. 유일한 양(ー)인 2효를 장수로, 모든 음(ーー)효들을 군중으로 보기도 한다. 따라서 2효 장수가 통솔하여 험한 전쟁에 나서는 코드다. 사(師)는 '전쟁'을 뜻하며, 앞에 나온 '송'보다 훨씬 큰 생사를 건 싸움이다. '사'괘는 국가 간의 전쟁은 물론이지만, 총성 없는 경제전쟁, 무역전쟁도 이에 포함된다. 기업 경영에 있어서도 특허 분쟁 같은 전쟁이 종종 벌어진다. 목숨 건 전쟁과 같은 심각한 상황에서의 대처 방안을 '사'괘가 알려준다.

전쟁 상황에서는 바르게 해야 한다. 주역에서 '바름'은 음양의 바름이다. 굳세게 해야 할 때 굳세게 하고, 부드럽게 해야 할 때 부드럽게 하라는 뜻이다. 장인이 나서면 길하고 허물이 없다. 전쟁 상황에서 장인은 이순신 장군과 같은 지략과 덕망을 겸비한 이를 말한다.

* 전쟁 같은 상황이다. 바르게 하라. 훌륭한 장수를 내보내면 결과가 좋을 것이고, 아무 문제가 없다.
* 바르게 하라는 것은 음과 양의 바름을 말한다. 진퇴를 분명히 하고, 굳세게 해야 할 때와 부드럽게 해야 할 때를 알고 행한다는 뜻이다. 전쟁은 하지 않는 것이 최선이지만, 부득이 전쟁을 한다면 이순신 같은 훌륭한 장수를 앞세워야 한다. 그러면 결과가 좋을 것이다.

초육은 군사를 출정할 때 군율에 따라야 한다. 그렇지 않으면 훌륭히 싸워도 흉하다.

初六 師出以律 否 臧凶
초육 사출이율 부 장흉

＊전쟁이 시작되면 군율을 따라야 한다.
만일 군율을 어기면 잘 싸워 이겨도 흉하다.
＊전쟁의 시작 단계에서 가장 중요한 것은 군율을 지키는 것이다. 경제전쟁, 무역전쟁에서도 법규와 정도를 지켜야 뒤탈이 없다.

구이는 전쟁에 있어서 '중'을 지키니 길하고 허물이 없다. 왕이 세 번 명령을 내린다.

九二 在師 中吉 无咎 王三錫命
구이 재사 중길 무구 왕삼석명

＊전쟁에서 상황에 맞게 처신하니 길하고 아무 문제가 없다.
전쟁의 성과와 업적을 충분히 인정받게 된다.
＊2효가 중(中)이라서 나온 말이며, '중'은 상황에 맞게 처신한다는 뜻이다. 이순신 장군이 거북선을 만들고, 병사들을 챙기고, 바닷물의 흐름을 파악하여 전쟁에서 대승을 한 상황을 떠올리면 될 것이다.

육삼은 전쟁에서 혹 시체를 수레에 실으니 흉하다.

六三 師 或輿尸 凶
육삼 사 혹여시 흉

＊전쟁에 질 수 밖에 없으니 무리하게 출정하지 말라.
전쟁에 나서면 크게 패하여 흉하게 되리라.

육사는 전쟁에서 왼쪽으로 물러나 주둔하니 허물이 없다.

六四 師 左次 无咎
육사 사 좌차 무구

＊전쟁에서 질 것을 알고 일찌감치 후퇴하라.
그렇게 하면 피해가 없을 것이니 아무 문제가 없다.
＊왼쪽의 코드는 동쪽의 코드인 진(☳)이다. 여기서는 내호괘가 '진'이
다. '왼쪽으로 물러나 주둔한다'는 것은 2효 아래로 주둔한다는 뜻이므
로, 군사행동에 나서지 않고 장수인 '구이'의 지휘에 따른다는 뜻이다.

육오는 사냥터에 새가 있으니, 말[言]을 집행하면 이롭고 허물이 없
다. 장자가 군사를 통솔해야 하며, 제자는 수레에 시체를 싣게 되니
바르게 해도 흉하다.

六五 田有禽 利執言 无咎 長子帥師 弟子輿尸 貞凶
육오 전유금 이집언 무구 장자솔사 제자여시 정흉

＊전쟁 상황에서 리더로서 출정 명령을 해야 한다.
상황에 맞게 명령을 하면 이롭고 아무 문제가 없다.
전쟁에서 반드시 이길 장수를 내보내야 한다.
그렇지 않으면 큰 피해를 입게 되고, 뒤늦게 바로잡아도 흉하다.

상육은 대군이 명을 내리게 된다. 나라를 열고 가문을 잇게 하는데
있어서 소인은 등용하지 말아야 한다.

上六 大君有命 開國承家 小人勿用
상육 대군유명 개국승가 소인물용

＊전쟁이 끝난 상황에서 논공행상을 하게 된다.
적절히 보상하되 소인은 요직에서 배제해야 한다.

8. 비(比)

[순종] 따라야 할 자를 따르라

괘사

따르는 상황이니 길하다. 처음 점괘가 나온 대로 큰마음으로 영원히 바르게 하면 허물이 없다. 편치 않은 곳에서도 바야흐로 오게 되니, 나중에 오는 자는 흉하다.

효사

초육은 믿음을 갖고 따르면 허물이 없다. 믿음이 질그릇에 가득하면 결국 다른 길한 일이 생기리라.

육이는 속마음으로부터 따르는 상황이다. 바르게 하니 길하다.

육삼은 엉뚱한 사람을 따른다.

육사는 밖에서 따르는 상황이다. 바르게 하니 길하다.

구오는 따르는 도를 밝게 드러내는 상황이다. 왕답게 삼구법을 써서 앞의 짐승을 놓아주면 고을 사람이 경계하지 않아서 길하리라.

상육은 따르는 상황에서 머리를 무시하면 흉하리라.

수지비(水地比)

따르는 상황이니 길하다. 처음 점괘가 나온 대로 큰마음으로 영원히 바르게 하면 허물이 없다. 편치 않은 곳에서도 바야흐로 오게 되니, 나중에 오는 자는 흉하다.

比, 吉 原筮 元永貞 无咎 不寧方來 後夫凶
비, 길 원서 원영정 무구 불녕방래 후부흉

모든 음(--)효들이 유일한 양(－)인 '구오' 리더를 따르는 코드다. 비(比)괘는 현대 조직에서 리더(leader)와 팔로워(follower)가 각각의 상황에서 잘 이끌고 잘 따르는 지혜를 담고 있다. 리더는 리더십을 발휘하고, 구성원은 따라야 할 자를 믿고 따름으로써 전체가 효과적으로 목적을 달성하게 되는 것이다.

따르는 상황은 그 자체가 길하다. 그런 상황에서는 어떻게 처신해야 할까? '처음 점괘가 나온 대로 한다'는 것은 초심으로 하라는 뜻이다. 점(占)은 '선택'과 동의어로 볼 수 있다. 초심을 유지하면서 큰마음으로 영원히 바르게 하면 허물이 없게 된다. 구성원들의 입장에서는 훌륭한 리더를 믿고 따르는 것이 중요하다. 리더가 훌륭하면 멀리 편치 않은 곳에 있는 이도 따르게 된다. 그런 리더를 잘 따르지 않고 뒷북을 치면 흉한 일이 생긴다.

＊리더를 따르는 상황이다. 길하다.
구성원은 초심으로 끝까지 잘 따르고, 리더는 초심으로 끝까지 잘 이끌어라. 큰마음으로 바르게 따르고, 큰마음으로 바르게 이끌어라.
따르는 데 있어서 뒷북치면 흉하리라.

초육은 믿음을 갖고 따르면 허물이 없다. 믿음이 질그릇에 가득하면
결국 다른 길한 일이 생기리라.

初六 有孚比之 无咎 有孚盈缶 終來有它吉
초육 유부비지 무구 유부영부 종래유타길

＊믿음을 갖고 잘 따르면 아무 문제가 없으리라.
순수하게 리더를 믿는 마음이 충만하면 나중에 기대하지 않았던 좋은
결과가 있을 것이다.

육이는 속마음으로부터 따르는 상황이다. 바르게 하니 길하다.

六二 比之自內 貞吉
육이 비지자내 정길

＊속에서 우러나는 순수한 마음으로 잘 따르라.
부드럽게 리더를 따르니 좋은 일이 있으리라.
＊2효는 하괘의 중(中)이면서 음의 자리에 음이 왔으니 자리가 바르다.
또한 5효와 음양으로 정응하여 조화를 이룬다. 따라서 상황에 맞게 바
르게 그리고 조화롭게 따르니 길한 것이다.

육삼은 엉뚱한 사람을 따른다.

六三 比之匪人
육삼 비지비인

＊엉뚱한 사람을 따르고 있다.
그는 도움이 안 되는 자이거나 해로운 자다. 헛수고 하지 말라.
＊여기서 엉뚱한 사람은 짝인 상효(원로)를 말한다.
따라야 할 자는 원로가 아니라 리더인 5효이다.

육사는 밖에서 따르는 상황이다. 바르게 하니 길하다.

六四 外比之 貞吉
육사 외비지 정길

＊외곽에서 리더를 잘 보좌하라.
 인정을 못 받더라도 부드럽게 잘 도우면 길하리라.
＊4효의 본래 역할은 리더인 5효의 측근에서 5효를 보좌하는 일이다.
 그 역할을 바르게 잘 하면 길한 것이다.

구오는 따르는 도를 밝게 드러내는 상황이다. 왕답게 삼구법을 써서
앞의 짐승을 놓아주면 고을 사람이 경계하지 않아서 길하리라.

九五 顯比 王用三驅 失前禽 邑人不誡 吉
구오 현비 왕용삼구 실전금 읍인불계 길

＊리더로서 구성원을 잘 이끌어라.
 덕(德)으로 잘 이끌고 반대하는 자들은 놓아주면 길하리라.
＊삼구법이란 사냥을 할 때 3면만 막아서 열린 쪽으로 짐승들이 도망
갈 수 있도록 길을 터주는 것을 말한다. 반대하는 이에게 퇴로를 열어
주는 것을 은유적으로 표현한 것이다. 반대하는 자를 처벌하거나 억지
로 끌고 가려는 것은 리더로서 덕이 부족한 것이다.

상육은 따르는 상황에서 머리를 무시하면 흉하리라.

上六 比之无首 凶
상육 비지무수 흉

＊내가 잘 났다고 생각하여 리더를 무시하기 쉽다.
 그것은 흉한 일이며, 스스로 망하는 길이다.
＊상효가 리더인 5효보다 위에 있어서 나온 말이다.

9. 소축(小畜)

[앙금] 믿고 화합하라

괘사

조금 쌓인 형국이다. 밝게 통해야 한다. 구름만 빽빽하고 비가 오지 않는 것은 내가 서쪽 교외에 있는 것에서 비롯된 것이다.

효사

초구는 자기의 도로써 돌아오니 무슨 허물이 있겠는가! 길하다.

구이는 이끌고 돌아오면 길하리라.

구삼은 수레의 바큇살이 벗겨지니 남편과 부인이 서로 반목한다.

육사는 믿음을 갖고 피를 제거하면 근심에서 벗어나고 허물이 없으리라.

구오는 믿음을 갖고 하나로 이끌면 이웃과 함께 넉넉해진다.

상구는 이미 비가 오고 이미 자리를 잡았으니 고상한 덕을 실었다. 부인처럼 바르게 하고 위태롭게 여겨야 한다. 달이 거의 찼으니 군자가 무리하게 하면 흉하리라.

풍천소축(風天小畜)

조금 쌓인 형국이다. 밝게 통해야 한다. 구름만 빽빽하고 비가 오지 않는 것은 내가 서쪽 교외에 있는 것에서 비롯된 것이다.

小畜, 亨 密雲不雨 自我西郊
소축, 형 밀운불우 자아서교

상괘는 '빽빽한 구름'이고, 하괘는 하늘이다. 시원하게 비는 오지 않고 하늘 위에 구름만 빽빽하게 끼어 있는 것처럼 마음에 앙금이 쌓인 코드다. 소축(小畜)은 '조금 쌓인다'는 뜻인데, 사소한 오해나 앙금이 쌓이는 것을 뜻한다. 따라서 '소축'괘에는 쌓인 앙금을 해소하는 지혜가 드러나 있다. 코드를 보면 앙금이 쌓여 고통을 겪는 이는 유일한 음(--)인 '육사'이다. 그 원인 제공자는 바로 아래에 있는 '구삼'이다. 앙금을 풀어야 하는 주체는 리더인 '구오'다.

앙금이 쌓였을 때는 밝게 통해야 한다. 그리고 자기에게서 원인을 찾고, 스스로 해결해야 한다. 앙금이 쌓인 자도, 원인 제공자도, 해결하는 자도 모두 자신에게서 답을 찾아야 한다. 타인을 원망하면 답을 찾을 수 없다. '구름만 빽빽하고 비가 오지 않는 것'은 앙금이 해소되지 않은 상황을 은유적으로 표현한 것이다. '내가 서쪽 교외에 있는 것'은 내 마음이 가라앉아 있는 것이 원인이라는 은유이다.

＊앙금이 쌓여있는 형국이다.
밝은 마음으로 자신에게서 해답을 찾아야 한다.
앙금의 원인을 남의 탓으로 돌리면 해결의 실마리를 찾을 수 없다.

초구는 자기의 도로써 돌아오니 무슨 허물이 있겠는가! 길하다.

初九 復自道 何其咎 吉
초구 복자도 하기구 길

＊앙금이 생기기 시작했다.
스스로 회복하면 아무 문제가 없고, 좋은 일이 있을 것이다.
스스로 회복하려면 자신을 잘 챙겨야 한다.

구이는 이끌고 돌아오면 길하리라.

九二 牽復 吉
구이 견복 길

＊주위 사람에게 앙금이 생겼다.
내가 분위기를 쇄신하여 함께 회복하면 좋은 일이 있으리라.
＊2효는 하괘의 중(中)이기 때문에 상황에 맞게 처신하여 자신도 회복
하고 주변 사람들까지 함께 회복하게 한다.

구삼은 수레의 바퀏살이 벗겨지니 남편과 부인이 서로 반목한다.

九三 輿說輻 夫妻反目
구삼 여탈복 부처반목

＊누군가에게 앙금이 생기도록 원인 제공을 했다.
앞길이 막힌다. 반성하고 진심으로 사과하여 앙금을 풀어라.
＊4효에게 앙금이 쌓이게 한 주된 원인이 3효에게 있다.
군자는 모든 일의 원인을 자신에게서 찾지만, 소인은 잘못된 일의 원인
이 자신에게 있다는 생각을 하지 못한다. 주역을 읽으면 원인을 자신에
게서 찾는 능력을 점차 갖추게 된다.

육사는 믿음을 갖고 피를 제거하면 근심에서 벗어나고 허물이 없으리라.

六四 有孚 血去 惕出 无咎
육사 유부 혈거 척출 무구

＊자신에게 앙금이 쌓인 생황이다.
믿음을 갖고 스스로 앙금을 풀어라. 그러면 아무 문제가 없다.
남을 탓하면 자신만 고통스러우며, 세월이 흐르고 나면 아무 것도 아닌 일로 마음이 힘들었음을 알게 된다.

구오는 믿음을 갖고 하나로 이끌면 이웃과 함께 넉넉해진다.

九五 有孚 攣如 富以其鄰
구오 유부 연여 부이기린

＊리더로서 구성원의 앙금을 풀어줘야 한다.
믿음을 갖고 대범하게 한마음이 되게 하면 모두가 행복해진다.
그렇게 하려면 리더로서 덕을 갖춰야 한다.
＊5효가 중정(中正)이라서 나온 말이다.

상구는 이미 비가 오고 이미 자리를 잡았으니 고상한 덕을 실었다. 부인처럼 바르게 하고 위태롭게 여겨야 한다. 달이 거의 찼으니 군자가 무리하게 하면 흉하리라.

上九 旣雨旣處 尙德載 婦貞厲 月幾望 君子征凶
상구 기우기처 상덕재 부정려 월기망 군자정흉

＊앙금이 풀리는 상황이다.
고상한 덕으로 부드럽게, 끝까지 조심하라.
무리하게 해결하려 하면 흉하리라.

10. 이(履)

[이행] 조화롭게 실행하라

괘사

이행하는 상황이다. 호랑이 꼬리를 밟더라도 사람을 물지 않도록 해야 한다. 밝은 마음으로 하라.

효사

초구는 소박하게 이행하니, 가면 허물이 없다.

구이는 가는 길이 탄탄하니 유인(幽人)처럼 바르게 하면 길하리라.

육삼은 애꾸눈으로 볼 수 있고 절름발이로 걸을 수 있으나, 호랑이 꼬리를 밟으면 사람을 물어서 흉하다. 무인이 대군이 되려는 격이다.

구사는 호랑이 꼬리를 밟는 상황이니 놀라서 두려운 듯 조심하면 결국에는 길하다.

구오는 결단하여 과감하게 실행하니, 바르게 하되 위태롭게 여겨야 한다.

상구는 지나온 길을 보며 상서롭게 살피고, 돌이켜 큰마음으로 하면 길하리라.

천택리(天澤履)

이행하는 상황이다. 호랑이 꼬리를 밟더라도 사람을 물지 않도록 해야 한다. 밝은 마음으로 하라.

履虎尾 不咥人 亨
이 호 미 부 질 인 형

상괘는 하늘, 하괘는 연못이다. 하늘이 그 아래에 있는 연못을 통해 물을 공급하여 여러 생명을 살리듯 자신의 역할을 조화롭게 이행하는 코드다. 하괘는 기쁨을 상징하기도 하니, 하늘의 뜻에 응하면서 기쁜 마음으로 자신의 역할을 이행하는 코드로 볼 수도 있다. 이(履)는 이행한다는 뜻이다. '이'괘는 그냥 이행하는 것이 아니라 조화롭게 이행하는 것을 다루고 있다. 가정이나 조직에서도 각자가 처한 위상에 맞게 각자의 역할을 조화롭게 이행하는 것이 중요하다. '이'괘는 그 조화로운 이행의 지혜를 알려준다.

조화롭게 이행해야 하는 상황에서 어떻게 처신해야 할까? 과감하게 하는 것이 아니라 조심스럽게 해야 한다. '호랑이 꼬리를 밟더라도 사람을 물지 않을 정도로 하라'는 것은 매우 조심하라는 은유이다. 여기서 형(亨)은 '밝게 통하라'는 뜻도 되고, '조심하라'는 뜻도 된다. 밝은 마음이라야 조심할 수 있다. 호랑이 꼬리를 밟을 정도이니 매우 조심해야 하는 상황이다. 그 상황에서 호랑이에게 물리지 않을 정도로 밝은 마음으로 조화롭게 이행하라는 것이다.

＊조화롭게 이행하는 상황이다.
밝은 마음으로 매우 조심스럽게 처신해야 한다.

초구는 소박하게 이행하니, 가면 허물이 없다.

初九 素履 往 无咎
초구 소리 왕 무구

＊이행하기 시작하는 상황이다.
순수한 마음으로 소박하게 이행하면 아무 문제가 없다.

구이는 가는 길이 탄탄하니 유인(幽人)처럼 바르게 하면 길하리라.

九二 履道坦坦 幽人 貞吉
구이 이도탄탄 유인 정길

＊앞길이 탄탄대로다. 환하게 열려있다.
부드럽게 조심해서 나가야 한다. 그러면 좋은 일이 있으리라.
＊2효는 음의 자리인데 양이 와서 이런 효사가 나왔다. 일이 잘 풀리고
잘 나갈 때 조심해야 한다.

육삼은 애꾸눈으로 볼 수 있고 절름발이로 걸을 수 있으나, 호랑이 꼬리를 밟으면 사람을 물어서 흉하다. 무인이 대군이 되려는 격이다.

六三 眇能視 跛能履 履虎尾 咥人 凶 武人爲于大君
육삼 묘능시 파능리 이호미 질인 흉 무인위우대군

＊홍일점과 같이 특별히 돋보이는 상황이다.
이럴 때 조심하지 않으면 흉한 일이 생긴다. 과하게 욕심 내지 말라.
＊3효는 유일한 음이라서 자기가 잘 났다고 오인하기 쉽다. 그런데 3
효는 원래 양의 자리이기 때문에 자리가 바르지 않으므로 주의해야 한
다. '무인이 대군이 되려는 격'이라는 말이 그것을 은유적으로 표현한
것이다. 내가 잘 났다고 오인할 때 함부로 행동하여 문제가 생긴다. 일
이 매우 잘 풀릴 때 더욱 조심해야 한다.

구사는 호랑이 꼬리를 밟는 상황이니 놀라서 두려운 듯 조심하면 결국에는 길하다.

九四 履虎尾 愬愬 終吉
구사 이호미 색색 종길

＊상층부에 진입하여 인정받기 시작한다.
조심조심 조화롭게 하면 결국 좋은 일이 있으리라.
＊4효는 음의 자리인데 양이 와서 이런 효사가 나왔다. 4효는 5효를 부드럽게 보좌해야 하는데 자기가 잘 난 것으로 착각하는 경우다.

구오는 결단하여 과감하게 실행하니, 바르게 하되 위태롭게 여겨야 한다.

九五 夬履 貞厲
구오 쾌리 정려

＊리더로서 과감하게 이행하라.
그러면서도 조심스럽고 조화롭게 해야 한다.
＊5효는 양의 자리이기 때문에 '바르게 한다'는 것은 굳세게 하는 것을 말한다. 하지만 그러면서도 위태롭게 여겨 조심해야 하는 상황이다.

상구는 지나온 길을 보며 상서롭게 살피고, 돌이켜 큰마음으로 하면 길하리라.

上九 視履考祥 其旋 元吉
상구 시리고상 기선 원길

＊지나온 과거를 돌아보면 흐뭇한 마음이 든다.
과거의 성과에 연연하지 말고 돌이켜서 큰마음으로 새 길을 나서야 한다. 그러면 길하리라.

11. 태(泰)

[치세] 포용하고 소통하라

괘사

태평한 상황이다. 작은 것이 가고 큰 것이 오니 길하다. 밝게 통하라.

효사

초구는 서로 엉겨있는 띠 뿌리를 뽑듯, 그 무리와 함께 (힘차게) 나아가면 길하리라.

구이는 거친 것을 포용하고, 강물을 맨발로 건너며, 멀리 있는 것을 빠뜨리지 않고, 붕당을 없애면 중(中)을 행하는 고상함을 얻을 것이다.

구삼은 기울지 않고 평탄하기만 한 길은 없고, 돌아오지 않고 가기만 하는 것은 없으니, 어렵게 여겨 바르게 하면 허물이 없다. 근심하지 말고 먹는 데 믿음을 가지면 복이 있으리라.

육사는 푸덕푸덕 날개 짓해도 이웃과 함께 부유해지지 않으니, 경계하지 말고 믿음을 가져라.

육오는 제을이 여동생을 시집보내듯 하면 복을 받게 되니, 큰마음으로 하면 길하리라.

상육은 성(城)이 구덩이로 되돌아가니, 군사를 쓰지 말고 자기 고을에 명(命)을 물어 보아야 한다. 바르게 해도 막힌다.

지천태(地天泰)

태평한 상황이다. 작은 것이 가고 큰 것이 오니 길하다. 밝게 통하라.

泰, 小往大來 吉 亨
태, 소왕대래 길 형

위에 있던 하늘이 아래로 내려오고 아래에 있던 땅이 위로 올라가서 서로 교감하는 상이다. 그래서 태평한 세상이 열리는 코드다. 태(泰)는 '태평성대', '치세(治世)'를 뜻한다. '태'괘는 잘 다스려지는 시대에 처신하는 지혜를 알려주고 있다.

치세의 상황에서는 소외되기 쉬운 부류를 포용하고, 소통을 원활하게 해야 한다. 한국의 경우 세종대왕 시절이 '태'괘에 딱 맞은 시대였다. 세종은 소외되기 쉬운 서자들, 신하들, 노인들을 포용하였으며, 그들과 원활하게 소통하였다. 태평한 상황에서는 소인들이 물러나고 대인들이 역할을 하게 된다. '작은 것이 가고 큰 것이 온다'는 것은 그런 뜻이다. 그러면 당연히 길한 일이다. 태평성대에 리더와 구성원이 해야 할 일은 단 한 가지다. '형(亨)', 밝게 통해야 한다.

＊좋은 세상이 온다. 길하다.
밝은 마음으로 포용하고 소통하라.
＊군자가 리더가 되면 태평성대가 되고, 소인이 리더가 되면 난세가 된다. 현대에는 난세가 계속되고 있지만 개별 조직과 가정은 잘 다스려지는 치세가 될 수도 있다. 조직의 경영자로서, 가정의 부모로서 덕을 갖추면 그렇게 된다. 세상 탓하지 말고 자신과 가정과 조직을 챙길 때다.

초구는 서로 엉겨있는 띠 뿌리를 뽑듯, 그 무리와 함께 (힘차게) 나아가면 길하리라.

初九 拔茅茹 以其彙 征吉
초구 발모여 이기휘 정길

＊치세의 시작이다. 하나 되어 힘차게 나아가라.
그러면 좋은 일이 있으리라.

구이는 거친 것을 포용하고, 강물을 맨발로 건너며, 멀리 있는 것을 빠뜨리지 않고, 붕당을 없애면 중(中)을 행하는 고상함을 얻을 것이다.

九二 包荒 用馮河 不遐遺 朋亡 得尙于中行
구이 포황 용빙하 불하유 붕망 득상우중행

＊치세의 리더로서 소외계층, 반대파, 소인들을 포용하라.
자기편만 챙기지 말고 상황에 맞게 처신하면 고상한 결과가 있으리라.
＊고상한 결과란 구성원 모두가 자기 역할을 잘 하면서 모두가 행복한 상태를 말한다. 『대학』에서 그런 상태를 '지선(至善)'이라 한다.

구삼은 기울지 않고 평탄하기만 한 길은 없고, 돌아오지 않고 가기만 하는 것은 없으니, 어렵게 여겨 바르게 하면 허물이 없다. 근심하지 말고 먹는 데 믿음을 가지면 복이 있으리라.

九三 无平不陂 无往不復 艱貞 无咎 勿恤 其孚 于食 有福
구삼 무평불피 무왕불복 간정 무구 물휼 기부 우식 유복

＊치세가 끝나고 있다. 어렵게 여겨 바르게 하면 문제가 없다.
먹고 살면 된다는 믿음으로 상황을 수용하면 복을 받게 되리라.

육사는 푸덕푸덕 날개 짓해도 이웃과 함께 부유해지지 않으니, 경계하지 말고 믿음을 가져라.

六四 翩翩 不富以其鄰 不戒以孚
육사 편편 불부이기린 불계이부

＊새로운 세력에게 밀려 물러나는 소인의 입장이다.
버티려고 애써도 소용없으니 믿음을 갖고 상황을 받아들여라.

육오는 제을이 여동생을 시집보내듯 하면 복을 받게 되니, 큰마음으로 하면 길하리라.

六五 帝乙歸妹 以祉 元吉
육오 제을귀매 이지 원길

＊과거 잘 나가던 시절은 잊고 새로운 시대적 환경에 적응하라.
그러면 복을 받게 되리라.
겸손하게 큰마음으로 대응하면 좋은 일이 있으리라.

상육은 성(城)이 구덩이로 되돌아가니, 군사를 쓰지 말고 자기 고을에 명(命)을 물어 보아야 한다. 바르게 해도 막힌다.

上六 城復于隍 勿用師 自邑告命 貞吝
상육 성복우황 물용사 자읍고명 정인

＊그동안의 모든 성과가 수포로 돌아간다.
남을 탓하지 말고 자신에게서 답을 찾아라. 바로 잡아도 막힌다.
＊그러면 이 상황에서 어떻게 해야 하는가? 자신을 돌아보고, 상황을 받아들이고, 소인의 삶에서 벗어나야 한다. 그런데 소인이 개과천선하기란 쉬운 일이 아니다. 이치공부와 마음공부를 정말 열심히 해야 한다. 그것이 살 길이다.

12. 비(否)

[난세] 위기가 기회다

괘사

막히는 상황이라 사람답게 살지 못한다. 군자가 바로잡으려 하면
이롭지 않다. 큰 것이 가고 작은 것이 온다.

효사

초육은 서로 엉겨있는 띠 뿌리를 뽑듯 그 무리와 함께 하되, 바르
　　　게 하면 길하다. 밝게 통하라.

육이는 포용하고 이어받아야 하니, 소인처럼 하면 길하고 대인처럼
　　　하면 막힌다. 밝게 통하라.

육삼은 부끄러움을 안고 있다.

구사는 명(命)이 있으면 허물이 없으리라. 무리의 복이 걸려있다.

구오는 막히는 것을 다행으로 여긴다. 대인다워야 길하다. "이러다
　　　망하지, 이러다 망하지." 하면서 무성한 뽕나무 밑동에 매
　　　어둔다.

상구는 막히는 상황이 기울어지니, 처음에는 막히고 나중에는 기뻐
　　　한다.

천지비(天地否)

막히는 상황이라 사람답게 살지 못한다. 군자가 바로잡으려 하면 이롭지 않다. 큰 것이 가고 작은 것이 온다.

否之匪人 不利君子貞 大往小來
비지비인 불리군자정 대왕소래

하늘이 위에, 땅이 아래에 있으면서 소통이 안 된다. 하괘의 '곤'은 새로운 세력으로 등장한 소인 그룹이며, 상괘의 '건'은 난세(亂世)를 맞아 물러나는 군자 그룹을 상징하는 코드다. 치세와 난세는 사계절이 순환하듯 반복된다. 비(否)는 '막힘'을 뜻한다. 소통이 막힌 세상, 사람다움이 사라진 세상, 바로 지금 같은 세상이 난세다.

난세에는 사람이 사람대접을 못 받게 되어 사람답게 살지 못한다. 이 때 중요한 것은 치세와 난세의 순환을 이해하고 수용하는 것이다. 겨울이 오더라도 잘 준비하고 극복하면 더 찬란한 봄을 맞이할 수 있는 것처럼 난세도 그 대처하는 자세에 따라 오히려 기회가 될 수도 있다. 난세에 군자는 바로잡으려 하다가 희생당할 수도 있다. 큰 것이 가고 작은 것이 오는 상황이기 때문이다. 큰 것은 군자의 세상이고, 작은 것은 소인의 세상을 말한다. 따라서 '군자가 바로잡으려 하면 이롭지 않다'고 했다. 언젠가는 다시 기쁜 날이 올 것이기 때문에 준비하며 때를 기다려야 한다.

* 난세가 오는 것을 인정하고 받아들여라.
세상을 바로잡으려 하지 말고 다가 올 새 시대를 준비하라.
군자는 난세가 오면 자기를 수양한다. 준비하며 때를 기다린다.

초육은 서로 엉겨있는 띠 뿌리를 뽑듯 그 무리와 함께 하되, 바르게 하면 길하다. 밝게 통하라.

初六 拔茅茹 以其彙 貞吉 亨
초육 발모여 이기휘 정길 형

＊난세가 시작된다. 뜻을 하나로 모아 난세에 대비하라.
굳세게 단합하면 길하리라. 밝은 마음으로 소통하라.
＊초효가 '바르게' 하는 것은 굳세게 하는 것이다.

육이는 포용하고 이어받아야 하니, 소인처럼 하면 길하고 대인처럼 하면 막힌다. 밝게 통하라.

六二 包承 小人吉 大人否 亨
육이 포승 소인길 대인비 형

＊대인의 방식을 포용하고 이어받아야 한다.
스스로 소인임을 인정하고 대인의 방식을 수용하면 길하지만, 자기를 대인으로 착각하여 대인의 방식을 거부하면 막힌다.
밝은 마음으로 소통하라.
＊2효는 난세에 새로 권력을 얻은 소인의 중심이다. 하괘의 중(中)이며, 음의 자리에 음이 와서 자리가 바르다. 따라서 상황에 맞게 바르게 처신하는 경우를 위와 같이 표현한 것이다.

육삼은 부끄러움을 안고 있다.

六三 包羞
육삼 포수

＊난세가 극에 이르러 혼란이 야기된다.
소인은 부끄러움을 무릅쓰고 과오를 인정해야 한다.

구사는 명이 있으면 허물이 없으리라. 무리의 복이 걸려있다.

九四 有命无咎 疇離祉
구사 유명무구 주리지

＊난세가 되었다. 난세의 군자는 새 시대를 준비해야 한다.
구성원들의 복이 당신에게 달려있다.

구오는 막히는 것을 다행으로 여긴다. 대인다워야 길하다. "이러다 망
하지, 이러다 망하지." 하면서 무성한 뽕나무 밑동에 매어둔다.

九五 休否 大人 吉 其亡其亡 繫于苞桑
구오 휴비 대인 길 기망기망 계우포상

＊군자는 난세가 온 것을 오히려 다행으로 여긴다.
대인답게 어려움을 잘 극복하고 나면 오히려 길하리라.
조심조심, 미리미리, 철저하게 대비하여 난세를 잘 극복하라.
＊5효가 중정(中正)이라서 이런 효사가 나왔다.

상구는 막히는 상황이 기울어지니, 처음에는 막히고 나중에는 기뻐한다.

上九 傾否 先否後喜
상구 경비 선비후희

＊난세가 곧 끝난다.
기뻐할 일이 생길 것이니 조금만 더 인내하며 준비하라.
＊치세와 난세는 고정되어 있지 않고 계속 변한다. 음양이 고정되어 있
지 않고 계속 변하는 것과 같다. 이를 '일치일란(一治一亂)'이라 한다.
치세에는 난세가 올 것을 알고 대비해야 하며, 난세에는 치세가 올 것
을 알고 준비해야 한다.

13. 동인(同人)

[대동] 한마음으로 이루어라

괘사

하나 되는 상황이다. 들에서 하나가 되어야 한다. 밝게 통하라. 큰 내를 건너는 것이 이롭다. 군자답게 바르게 하는 것이 이롭다.

효사

초구는 문에서 하나 되니 허물이 없다.

육이는 종친과 하나가 되면 막힌다.

구삼은 군사를 풀숲에 매복시키고 높은 언덕에 오르더라도 3년 동안 일으키지 못한다.

구사는 담에 오르더라도 공격을 할 수 없으니 길하리라.

구오는 하나가 되어야 하는 상황에서, 먼저 호통 치며 울부짖고 나중에는 웃는다. 큰 군사를 이기고 서로 만난다.

상구는 교외에서 하나가 되면 후회가 없으리라.

천화동인(天火同人)

하나 되는 상황이다. 들에서 하나가 되어야 한다. 밝게
통하라. 큰 내를 건너는 것이 이롭다. 군자답게 바르게
하는 것이 이롭다.

同人于野 亨 利涉大川 利君子貞
동인우야 형 이섭대천 이군자정

상괘는 하늘, 하괘는 밝은 해를 상징한다. 하늘 아래 밝은 해가 비
치니 온 세상이 환하고 밝은 대동(大同)의 세상이 된 코드다. 동인
(同人)은 '사람이 누구나 같다'는 뜻이다. 사람이 누구나 똑 같이 소
중함을 알면 모두가 하나 되는 대동(大同) 세상이 된다. 유학이 이상
으로 삼는 세상이 바로 그것이다. 대동사회는 모두가 한마음이 되어
자신의 역할을 충실히 하면서 모두가 행복한 세상을 말한다.

모두가 하나 되는 상황에서는 끼리끼리 어울리면 안 된다. 그래서
'들에서 하나가 되어야 한다'고 했다. 그리고 사심 없이 밝게 통해야
한다. 모두가 하나 되는 대동사회로 가는 길은 쉬운 일이 아니다. 그
과정에 회의를 품고 하나 되는 일에 장애가 되는 부류도 있기 때문이
다. 그래서 큰 내를 건너듯 함께 난관을 극복해야 한다. 그 과정에서
군자답게 바르게 하면 비로소 하나 될 수 있다.

＊하나 되는 상황이다.
끼리끼리 어울리지 말고 모두와 하나가 되라.
밝은 마음으로 소통하라. 하나 되는 상황에서 난관이 있을 것이니 잘
극복하고, 굳세게 동인의 장애물을 제거하라.

초구는 문에서 하나 되니 허물이 없다.

初九 同人于門 无咎
초구 동인우문 무구

＊하나 되는 시작 상황이다.
마음의 문을 열고 한마음이 되면 아무 문제가 없다.

육이는 종친과 하나가 되면 막힌다.

六二 同人于宗 吝
육이 동인우종 인

＊하나 되는 상황에서 중요한 일역을 담당한다.
끼리끼리 어울리면 막히게 되며, 하나가 될 수 없다.
＊2효는 하괘의 중(中)으로서, 음의 자리에 음이 와서 자리가 바르다.
또한 5효와 음양으로 조화를 이룬다. 그래서 이런 효사가 나왔다.

구삼은 군사를 풀숲에 매복시키고 높은 언덕에 오르더라도 3년 동안
일으키지 못한다.

九三 伏戎于莽 升其高陵 三歲不興
구삼 복융우망 승기고릉 삼세불흥

＊하나 되는 상황에서 사사로운 뜻을 가지면 끝내 이룰 수 없다.
하나 되는 일이 내키지 않더라도 함께 동참해야 한다.
＊3효는 하나 되는 상황에서 동인의 훼방꾼이며 장애물이다. 사심을 갖
고 자기만의 잇속을 차리려고 하면 5효의 공격을 받게 되어 오랫동안
고난에서 벗어나기 어렵게 된다. '3년 동안 일으키지 못한다'는 말을
그것을 은유적으로 표현한 것이다. 3년은 아주 오랜 시간을 뜻한다.

구사는 담에 오르더라도 공격을 할 수 없으니 길하리라.

九四 乘其墉 弗克攻 吉
구사 승기용 불극공 길

＊하나 되는 상황이 내키지 않지만 내 뜻대로 안 된다.
하나 되는 일에 적극 협력하면 좋은 일이 생기리라.
＊4효는 음의 자리에 양이 왔다. 따라서 부드러운 음의 특성을 회복하
여 5효를 보좌함으로써 동인의 대열에 합류해야 한다. 그러면 길하다.

구오는 하나가 되어야 하는 상황에서, 먼저 호통 치며 울부짖고 나
중에는 웃는다. 큰 군사를 이기고 서로 만난다.

九五 同人 先號咷而後笑 大師克 相遇
구오 동인 선호도이후소 대사극 상우

＊하나 되는 상황의 장애요소를 과감하게 제거해야 한다.
전체가 하나 되어 크게 기쁜 일이 생기고 좋은 사람을 만나게 된다.
＊5효는 상괘의 중(中)으로서, 양의 자리에 양이 와서 자리가 바르다.
중정(中正), 즉 상황에 맞게 바르게 처신하는 리더이다. 5효는 또한 2
효와 음양으로 조화를 이룬다. 그래서 2효의 도움을 받아 하나 되는
일을 굳건하게 이뤄내게 된다. 그래서 이런 효사가 나왔다.

상구는 교외에서 하나가 되면 후회가 없으리라.

上九 同人于郊 无悔
상구 동인우교 무회

＊하나 되는 상황에서 내키지 않지만 별 수 없다.
멀리서 마음으로나마 하나 되는 일에 동참하면 후회가 없으리라.

14. 대유(大有)

[대부(大富)] 그릇을 키워라

괘사

크게 소유하는 상황이다. 큰마음으로 밝게 통해야 한다.

효사

초구는 해로운 자와 사귀지 않으면 허물이 되지 않는다. 어렵게 여기면 허물이 없다.

구이는 큰 수레에 싣고, 가는 바가 있으면 허물이 없다.

구삼은 왕공이 천자처럼 잔치를 베풀면, 소인은 감당할 수 없다.

구사는 옆으로 빠지지 않으면 허물이 없으리라.

육오는 그 믿음으로 사귀고 위엄이 있으면 길하리라.

상구는 하늘이 도와서 길하고 이롭지 않음이 없다.

화천대유(火天大有)

크게 소유하는 상황이다. 큰마음으로 밝게 통해야 한다.

大有, 元亨
대유, 원형

하괘는 하늘이며, 상괘는 여기서 부(富)의 코드다. 부유함이 하늘보다 높아서 대부(大富)의 코드가 된다. 대유(大有)는 '크게 소유한다'는 뜻인데, 재물만 많다고 되는 것이 아니라 덕을 바탕으로 한 선한 부자를 말한다. 예전에는 넓은 국토를 소유한 성군, 현대에는 존경받는 부자가 이에 해당한다. 요순임금, 광개토대왕, 경주 최부자와 같은 분이 여기에 해당한다.

크게 소유하는 상황에서 가져야 할 원칙은 두 가지다. 큰마음을 갖는 것, 그리고 밝게 통하는 것이다. 맹자는 "인(仁)하지 않으면서 나라를 소유하는 이는 있어도, '인'하지 않으면서 천하를 소유하는 이는 있지 않다."라고 했다. '인'한 마음이 곧 크고 밝은 마음이다. 현대에 천하를 소유하는 것은 글로벌 대기업 오너와 대국의 지도자이다. 현재 국내외 글로벌 대기업 오너들과 대국의 지도자들은 '인'한 오너, '인'한 리더가 거의 없다. 맹자 말씀에 따르면 그들은 오래 자리를 유지하기 힘들다. 그들이 봐야 할 것이 주역의 '대유'괘다.

* 큰 부자가 된다. 큰마음으로 밝게 통하라.
* 사실 우리는 이미 하늘과 땅을 다 갖춘 큰 부자다. 사람의 정신과 육체는 이미 모든 것을 갖추고 있다. 욕심 때문에 모르고 있을 뿐이다. 맹자는 이렇게 말했다. "만물이 다 나에게 갖춰져 있다."

초구는 해로운 자와 사귀지 않으면 허물이 되지 않는다. 어렵게 여기면 허물이 없다.

初九 无交害 匪咎 艱則无咎
초구 무교해 비구 간즉무구

* 부자가 되는 시작 상황이다.
해로운 자와 사귀기 쉬우니 주의하라. 그러면 문제될 것이 없다.
지금이 어려운 상황임을 알면 아무 문제가 없다.
* 여기서 해로운 자는 초구의 짝이면서 음의 자리에 양이 온 4효다.

구이는 큰 수레에 싣고, 가는 바가 있으면 허물이 없다.

九二 大車以載 有攸往 无咎
구이 대거이재 유유왕 무구

* 부자가 되기 위해 큰 그릇을 가져야 한다.
큰마음으로 실천하면 아무 문제가 없으리라.
마음 그릇이 작으면 운이 좋아서 부자가 되더라도 그 부를 지속적으로 유지할 수 없다.

구삼은 왕공이 천자처럼 잔치를 베풀면, 소인은 감당할 수 없다.

九三 公用亨于天子 小人弗克
구삼 공용향우천자 소인불극

* 이미 부자가 된 것으로 착각하여 사치하지 말라.
그것은 곧 망하는 지름길이다.
* 천자는 천하의 리더이고, 왕공은 제후국의 리더이다. '왕공이 천자처럼 잔치를 베푼다'는 말은 자신의 본분을 크게 벗어날 정도로 사치스러운 것을 은유적으로 표현한 말이다.

구사는 옆으로 빠지지 않으면 허물이 없으리라.

九四 匪其彭 无咎
구사 비기방 무구

*이미 부자가 되었다는 생각에 한 눈 팔기 쉽다.
좌고우면 하지 말고 한 가지에 집중하면 아무 문제가 없다.
*4효는 음의 자리에 양이 와서 자리가 바르지 않다. 그래서 부유해진
상황에서 한 눈 팔면 다 잃게 된다는 것을 경계한 말이다.

육오는 그 믿음으로 사귀고 위엄이 있으면 길하리라.

六五 厥孚交如 威如 吉
육오 궐부교여 위여 길

*가정이나 조직의 리더로서 구성원을 믿음으로 대하라.
믿음과 위엄을 겸비하면 좋은 일이 생기리라.
*위엄은 굳센 양의 특성이다. 리더로서 굳센 양의 특성을 겸비하면서
믿음으로, 큰마음으로 구성원과 교유하면 길하게 된다.

상구는 하늘이 도와서 길하고 이롭지 않음이 없다.

上九 自天祐之 吉无不利
상구 자천우지 길무불리

*선한 부자로서 원로가 되니, 하는 일마다 하늘이 도우리라.
좋은 일이 생기고 모두에게 이로우리라.
*상효는 원래 음의 자리이기 때문에 양이 오면 좋지 않다. 그러나 선
한 부자로 살아온 사람이 원로가 되어서도 굳세게 그 뜻을 행하면 하
늘이 돕게 되기 때문에 이와 같이 좋은 효사가 나온 것이다.

15. 겸(謙)

[겸양] 바다처럼 낮춰라

괘사

겸손해야 하는 상황이다. 밝게 통하면 군자가 끝맺음이 있다.

효사

초육은 겸손하고 겸손한 군자이니, 큰 내를 건너려고 용을 쓰면 길
　　하리라.

육이는 울림이 있는 겸손이다. 바르게 하니 길하리라.

구삼은 수고하고도 겸손하니, 군자가 끝마침이 있어서 길하리라.

육사는 이롭지 않음이 없으니, 두루 겸손하라.

육오는 이웃과 함께 부유해지지 않는다. 쳐들어가 정벌하는 데 힘
　　쓰면 이로우며, 이롭지 않음이 없다.

상육은 울려서 겸손하니, 군사를 동원하여 읍국을 정벌하는 것이
　　이롭다.

* 울림의 코드에 대한 80~81쪽의 설명을 참고하기 바란다.

지산겸(地山謙)

 겸손해야 하는 상황이다. 밝게 통하면 군자가 끝맺음이 있다.

謙, 亨 君子有終
겸 , 형 군자유종

상괘는 땅, 하괘는 산이다. 산은 땅 위에 솟아있는 것이 정상인데, 산이 땅보다 낮은 상황이다. 높은 산이 자신을 땅보다 낮추어 겸양의 코드가 되었다. 겸(謙)은 '겸손', '겸양'을 뜻한다. 노자는 "바다가 모든 계곡의 왕이 된 것은 자신을 잘 낮추기 때문이다." 라고 했다. 비굴하지 않으면서 겸양한 이는 그로 인해 오히려 빛나게 된다. 자기를 낮추지 못하는 자는 이루는 것이 있더라도 그 명예가 오래가지 못한다. 자신을 훌륭하게 낮추려면 '겸'괘를 공부하면 된다.

'겸'괘는 겸손해야 하는 상황에서 겸양의 도를 알려주고 있다. 겸양해야 하는 상황에서는 밝게 통해야 한다. 겸양해야 하는 상황에서 그렇게 하지 못하는 것은 자존심 때문이며, 자존심은 욕심으로 인해 생기는 것이다. 밝은 마음으로 겸양을 실천하면 인생에 유종의 미를 거둘 수 있다. 그래서 '군자가 끝맺음이 있다'고 했다. '끝맺음'을 뜻하는 종(終)은 자신의 역할을 성공적으로 마무리한다는 뜻이다.

＊겸손해야 하는 상황이다.
밝은 마음으로 자기를 낮추면 인생이 크게 성공하리라.
＊퇴계 선생이 병환이 깊어 제자들이 괘를 뽑았을 때 '겸'괘가 나왔다. 그 때 유종(有終)이라는 괘사는 돌아가시게 된다는 뜻으로 해석된다.

초육은 겸손하고 겸손한 군자이니, 큰 내를 건너려고 용을 쓰면 길 하리라.

初六 謙謙 君子 用涉大川 吉
초육 겸겸 군자 용섭대천 길

＊너무 겸손하다. 세상에 큰일을 하기 위해 나아가라.
난관이 있지만 힘써 극복하면 좋은 일이 생길 것이다.

육이는 울림이 있는 겸손이다. 바르게 하니 길하리라.

六二 鳴謙 貞吉
육이 명겸 정길

＊마음속에서 우러나게 겸손해야 한다.
유연하게 처신하니 좋은 일이 있으리라.
＊2효는 울림을 주는, 즉 감동을 주는 겸손이다. 바로 위 3, 4, 5효로 구성된 외호괘가 울림의 코드인 진(☳)이기 때문이다.(80~81쪽 해설 참조) 또한 2효는 하괘의 중(中)이면서 음의 자리에 음이 와서 상황에 맞게 바르게 처시하는 경우다.

구삼은 수고하고도 겸손하니, 군자가 끝마침이 있어서 길하리라.

九三 勞謙 君子有終 吉
구삼 노겸 군자유종 길

＊남에게 도움이 되는 일을 하고도 내세우지 말고 겸손해야 한다.
하는 일이 잘 마무리 될 것이며, 좋은 일이 있으리라.
＊3효는 유일한 양효로서, 덕망과 실력이 높은데도 겸손하게 아래에 머물고 있으니 그런 좋은 효사가 나온 것이다. 퇴계 선생이 이에 해당되어 '노겸군자'라는 별칭을 얻었다.

육사는 이롭지 않음이 없으니, 두루 겸손하라.

六四 无不利 撝謙
육사 무불리 휘겸

＊윗사람, 아랫사람, 모두에게 겸손하라.
자신과 주위 사람들 모두에게 좋은 일이다.
＊5효보다 아래에 있어서 윗사람에게 겸손하고, 3효는 양인데 자신은
음이기 때문에 3효에게도 겸손하여 이런 효사가 나왔다.

육오는 이웃과 함께 부유해지지 않는다. 쳐들어가 정벌하는 데 힘쓰
면 이로우며, 이롭지 않음이 없다.

六五 不富以其鄰 利用侵伐 无不利
육오 불부이기린 이용침벌 무불리

＊나만(우리 편만) 잘 되면 된다는 생각을 버려라.
무례한 측근을 감싸지 말고 야단을 쳐야 한다.
그러면 자신과 주위 사람들 모두에게 좋은 일이 있으리라.

상육은 울려서 겸손하니, 군사를 동원하여 읍국을 정벌하는 것이 이
롭다.

上六 鳴謙 利用行師 征邑國
상육 명겸 이용행사 정읍국

＊마지못해 겸손하면 안 되고 속마음으로 겸손해야 한다.
자신을 철저히 성찰하고 과오를 바로잡아야 한다.
＊상효는 울림을 받아서, 마지못해 겸손한 척 하는 경우다. 바로 아래
3, 4, 5효로 구성된 외호괘가 울림의 코드인 진(☳)이고, 상효는 그
끝에 있기 때문이다. 읍국은 자기 자신을 은유적으로 표현한 말이다.

16. 예(豫)

[고무] 신명나면 못 할 것이 없다

괘사

기뻐하는 상황이다. 제후를 세우고 군사행진을 하는 것이 이롭다.

효사

초육은 울려서 기뻐하니 흉하다.

육이는 돌에 끼여 종일 있지 않는다. 바르게 하니 길하리라.

육삼은 쳐다보며 기뻐하면 후회하게 되고, 늦어도 후회하게 된다.

구사는 기쁨이 그에게서 비롯되니, 큰마음으로 하면 얻음이 있다.
　　　의심치 않아도 벗이 비녀를 꽂은 것처럼 합하리라.

육오는 바르게 해야 함을 병통으로 여긴다. 한결같이 하면 죽지 않
　　　으리라.

상육은 기쁨에 눈이 먼 상황이다. 이루고 나서 태도를 바꾸면 허물
　　　이 없다.

* 울림의 코드에 대한 80~81쪽의 설명을 참고하기 바란다.

뇌지예(雷地豫)

기뻐하는 상황이다. 제후를 세우고 군사행진을 하는 것이 이롭다.

豫, 利建侯 行師
예, 이 건 후 행 사

상괘인 '진'은 울림을 주는 상이고, 하괘의 '곤'은 군중의 상이다. 상층부(특히 4효)가 울림을 줌으로써 하층부의 군중이 고무(鼓舞)되어 신명이 나는 코드다. 예(豫)는 '기뻐하다', '기쁘게 하다'의 뜻이다. '예'괘의 상황은 리더가 구성원을 고무하고, 구성원은 그에 따라서 신명이 나는 형국이다. 그렇게 하려면 덕이 있는 리더를 앞세워야 하고, 리더는 신명나는 분위기를 만들어야 한다. 덕이 있는 리더는 구성원을 공경하고 경청하며 칭찬한다. 그러면 구성원들은 신이 나서 자기 역할에 충실하며 행복하게 되는 것이다.

리더가 구성원들을 신명이 나게 고무하는 것을 다른 말로 '동기부여(motivation)'라고 한다. 동기부여는 리더 스스로 할 수도 있지만, 동기부여 할 사람을 앞에 내세워 그가 구성원들을 동기부여 할 수 있도록 역할을 맡기는 것이 더 좋다. '제후를 세우고 군사행진을 한다'는 것은 그런 뜻이다.

＊구성원들을 신명나게 동기부여 해야 하는 상황이다.
누군가를 내세워 즐거운 분위기를 만들게 하고 함께 즐겨라.
＊옛말에 "신명 나면 못 할 것이 없다."고 했다. 일이 잘 되지 않는다는 것은 신명이 나지 않는다는 뜻이다.

초육은 울려서 기뻐하니 흉하다.

初六 鳴豫 凶
초육 명예 흉

＊마지못해 기뻐하니 흉하다.
즐거운 분위기에 동화되어 함께 즐겨라.
＊초효는 울림을 받아서, 마지못해 기뻐하는 척 하는 경우다. 바로 위
2, 3, 4효로 구성된 내호괘가 울림의 코드인 진(☳)을 뒤집어 놓은 것
이고, 초효는 그 끝에 있기 때문이다.(80~81쪽 해설 참조)

육이는 돌에 끼여 종일 있지 않는다. 바르게 하니 길하리라.

六二 介于石 不終日 貞吉
육이 개우석 부종일 정길

＊동기부여 하는 자가 내 마음에 들지 않는다.
얼른 기분을 풀고 즐거운 분위기에 유연하게 동참하면 길하리라.
＊2효의 짝은 5효인데, 4효가 나서서 설치니 2효는 마음에 들지 않는
다. 하지만 군자는 그런 마음을 오랫동안 지속하지 않는다. 2효는 음의
자리다. 따라서 바르게 한다는 것은 부드럽게 한다는 뜻이다.

육삼은 쳐다보며 기뻐하면 후회하게 되고, 늦어도 후회하게 된다.

六三 盱豫悔 遲有悔
육삼 우예회 지유회

＊동기부여 하는 자의 눈치를 보며 마지못해 기뻐하고 있다.
즐거운 분위기에 얼른 동참하지 않으면 후회하게 되리라.
＊3효는 중(中)도 아니고, 양의 자리에 음이 와서 자리가 바르지도 않
다. 그래서 이런 좋지 않은 효사가 나왔다.

구사는 기쁨이 그에게서 비롯되니, 큰마음으로 하면 얻음이 있다. 의심치 않아도 벗이 비녀를 꽂은 것처럼 합하리라.

九四 由豫 大有得 勿疑 朋盍簪
구사 유예 대유득 물의 봉합잠

＊동기부여 하는 주체로서의 역할을 맡아야 한다.
큰마음으로 다 포용하면 모두가 즐거운 분위기에 동참할 것이다.
＊전체가 부드러운 음인데 4효만 굳센 양이다. 4효가 비녀라면 나머지는 비녀를 감싸고 있는 머리카락에 해당한다. 머리카락이 비녀를 중심으로 뭉치는 것처럼 음효들이 4효를 중심으로 뭉친다는 은유다.

육오는 바르게 해야 함을 병통으로 여긴다. 한결같이 하면 죽지 않으리라.

六五 貞疾 恒不死
육오 정질 항불사

＊유약한 리더다. 굳세게 하고자 노력하라.
변치 않는 마음으로 구성원의 행복을 도우면 존경받게 되리라.

상육은 기쁨에 눈이 먼 상황이다. 이루고 나서 태도를 바꾸면 허물이 없다.

上六 冥豫 成有渝 无咎
상육 명예 성유투 무구

＊기쁨에 계속 빠져있을 때가 아니다.
이미 성취하였으니 다음 단계를 준비하면 아무 문제가 없다.
＊상효는 원로로서 자신의 인생을 마무리하는 중대사를 처리해야 하기 때문에 과거의 성취에 안주해서는 안 된다.

17. 수(隨)

[변통] 때에 맞게 대처하라

괘사

수시변통해야 하는 상황이다. 크고 밝은 마음으로, 이롭게 하고 바르게 하면 허물이 없으리라.

효사

초구는 관직에 변동이 있으니 바르게 하면 길하다. 문밖에 나가 사귀면 공이 있으리라.

육이는 소자에게 얽매이면 장부를 잃는다.

육삼은 장부에게 얽매이면 소자를 잃는다. 수시변통해야 하는 상황에서 구함이 있으면 얻게 되지만 바르게 처신하는 것이 이롭다.

구사는 수시변통하는 상황에서 획득하는 게 있으면 바르게 해도 흉하리라. 믿음을 갖고 도(道)에 있으면서 밝게 처신하면 무슨 허물이 있겠는가!

구오는 아름다움에 믿음을 가지면 길하리라.

상육은 붙잡아 얽어매면 곧 묶이는 결과가 따르니, 왕이 서산에서 제사 지내는 데 힘써야 한다.

택뢰수(澤雷隨)

수시변통해야 하는 상황이다. 크고 밝은 마음으로, 이롭게 하고 바르게 하면 허물이 없으리라.

隨, 元亨利貞 无咎
수, 원형리정 무구

하층부의 '진'은 지각변동이 일어나는 격변기를 상징하고, 상층부의 '태'는 기쁨을 상징한다. 따라서 격변기에 잘 처신한 결과 기뻐하는 코드다. 수(隨)는 '따르다', '수시변통'의 뜻인데, 여기서는 때에 맞게 수시변통하여 잘 처신한다는 뜻으로 쓰였다. 정치인에게 있어서 정권이 바뀌었을 때, 직장인에게 있어서 인사이동이 있을 때, 4차 산업혁명과 같은 격변기의 대처방안 등의 지혜를 '수'괘에서 알 수 있다.

수시변통해야 하는 상황에서 지혜로운 처신은 무엇일까? 그것은 크고 밝은 마음으로, 이롭게 하고 바르게 하는 것이다. 그러면 허물이 없을 것이라고 주역이 알려준다. '크고 밝은 마음으로, 이롭게 하고 바르게 하는' 원형리정(元亨利貞)은 건(乾)괘의 괘사와 같다. '건'괘에는 하늘의 이치가 담겨있다. 하늘은 춘하추동 사계절의 변화를 주관한다. 봄에 씨앗을 뿌리고, 여름에 기르고, 가을에 수확하여 겨울에 저장하는 것이 하늘의 이치에 따르는 길이다. 때에 맞게 수시변통하는 것도 그런 자세로 해야 한다. 격변기에 하늘과 같은 마음으로 대처하면 아무런 문제가 없다.

* 큰 변화의 시기를 맞이하게 되었다.
하늘의 이치를 살며 상황에 맞게 처신하면 아무 문제가 없다.

초구는 관직에 변동이 있으니 바르게 하면 길하다. 문밖에 나가 사
귀면 공이 있으리라.

初九 官有渝 貞吉 出門交有功
초구 관유투 정길 출문교유공

＊인사이동이나 사회적 역할에 변화가 시작되었다.
굳세게 대처하면 길하다. 밖에 나가 사람들을 만나면 성과가 있다.

육이는 소자에게 얽매이면 장부를 잃는다.

六二 係小子 失丈夫
육이 계소자 실장부

＊작은 일에 얽매이면 큰 일을 못한다.
큰 일을 위해 취사선택을 잘 해야 할 때다.
＊2효는 하괘의 중(中)이면서 자리가 바르다. 또한 리더인 5효와 음양
으로 조화를 이루고 있다. 따라서 상황에 맞게 바르게 처신하여 격변기
에 중요한 역할을 해야 하는 존재이다. 그래서 이와 같은 효사가 나왔
다. 점을 쳐서 이 효사가 나오면 바깥 활동을 적극 늘리는 게 좋다.

육삼은 장부에게 얽매이면 소자를 잃는다. 수시변통해야 하는 상황에
서 구함이 있으면 얻게 되지만 바르게 처신하는 것이 이롭다.

六三 係丈夫 失小子 隨 有求 得 利居貞
육삼 계장부 실소자 수 유구 득 이거정

＊큰 일에 마음을 쏟느라 주변의 작은 일을 놓치고 있다.
구하면 얻게 되지만, 지킬 것은 굳세게 지키는 것이 이롭다.
＊3효는 중(中)도 아니고, 자리가 바르지도 않다. 따라서 큰 일에 신경
쓰다가 작은 일까지 놓치기 쉬운 상황이다. 작은 일을 챙길 때다.

구사는 수시변통하는 상황에서 획득하는 게 있으면 바르게 해도 흉하리라. 믿음을 갖고 도(道)에 있으면서 밝게 처신하면 무슨 허물이 있겠는가!

九四 隨有獲 貞凶 有孚 在道以明 何咎
구사 수유획 정흉 유부 재도이명 하구

＊준다고 받아 챙기지 말라. 그러면 바로잡아도 흉하게 되리라.
옳은 것에 대한 신념으로 밝게 처신하면 아무 문제가 없으리라.
＊4효는 중(中)도 아니고, 음의 자리에 양이 와서 자기가 잘 난 것으로 착각하기 쉽다. 4효의 역할은 리더인 5효를 보좌하는 것이다. 밝은 마음으로 그 역할에 충실해야 한다.

구오는 아름다움에 믿음을 가지면 길하리라.

九五 孚于嘉 吉
구오 부우가 길

＊리더로서 구성원 각자에게 알맞은 역할을 주어 조화롭게 하라.
믿음을 갖고 맡기면 좋은 일이 생기리라.
＊5효는 상괘의 중(中)이면서 자리가 바른 정(正)이다. 그래서 이런 효사가 나왔다. 점을 쳐서 이 효사가 나오면 믿고 맡겨야 한다.

상육은 붙잡아 얽어매면 곧 묶이는 결과가 따르니, 왕이 서산에서 제사 지내는 데 힘써야 한다.

上六 拘係之 乃從維之 王用亨于西山
상육 구계지 내종유지 왕용향우서산

＊성과나 자리에 연연하지 말라. 그러면 얽매이게 된다.
제사를 지낼 때처럼 정성을 다하라. 지극한 정성은 하늘도 감동한다.

18. 고(蠱)

[폐단] 과감하게 쓸어내라

괘사

좀이 슬어 있는 상황이다. 크고 밝게 통하고 큰 내를 건너는 것이 이롭다. '갑일 전 삼일'과 '갑일 후 삼일'이 중요하다.

효사

초육은 아버지의 폐단을 담당해야 한다. 자녀다움이 있으면 돌아가신 아버지는 허물이 없다. 위태롭게 여기면 결국에는 길하리라.

구이는 어머니의 폐단을 담당해야 한다. 바르게만 해서는 안 된다.

구삼은 아버지의 폐단을 담당해야 한다. 조금 후회할 일이 있으나 큰 허물은 없다.

육사는 아버지의 폐단에 여유를 가져야 한다. 가면 막힘을 보게 될 것이다.

육오는 아버지의 폐단을 담당해야 한다. 명예에 힘써라.

상구는 왕후를 일삼지 않으면 그 일이 고상해질 것이다.

산풍고(山風蠱)

좀이 슬어 있는 상황이다. 크고 밝게 통하고 큰 내를 건너는 것이 이롭다. '갑일 전 삼일'과 '갑일 후 삼일'이 중요하다.

蠱, 元亨 利涉大川 先甲三日 後甲三日
고, 원형 이섭대천 선갑삼일 후갑삼일

위의 '간'은 막힘을 뜻하고, 아래에 있는 '손'은 순하게 따르는 것을 의미한다. 상층부는 막히는데 하층부가 순하게 따르면 폐단이 생긴다. 따라서 과감하게 폐단을 제거하는 코드다. 고(蠱)는 '뱃속벌레(기생충)', '곡식 벌레'를 뜻한다. '그릇 명(皿)' 위에 '벌레 충(虫)' 셋이 있어서 '접시 위에 좀이 슬어있는 상황'이다. 전임자와 후임자가 교체되는 시기에 전임자의 적폐를 제거하고, 부모가 세상을 떠났을 때 남아있는 폐단을 청산하는 지혜가 '고'괘에 들어있다.

폐단을 제거해야 하는 상황에서는 무엇보다 크고 밝은 마음으로 해야 한다. 사심 없이, 조심해서 하라는 뜻이다. 또한 그 과정에 난관이 있을 것이기 때문에 중도에 포기하지 말고 과감하게 극복해야 한다. 또한 전임자와 후임자가 교체되는 시기의 전후 일정기간에 특히 주의해야 한다. '갑일 전 삼일과 갑일 후 삼일이 중요하다'는 것은 그런 뜻이다.(94쪽 참조) 갑일(甲三)은 새롭게 시작하는 날을 말한다.

* 전임자 또는 돌아가신 부모님의 폐단을 제거해야 한다.
크고 밝은 마음으로 과감하게 하라.
새로운 시작 전후 일정기간에 특히 주의해야 한다.

초육은 아버지의 폐단을 담당해야 한다. 자녀다움이 있으면 돌아가신 아버지는 허물이 없다. 위태롭게 여기면 결국에는 길하리라.

初六 幹父之蠱 有子 考无咎 厲 終吉
초육 간부지고 유자 고무구 여 종길

*폐단을 제거하되 과거의 좋은 관행은 이어가라.
자녀가 돌아가신 아버지의 폐단을 제거하는 심정으로 임하라.
위태롭게 여겨 조심하라. 그러면 결국 좋은 일이 있으리라.

구이는 어머니의 폐단을 담당해야 한다. 바르게만 해서는 안 된다.

九二 幹母之蠱 不可貞
구이 간모지고 불가정

*돌아가신 어머니의 폐단을 제거하는 심정으로 임하라.
주된 폐단은 아버지의 폐단이며, 어머니의 폐단은 부수적인 것이다.
따라서 너무 엄격한 잣대를 적용하지 말고 상황에 맞게 하라.

구삼은 아버지의 폐단을 담당해야 한다. 조금 후회할 일이 있으나 큰 허물은 없다.

九三 幹父之蠱 小有悔 无大咎
구삼 간부지고 소유회 무대구

*폐단을 제거하는 주역이다.
갈등요소가 조금 있지만 큰 문제는 없으니 굳세게 제거하라.
*전임자로서 국가의 대통령, 조직의 CEO 등 최고 책임자의 폐단을 제거하는 일이 모두 아버지의 폐단을 제거하는 것에 해당한다. 어머니의 폐단은 주된 폐단이 아니기 때문에 2효가 담당하고, 나머지는 모두 최고 책임자인 아버지의 폐단을 담당한다.

육사는 아버지의 폐단에 여유를 가져야 한다. 가면 막힘을 보게 될 것이다.

六四 裕父之蠱 往見吝
육사 유부지고 왕견인

＊폐단을 제거하는데 너무 엄격한 잣대를 대지 말라.
여유를 갖고 해야 한다. 실행하면 막히게 되리라.
＊4효는 전에 리더인 5효(아버지)를 보좌하는 역할을 했었다. 따라서 심하게 할 수 없는 입장이다.

육오는 아버지의 폐단을 담당해야 한다. 명예에 힘써라.

六五 幹父之蠱 用譽
육오 간부지고 용예

＊폐단이 있다고 비난하면 누워서 침 뱉기다.
오히려 빛나는 업적, 정신적 유산을 찾아 드높여야 한다.
＊5효는 돌아가신 아버지의 폐단을 담당하는 어머니, 전임 CEO의 폐단을 담당하는 신임 CEO 등이 이에 해당한다.

상구는 왕후를 일삼지 않으면 그 일이 고상해질 것이다.

上九 不事王侯 高尙其事
상구 불사왕후 고상기사

＊나 스스로 또 다른 폐단이 되지 않도록 주의하라.
그러면 하는 일이 고상하게 될 것이다.
＊적폐를 청산하던 자가 그 극에 이르면 자기 자신이 또 다른 적폐가 되기 쉽다. 스스로 했던 언행이 부메랑이 될 수도 있다. '상구' 효사는 이를 경계한 말이다.

19. 임(臨)

[친정(親政)] 감동으로 임하라

괘사

임(臨)해야 하는 상황이다. 크고 밝게 통하고, 이롭게 하고 바르게
해야 한다. 8월이 되면 흉함이 있다.

효사

초구는 감동으로 임해야 한다. 바르게 하니 길하리라.

구이는 감동으로 임해야 하니, 길하여 이롭지 않음이 없다.

육삼은 달콤함으로 임하니, 이로울 게 없다. 그것을 미리 걱정하면
　　　허물이 없다.

육사는 지극한 마음으로 임하니 허물이 없다.

육오는 지혜롭게 임하니, 대군의 마땅한 역할을 하여 길하리라.

상육은 돈독하게 임하니 길하고 허물이 없다.

지택림(地澤臨)

임(臨)해야 하는 상황이다. 크고 밝게 통하고, 이롭게 하고 바르게 해야 한다. 8월이 되면 흉함이 있다.

臨, 元亨利貞 至于八月 有凶
임, 원형리정 지우팔월 유흉

하괘는 기쁨을, 상괘는 백성을 상징한다. 양(－)인 초효와 2효가 현장에 임하여 음(－－)인 백성들이 기뻐하는 상이다. 임(臨)은 '임하다', '다스리다'의 뜻이다. 리더가 경영하는 방식은 '현장 밀착' 경영과 '비전 제시' 경영으로 나눌 수 있는데, '임'괘는 그 중 현장 밀착 경영에 해당한다. 부임 초기나 중대한 전환기에는 리더가 현장에 임하여 구석구석 살피는 것이 좋다.

리더가 현장에 임하는 상황에서 지혜로운 처신은 하늘같이 크고 밝은 마음으로, 이롭게 하고 바르게 하는 것이다. 원형리정(元亨利貞)이 그것이다. 하늘이 춘하추동 사계절의 변화를 주관하듯 때에 맞게 임하라는 뜻이다. 현장에 임해야 하는 상황에서 너무 늦으면 곤란한 상황이 생길 수 있다. 그래서 '8월이 되면 흉함이 있다'고 했다. 봄에 씨앗을 뿌려야 하는데 8월에 뿌리면 너무 늦다. 결실을 할 수 없게 된다. 리더가 현장에 임하는 것은 타이밍이 중요하다.

＊밖에서 사람을 만나고, 현장을 챙겨라.
크고 밝은 마음으로 이롭게, 바르게 하라. 너무 늦으면 흉하다.
＊음효가 넷이라서 8이라는 숫자가 나왔다. 음효는 숫자 2에 해당되기 때문이다. 8월은 현장에 임하는 것이 너무 늦지 말아야 한다는 은유다.

초구는 감동으로 임해야 한다. 바르게 하니 길하리라.

初九 咸臨 貞吉
초구 함림 정길

＊만나는 사람에게 정성을 다해 감동으로 임하라.
자신감을 갖고 굳세게 하면 좋은 일이 있으리라.
＊리더가 가장 낮은 현장에 임했기 때문에 나온 말이다.

구이는 감동으로 임해야 하니, 길하여 이롭지 않음이 없다.

九二 咸臨 吉 无不利
구이 함림 길 무불리

＊만나는 사람에게 정성을 다해 감동으로 임하라.
좋은 일이 생길 것이며, 모두에게 이롭게 되리라.
＊리더가 하괘의 중(中)으로 낮은 현장에 임했기 때문에 나온 말이다.

육삼은 달콤함으로 임하니, 이로울 게 없다. 그것을 미리 걱정하면
허물이 없다.

六三 甘臨 无攸利 既憂之 无咎
육삼 감림 무유리 기우지 무구

＊감언이설로 잘 보이려 하면 아무 도움이 안 된다.
미리 알고 조심하여 진심으로 임하면 아무 문제가 없으리라.
＊3효는 중(中)도 아니면서 양의 자리에 음이 왔기 때문에 자리가 바
르지도 않다. 상황에 맞지도 않고, 바르게 처신하지도 않기 때문에 그
런 효사가 나왔다. 달콤함으로 임한다는 것은 포퓰리즘의 위선으로 현
장에 임하는 것을 말한다. 빨리 자각하고 변모해야 한다.

육사는 지극한 마음으로 임하니 허물이 없다.

六四 至臨 无咎
육사 지림 무구

＊지극한 정성으로 사람들을 대하라.
그러면 아무 문제가 없을 것이다.
＊4효는 음의 자리에 음이 왔고, 현장에 임한 초효와 음양으로 조화를
이루기 때문에 이런 효사가 나왔다.

육오는 지혜롭게 임하니, 대군의 마땅한 역할을 하여 길하리라.

六五 知臨 大君之宜 吉
육오 지림 대군지의 길

＊구성원의 의견을 경청하고 수용하라. 갑질은 금물이다.
리더답게 훌륭히 맡은 바 역할을 수행하면 길하리라.
＊5효는 리더로서 상괘의 중(中)이면서, 현장에 임한 2효와 음양으로
조화를 이룬다. 따라서 이런 효사가 나왔다.

상육은 돈독하게 임하니 길하고 허물이 없다.

上六 敦臨 吉 无咎
상육 돈림 길 무구

＊말을 많이 하지 말고 마음으로 통하라.
좋은 일이 생기고, 아무 문제가 없으리라.
＊상효는 원로로서 음의 자리에 부드러운 음이 와서 그 자리가 바르다.
그래서 이런 효사가 나왔다.

20. 관(觀)

[관망] 비전으로 이끌어라

괘사

관망해야 하는 상황이다. 손을 씻고 제사를 올리지 않은 것처럼 하면, 믿음을 갖고 엄숙하게 우러러 보리라.

효사

초육은 어린이처럼 관망하는 상황이다. 소인은 허물이 없고, 군자는 막힌다.

육이는 엿보며 관망하는 상황이다. 여자처럼 바르게 하니 이롭다.

육삼은 나의 살 길을 보고 진퇴를 결정해야 한다.

육사는 나라의 빛을 살펴야 한다. 왕의 손님이 되려고 힘쓰는 것이 이롭다.

구오는 우리의 살림을 살펴야 한다. 군자다우니 허물이 없으리라.

상구는 그 삶을 살펴야 한다. 군자다우면 허물이 없다.

풍지관(風地觀)

관망해야 하는 상황이다. 손을 씻고 제사를 올리지 않은 것처럼 하면, 믿음을 갖고 엄숙하게 우러러 보리라.

觀, 盥而不薦 有孚 顒若
관, 관이불천 유부 옹약

상괘는 바람을, 하괘는 백성을 상징한다. 리더가 상층부에서 바람처럼 지나가면 구성원들이 아래에서 믿음을 갖고 따른다. 상층부의 두 양(―)이 아래의 백성들의 삶을 관망하는 코드다. 관(觀)은 '관망'을 뜻한다. 경영방식 중 '현장 밀착' 경영이 임(臨)괘에 해당한다면, '관'은 '비전 제시' 경영에 해당한다. '관'괘는 장기적인 비전으로 구성원을 이끄는 경영의 지혜를 알려주고 있다.

비전을 제시하여 구성원들이 저절로 이끌려오도록 할 때는 어떻게 해야 할까? 리더가 장엄하고 엄숙하게 비전을 제시하고는 말을 많이 하지 않아야 한다. 그러면 구성원들은 자발적으로 따른다. 주역에서는 그 상황을 '손을 씻고 제사를 올리지 않은 것처럼 하라'고 했다. 제사를 지낼 때 정화수에 손을 씻고 나서 제사를 올릴 때까지의 시간이 가장 장엄하고 엄숙하다. 그렇게 하면 구성원들이 '믿음을 갖고 엄숙하게 우러러 본다'는 것이다.

* 리더로서 근엄하게 큰 방향과 비전만 설정하고, 구성원에게 개별 사안에 대해 일일이 간섭하지는 말라.
그러면 구성원들이 믿음을 갖고 엄숙하게 우러러보리라.

초육은 어린이처럼 관망하는 상황이다. 소인은 허물이 없고, 군자는 막힌다.

初六 童觀 小人 无咎 君子 吝
초육 동관 소인 무구 군자 인

＊소박하고 순수하게 리더를 우러러보며 따르라.
내가 소인이라 생각하고 따르면 아무 문제가 없지만, 내가 잘 났다고 생각하면 앞길이 막힌다.
＊초효는 양의 자리에 음이 와서 힘이 부족하다. 자신의 능력이 부족함을 알고 소박하고 순수한 마음으로 리더를 따르는 것이 최선이다.

육이는 엿보며 관망하는 상황이다. 여자처럼 바르게 하니 이롭다.

六二 闚觀 利女貞
육이 규관 이여정

＊전면에 나서지 말고 조심스럽게 엿보듯이 바라보라.
부드럽게 리더를 우러르며 마음으로 따르면 이로우리라.
＊여자처럼 바르게 하는 것은 부드러운 음의 에너지를 쓰는 것이다.
2효가 리더인 5효와 음양으로 조화를 이루기 때문에 나온 말이다.

육삼은 나의 살 길을 보고 진퇴를 결정해야 한다.

六三 觀我生 進退
육삼 관아생 진퇴

＊아직 미생(未生)이다. 먼저 자기 살 길을 찾아라.
내가 살아야 기회가 있고, 내가 살아야 남을 살릴 수도 있다.
나서지 말고 굳세게 자기를 수양하며 실력을 기를 때다.
＊3효는 양의 자리에 음이 와, 자리가 바르지 않아서 나온 효사다.

육사는 나라의 빛을 살펴야 한다. 왕의 손님이 되려고 힘쓰는 것이
이롭다.

六四 觀國之光 利用賓于王
육사　관국지광　이용빈우왕

*리더를 잘 보좌해야 하는 입장이다.
리더에게 인정받을 수 있도록 인품과 능력을 기르는데 힘쓰는 것이 이
롭다. 그렇게 하면 귀한 대접을 받게 될 것이다.
*4효의 역할은 리더인 5효를 보좌하는 것인데 음의 자리에 음이 와서
자리가 바르기 때문에 5효를 잘 보좌할 수 있다. 그래서 나온 효사다.

구오는 우리의 살림을 살펴야 한다. 군자다우니 허물이 없으리라.

九五 觀我生 君子 无咎
구오　관아생　군자　무구

*리더로서 비전을 제시하고 전체를 잘 이끌어야 한다.
사욕을 버리고 군자답게 처신하면 아무 문제가 없다.
*5효가 중정(中正)의 리더라서 나온 효사이다.

상구는 그 삶을 살펴야 한다. 군자다우면 허물이 없다.

上九 觀其生 君子 无咎
상구　관기생　군자　무구

*자신의 삶을 전체적인 차원에서 관망하라.
욕심을 비우고 군자답게 처신하면 아무 문제가 없다.
*상효는 음의 자리인데 양이 왔기 때문에 먼저 자신을 바르게 해야 한
다. 내재된 유연함을 회복하여 군자답게 처신하는 것이 자신을 바르게
하는 것이다.

21. 서합(噬嗑)

[단죄] 근원을 제거하라

괘사

물어뜯어야 하는 상황이다. 밝게 통하고, 옥을 쓰는 것이 이롭다.

효사

초구는 발에 족쇄를 채워 발을 못 쓰게 하면 허물이 없다.

육이는 피부를 물어뜯어 코를 없애면 허물이 없다.

육삼은 말린 고기를 씹다가 독을 만나면 조금 막히지만 허물이 없다.

구사는 뼈에 붙은 질긴 고기를 씹어 쇠 화살을 얻는다. 어렵게 여
　　겨 바르게 하는 것이 이로우며, 길하다.

육오는 질긴 고기를 씹어 황금을 얻는다. 바르게 하면서 위태롭게
　　여기면 허물이 없다.

상구는 형틀을 지고 귀를 잃으니 흉하다.

화뢰서합(火雷噬嗑)

 물어뜯어야 하는 상황이다. 밝게 통하고, 옥을 쓰는 것이 이롭다.

噬嗑, 亨 利用獄
서합, 형 이용옥

하괘는 꿈틀거리는 움직임을, 상괘는 번개를 상징한다. 독소적인 요소가 꿈틀거리며 움직일 때 밝은 번개로 단죄하는 코드다. 상효와 초효를 굳센 이빨로 보면 그 사이에 부드러운 음식물이 있는데, 유독 4효가 단단한 이물질에 해당한다. 즉, 물어뜯어 내야 할 독소인 것이다. 서합(噬嗑)은 '단죄'를 뜻한다. 개인이나 조직이나 시간이 흐르면서 그 성장과 발전을 저해하는 독소적 요소가 자라나기 쉽다. '서합'괘는 자라나는 독소적 요소를 뿌리 뽑는 지혜를 알려주고 있다.

단죄해야 하는 상황에서는 초기에 효과적으로 근원을 제거하는 것이 중요하다. 너무 늦으면 문제를 해결하기 어려워진다. 그래서 '밝게 통하고, 옥을 쓰는 것이 이롭다'고 했다. 여기서 '밝게 통하라'는 것은 조심하고 잘 분별하라는 뜻이다. '옥을 쓴다'는 것은 강력하게 단죄하는 것을 은유적으로 표현한 것이다.

*독소적인 요소가 생겼다. 그 근원을 제거하라.
밝은 마음으로 강력하게 단죄하는 것이 이롭다.
*여기서 형(亨), 밝음의 코드는 이(☲)다. 상괘가 '이'괘이며, 초효에서 4효까지를 보면 가운데 음이 두 개 들어있는 '이'괘이다. 주역의 코드를 보는 방식이 이러하다.

초구는 발에 족쇄를 채워 발을 못 쓰게 하면 허물이 없다.

初九 屨校 滅趾 无咎
초구 구교 멸지 무구

＊독소적인 요소가 생기기 시작했다.
초기에 강력하게 단죄하여 근원을 제거하면 아무 문제가 없다.
＊발의 코드는 진(☳)이다. 하괘가 '진'이라서 나온 효사이다. 발에 족
쇄를 채우면 움직일 수 없기 때문에 초기에 강력하게 단죄한다는 뜻이
되는 것이다.

육이는 피부를 물어뜯어 코를 없애면 허물이 없다.

六二 噬膚 滅鼻 无咎
육이 서부 멸비 무구

＊독소적인 요소가 이미 생겼다.
지금이라도 강력히 단죄하여 얼굴을 못 들게 하면 문제가 없다.

육삼은 말린 고기를 씹다가 독을 만나면 조금 막히지만 허물이 없다.

六三 噬腊肉 遇毒 小吝 无咎
육삼 서석육 우독 소린 무구

＊독소적인 요소가 자라났다.
단죄 과정에 부작용이 생길 수 있다. 하지만 그것을 각오하고 단죄하
라. 그러면 조금 막히지만 아무 문제가 없으리라.
＊초효는 초기에 단죄하여 근원을 제거하는 것이고, 2효는 그 기회를
놓쳤지만 늦지 않게 단죄하는 것이다. 3효는 조금 늦어서 부작용이 일
어나는 경우다. 그래도 너무 늦지는 않았다. 3효는 양의 자리이니 지금
이라도 과감하게 단죄해야 한다.

구사는 뼈에 붙은 질긴 고기를 씹어 쇠 화살을 얻는다. 어렵게 여겨 바르게 하는 것이 이로우며, 길하다.

九四 噬乾胏 得金矢 利艱貞 吉
구사 서건자 득금시 이간정 길

＊독소적인 요소가 매우 심하게 자랐다.
힘들지만 잘 대처하면 단죄도 하고 강력한 도구를 얻게 된다.
어렵게 여겨 조심해서 단죄하면 이롭고 길하리라.
＊화살의 코드는 간(☶)이다. 여기서는 2, 3, 4효로 구성된 내호괘가 '간'이라서 나온 말이다.(화살의 코드 설명은 84쪽 참조)

육오는 질긴 고기를 씹어 황금을 얻는다. 바르게 하면서 위태롭게 여기면 허물이 없다.

六五 噬乾肉 得黃金 貞厲 无咎
육오 서건육 득황금 정려 무구

＊마지막 남은 독소적인 요소를 완전히 제거하면 큰 성과를 얻게 된다.
굳세게 조심해서 하면 아무 문제가 없다.
＊5효가 상괘의 중(中)이라서 나온 효사다. 5효는 양의 자리이기 때문에 바르게 하는 것은 굳세게 하는 것이다.

상구는 형틀을 지고 귀를 잃으니 흉하다.

上九 何校 滅耳 凶
상구 하교 멸이 흉

＊독소적인 요소를 제거하기에 너무 늦었다.
조언을 무시하는 바람에 흉한 일이 일어났다.
＊이런 상황에서는 어떻게 해야 할까? 자기를 돌아보며 성찰해야 한다.

22. 비(賁)

[단장] 아름답게 꾸며라

괘사

꾸며야 하는 상황이다. 밝게 꾸며라. 가는 바가 있으면 조금 이로우리라.

효사

초구는 발을 꾸며서 수레를 버리고 걷는다.

육이는 그 수염을 꾸민다.

구삼은 꾸미면 젖지만, 영원히 바르게 하면 길하리라.

육사는 꾸미면 하얗게 된다. 흰 말이 날아서 도적이 아닌 자와 혼인을 해야 한다.

육오는 언덕 동산에서 꾸미는데 비단묶음이 적어서 막히지만 결국에는 길하다.

상구는 희게 꾸미면 허물이 없다.

산화비(山火賁)

꾸며야 하는 상황이다. 밝게 꾸며라. 가는 바가 있으면 조금 이로우리라.

賁, 亨 小利有攸往
비, 형 소리유유왕

상괘는 막힘을, 하괘는 밝음을 상징한다. 따라서 막힌 상황에서 밝게 꾸미는 코드다. 비(賁)는 '단장(丹粧)'을 뜻한다. 가게 손님이 뜸하면 새롭게 단장을 하여 신장개업을 하면 도움이 될 수 있다. 익숙한 사람을 매일 만날 때도 아름답게 꾸미고 만나면 느낌이 달라진다. '비' 괘는 밝고 아름답게 꾸미는 지혜를 알려주고 있다.

꾸미는 것은 기본적으로 남에게 잘 보이기 위한 것이다. 그런데 그것은 본질적인 것은 아니다. 꾸며야 하는 상황에서는 밝게 꾸며야 하지만, 그것이 본질을 바꿀 수는 없다. 따라서 크게 이롭지는 않고 조금 이로울 뿐이다. 그래서 '가는 바가 있으면 조금 이롭다'고 했다. '간다'는 뜻의 왕(往)은 실행한다는 뜻이다. 공자는 외관을 꾸미는 것을 문(文)이라 하고, 본질을 질(質)이라 했다. 본질이 외관보다 중요하기는 하지만 둘 다 중요한 것이다. 그래서 공자는 이렇게 말했다. "외관과 본질, 두 가지를 두루 갖춰야 군자답다."

＊새 단장을 해야 한다.
밝고 아름답게 꾸며라. 실행하면 조금 이로우리라.
＊형(亨), 밝음의 코드는 이(☲)다. 괘상에서 찾아보기 바란다.

초구는 발을 꾸며서 수레를 버리고 걷는다.

初九　賁其趾　舍車而徒
초구　비기지　사거이도

＊처음 꾸밀 때는 욕심내지 말고 소박하게 꾸며라.
시작부터 지나치게 꾸미는 것은 좋지 않다.

육이는 그 수염을 꾸민다.

六二　賁其須
육이　비기수

＊자기를 꾸미되 이웃을 배려하며 조화를 이뤄라.
나를 꾸미지만 이웃에게도 도움이 되게 하라.
＊꾸미는 상황은 자신을 위해 꾸미지만 타인의 시선을 고려할 수밖에
없다. 따라서 짝이나 이웃과의 관계를 중시한다. 2효는 짝인 5효와 음
양으로 조화를 이루지 못한다. 반면에 이웃인 3효와 음양으로 조화를
이루고 있다. 그래서 이웃인 3효를 배려하면서 꾸며야 한다. 굳센 3효
가 턱이라면 부드러운 2효가 수염에 해당한다. 그래서 수염을 꾸민다
고 한 것이다. 주역의 은유가 대체로 이러하다.

구삼은 꾸미면 젖지만, 영원히 바르게 하면 길하리라.

九三　賁如　濡如　永貞　吉
구삼　비여　유여　영정　길

＊꾸며도 표가 안 나고 뜻대로 잘 되지 않아 슬프다.
하지만 기죽지 말고 자기답게 굳세게 하라.
그러면 좋은 일이 생기고, 아무도 업신여기지 못한다.
＊3효는 양의 자리다. 따라서 바르게 하는 것은 굳세게 하는 것이다.

육사는 꾸미면 하얗게 된다. 흰 말이 날아서 도적이 아닌 자와 혼인을 해야 한다.

六四 賁如 皤如 白馬翰如 匪寇 婚媾
육사 비여 파여 백마한여 비구 혼구

* 꾸며도 표가 잘 안 나니 억지로 꾸미지 말라.
가까이 있는 자의 유혹에 빠지지 말고 멀리 있는 짝을 만나라.
* 말의 코드는 진(☳)이다. 4효는 자기를 꾸며서 그 짝인 초효에게 다가간다. 가까이 있는 3효는 도적이니 그의 유혹에 빠지면 안 된다. 4효가 초효 곁으로 가면 말의 코드인 진(☳)이 나온다. 3, 4, 5효로 구성된 외호괘도 '진'이다. 그렇게 코드를 봐도 된다.

육오는 언덕 동산에서 꾸미는데 비단묶음이 적어서 막히지만 결국에는 길하다.

六五 賁于丘園 束帛戔戔 吝 終吉
육오 비우구원 속백전전 인 종길

* 전체를 생각하며 꾸며야 하는데 재료가 부족하여 쉽지 않다.
하지만 포기하지 않고 전체를 위하는 마음으로 처신하면 결국에는 기쁜 일이 생기리라.

상구는 희게 꾸미면 허물이 없다.

上九 白賁 无咎
상구 백비 무구

* 안 꾸며도 되지만, 꾸미려면 매우 소박하고 수수하게 꾸며라.
그동안 잘 살아왔기 때문에 안 꾸며도 아무 문제가 없다.

23. 박(剝)

[쇠락] 충실한 씨알만 남겨라

괘사

벗겨 내는 상황이다. 가는 바가 있으면 이롭지 않다.

효사

초육은 침상을 벗기되 발을 벗기는 격이다. 바른 것을 없애는 것이니 흉하다.

육이는 침상을 벗기되 이음새를 벗기는 격이다. 바른 것을 없애는 것이니 흉하다.

육삼은 벗겨 내면 허물이 없다.

육사는 침상을 벗기되 피부를 벗기는 격이니 흉하다.

육오는 물고기를 꿰어 궁인처럼 총애를 받으면 이롭지 않음이 없다.

상구는 큰 열매는 먹지 않는다. 군자는 수레를 얻고 소인은 집이 벗겨진다.

산지박(山地剝)

벗겨 내는 상황이다. 가는 바가 있으면 이롭지 않다.

剝, 不利有攸往
박, 불리유유왕

모두가 음인데 '상구'만 유일하게 양이다. 양효인 '상구'는 씨알에 해당하며, 나머지 음효들은 모두 씨알을 위해 쇠락하는 존재들을 상징하는 코드다. 박(剝)은 '벗기다', '쇠락'의 뜻이다. 겨울이 오는데도 꽃과 잎이 그대로 붙어 있으면 식물 전체가 얼어 죽고 만다. 사람도 때가 되면 다 내려놓고 홀연히 자연으로 돌아가야 한다. 사람은 살아있을 때 '씨알'로 자녀를 생산하고, 자연으로 돌아갈 때는 정신적 유산인 '씨얼'을 남긴다. 그래서 생명이 순환되고 전체를 살리게 된다. 쇠락의 시기에 벗겨내는 것은 충실하기 위함이다. '박'괘에는 내려놓는 지혜, 죽어서 살리는 지혜, 그래서 영원히 사는 지혜가 들어있다.

쇠락의 시기에는 어떤 지혜가 필요할까? 주역에서는 '가는 바가 있으면 이롭지 않다'고 했다. 이 때 '간다'는 뜻의 왕(往)은 '실행하다', 즉, 유위(有爲)를 뜻한다. 쇠락의 시기에 새로운 일을 벌이는 것은 좋지 않다. 식물의 꽃과 잎이 늦가을이 되어도 지지 못하고 계속 붙어 있으려고 애쓰는 것과 같다. 따라서 함이 없이 하는 무위(無爲)로 돌아가야 한다. 그렇게 충실히 마무리하는 것이 영원히 사는 지혜다.

＊쇠락하는 상황이다. 씨알만 남기고 모두 벗겨내라.
새로운 일을 벌이면 이롭지 않으니, 함이 없이 하라.

초육은 침상을 벗기되 발을 벗기는 격이다. 바른 것을 없애는 것이니 흉하다.

初六 剝牀以足 蔑貞 凶
초육 박상이족 멸정 흉

＊건강, 재정과 같은 삶의 바탕은 마지막까지 굳세게 지켜라.
가장 중요한 삶의 바탕은 본마음이다. 죽으면 끝이라는 생각으로 자포자기해 버리는 것은 본마음을 잃어버리는 것이다.
삶의 바탕을 끝까지 지키지 못하면 흉하게 된다.
＊식물에 비유하면, 씨알만 남긴다고 뿌리까지 제거하면 안 된다.

육이는 침상을 벗기되 이음새를 벗기는 격이다. 바른 것을 없애는 것이니 흉하다.

六二 剝牀以辨 蔑貞 凶
육이 박상이변 멸정 흉

＊다음 세대에 정신적 유산을 상속하여 이어가지 않으면 흉하다.
가계의 작은 끈들이 이어져서 인류 역사의 큰 끈이 이어지는 것이다.
＊식물의 경우 씨알만 남긴다고 이음새인 밑동을 제거하면 안 된다.

육삼은 벗겨 내면 허물이 없다.

六三 剝之 无咎
육삼 박지 무구

＊벗겨내야 할 불필요한 것은 모두 제거하라.
사람의 경우 불필요한 욕심을 모두 벗겨내는 것에 해당한다.
그러면 아무 문제가 없다.
＊식물의 경우 때가 되어 씨알을 위해 잎을 벗겨내는 것과 같다.

육사는 침상을 벗기되 피부를 벗기는 격이니 흉하다.

六四 剝牀以膚 凶
육사 박상이부 흉

＊이치공부와 수양은 끝까지 멈추지 말라. 멈추면 흉하리라.
＊식물은 씨알만 남긴다고 영양 공급로인 껍질을 제거하면 안 된다.

육오는 물고기를 꿰어 궁인처럼 총애를 받으면 이롭지 않음이 없다.

六五 貫魚以宮人寵 无不利
육오 관어이궁인총 무불리

＊남은 욕심의 찌꺼기를 모두 제거하고, 모든 것을 용서하고, 모든 원
한을 풀어야 한다. 그러면 모두에게 이롭다.
＊물고기는 음물이다. 물고기를 꿰는 것은 초효에서 5효까지 음효들을
하나로 꿰어 모두 벗겨내는 것을 말한다. 그것이 전체가 사는 길이다.
식물은 씨알을 충실히 하기 위해 나머지를 다 제거해야 한다.

상구는 큰 열매는 먹지 않는다. 군자는 수레를 얻고 소인은 집이 벗
겨진다.

上九 碩果不食 君子得輿 小人剝廬
상구 석과불식 군자득여 소인박려

＊충실한 씨알은 먹지 않는다.
군자는 욕심을 모두 내려놓아 영생을 얻는다. 자신도 구제하고 세상 사
람들도 구제한다. 소인은 마지막에 모든 것을 잃게 된다.
＊수레의 코드는 감(☵)이다. 여기서 5효, 상효, 초효로 이어지는 코드
가 '감'이다. 종즉유시(終則有始), 끝은 다시 시작으로 이어지기 때문
이다. 여기서 수레를 얻는다는 것은 영생을 얻는다는 뜻이다.

24. 복(復)

[회복] 늦기 전에 돌이켜라

괘사

회복하는 상황이다. 밝게 통해야 한다. 나가고 들어오는 것에 하자가 없으면 벗이 와서 허물이 없다. 그 도를 반복하여 7일이면 돌아올 것이니 가는 바가 있으면 이로우리라.

효사

초구는 멀리 가지 않고 돌아오니 후회하는 상황에 이르지 않는다. 큰마음으로 하면 길하리라.

육이는 돌아오는 것을 아름답게 여기니 길하리라.

육삼은 찡그리며 돌아오니, 위태롭게 여기면 허물이 없다.

육사는 중(中)을 행하여 홀로 돌아온다.

육오는 돈독하게 돌아오니 후회할 일이 없다.

상육은 돌아오는 길을 잃고 헤매니 흉하다. 재앙이 생긴다. 군사를 쓰면 결국 크게 패한다. 나라의 경우 임금이 흉하게 되고, 10년이 지나도 정벌할 수 없다.

지뢰복(地雷復)

회복하는 상황이다. 밝게 통해야 한다. 나가고 들어오는 것에 하자가 없으면 벗이 와서 허물이 없다. 그 도를 반복하여 7일이면 돌아올 것이니 가는 바가 있으면 이로우리라.

復, 亨 出入无疾 朋來 无咎 反復其道 七日來復
복, 형 출입무질 붕래 무구 반복기도 칠일래복
利有攸往
이유유왕

상괘는 땅을, 하괘는 움직임을 각각 상징한다. 땅속에서 생명 에너지가 꿈틀대며 회복을 도모하는 코드다. '초구'는 유일한 양(—)으로서 회복의 에너지인 동시에 구심점이다. 그 회복의 구심점을 향해 음(--)들이 돌아와 회복하는 상이다. 복(復)은 '회복'을 뜻한다. 우리가 회복해야 할 것은 바로 몸과 마음, 즉 건강과 본성, 두 가지다. '복'괘는 늦기 전에 돌이켜 회복하는 지혜를 알려주고 있다.

회복하는 상황에서는 밝은 마음이 되어야 한다. 또한 몸을 통해 드나드는 것, 즉 호흡, 음식물 섭취 등에 문제가 없어야 한다. 그러면 회복된다. 너무 늦지 않게 회복을 위한 노력을 지속하면 반드시 회복된다. 그리고 무엇보다 실행에 옮겨야 한다. 운동, 명상, 식습관 등 생활습관 변화를 실천하라는 뜻이다.

＊회복해야 할 때다. 먼저 밝은 마음을 회복하라.
지속적으로 운동하고, 명상하고, 습관의 변화를 실천하면 이로우리라.

초구는 멀리 가지 않고 돌아오니 후회하는 상황에 이르지 않는다.
큰마음으로 하면 길하리라.

初九 不遠復 无祗悔 元吉
초구 불원복 무지회 원길

＊자기를 수양하고 양생을 하여 심신건강을 유지하라.
큰마음으로 그렇게 하면 좋은 일이 생기리라.
＊초효는 유일한 양(－)으로서 회복의 에너지이며 회복의 구심점이다.
그래서 이런 효사가 나왔다.

육이는 돌아오는 것을 아름답게 여기니 길하리라.

六二 休復 吉
육이 휴복 길

＊심신건강에 조금 문제가 생기면 바로 회복하라.
그렇게 하면 좋은 일이 생기리라.
＊2효는 중정(中正)이면서 회복의 구심점인 초효에 가깝다. 그래서 돌
아오는 것을 아름답게 여겨 바로 돌아오는 것이다.

육삼은 찡그리며 돌아오니, 위태롭게 여기면 허물이 없다.

六三 頻復 厲 无咎
육삼 빈복 여 무구

＊운동과 명상을 싫어하고 습관이 나빠서 심신건강 관리에 소홀하다.
위태롭게 여겨 다시 건강을 챙기면 문제가 없다.
＊3효는 중(中)도 아니고 양의 자리에 음이 와서 정(正)도 아니다. 그
래서 찡그리며 마지못해 돌아온다는 효사가 나왔다.

육사는 중(中)을 행하여 홀로 돌아온다.

六四 中行 獨復
육사 중행 독복

＊심신이 불건강하니 상황에 맞게 잘 관리하라.
관리를 잘 하면 자력으로 다시 회복하게 될 것이다.
＊중(中)은 2효와 5효인데 왜 4효에 '중'이 나왔을까? 그것은 회복의
대상인 5개의 음효 중에서 가운데 있기 때문에 나온 말이다.

육오는 돈독하게 돌아오니 후회할 일이 없다.

六五 敦復 无悔
육오 돈복 무회

＊심신이 상당히 불건강하니 건강관리에 전념하라.
관리를 아주 잘 하면 다시 회복하게 되어 후회가 없으리라.
＊5효는 상괘의 중(中)이지만 회복의 구심점에서 상당히 멀다. 따라서
회복이 쉽지 않기 때문에 돈독하게 해야 회복할 수 있다.

상육은 돌아오는 길을 잃고 헤매니 흉하다. 재앙이 생긴다. 군사를
쓰면 결국 크게 패한다. 나라의 경우 임금이 흉하게 되고, 10년이 지
나도 정벌할 수 없다.

上六 迷復 凶 有災眚 用行師 終有大敗 以其國 君凶
상육 미복 흉 유재생 용행사 종유대패 이기국 군흉
至于十年不克征
지우십년불극정

＊심신이 매우 불건강하여 회복 기회를 놓쳤다. 흉한 일이다.
재앙 수준이다. 남 탓 할 일이 없다. 모두 자기 탓이니 받아들여라.

25. 무망(无妄)

[순천] 경거망동 하지마라

괘사

경거망동하지 말아야 하는 상황이다. 크고 밝은 마음으로 이롭고 바르게 해야 한다. 바르게 하지 않으면 재앙이 있다. 가는 바가 있으면 이롭지 않다.

효사

초구는 망령됨이 없으니 가면 길하리라.

육이는 밭 갈지 않고도 수확하고 일구지 않고도 옥토가 되니, 가는 바가 있으면 이롭다.

육삼은 경거망동하지 말아야 하는 상황에서의 재앙이다. 혹 소를 매 놓으면 행인이 얻게 되어 읍인이 재앙을 당하게 된다.

구사는 가히 바르게 하면 허물이 없으리라.

구오는 경거망동하지 말아야 하는 것을 병통으로 여기니, 약을 쓰지 않으면 기쁨이 있으리라.

상구는 경거망동하지 말아야 하는 상황에서 행하면 재앙이 생겨 이로울 바가 없다.

천뢰무망(天雷无妄)

경거망동하지 말아야 하는 상황이다. 크고 밝은 마음으로
이롭고 바르게 해야 한다. 바르게 하지 않으면 재앙이
있다. 가는 바가 있으면 이롭지 않다.

无妄, 元亨利貞 其匪正有眚 不利有攸往
무 망, 원 형 리 정 기 비 정 유 생 불 리 유 유 왕

하괘는 움직임을, 상괘는 하늘을 상징한다. 우리의 모든 움직임은
하늘 아래서 이루어지고 있으니, 하늘을 우러러 부끄럼 없이 살고 경
거망동하지 말라는 코드다. 무망(无妄)은 '경거망동하지 않음', '순천
(順天)'을 뜻한다. 사람은 하늘에서 왔기 때문에 하늘의 이치를 벗어
나서 살 수가 없다. 따라서 하늘의 뜻에 따라 참되게 사는 것이 최선
의 삶이다. '무망'괘는 경거망동하지 않고 하늘 뜻에 따라 참되게 사는
지혜를 알려주고 있다.

경거망동하지 말아야 하는 상황에서는 어떻게 해야 할까? 크고 밝
은 마음으로 이롭고 바르게 해야 한다. 즉, 하늘의 이치에 따라야 한
다. 원형리정(元亨利貞)은 바로 건(乾)괘의 괘사이다. 또한 바르게
해야 한다. 주역에서 바르다는 것은 기본적으로 음양의 바름이다. 바
르게 하지 않으면 재앙이 있다. 하늘은 자연이라서 의도하지 않는다.
우리도 의도함이 없이 자연스럽게 순리에 따라야 한다. '가는 바가 있
으면 이롭지 않다'는 것은 의도하여 실행하지 말라는 뜻이다.

＊경거망동하지 말라. 크고 밝은 마음으로 이롭게, 바르게 하라.
바르지 않으면 재앙이 생긴다. 실행하면 이롭지 않다.

초구는 망령됨이 없으니 가면 길하리라.

初九 无妄 往吉
초구 무망 왕길

＊욕심이 없는 순수한 마음으로 응하라.
그런 마음으로 실행하면 길하리라.
＊초효는 시작 상황이라 대부분 별 문제없이 용인이 된다.

육이는 밭 갈지 않고도 수확하고 일구지 않고도 옥토가 되니, 가는 바가 있으면 이롭다.

六二 不耕穫 不菑畬 則利有攸往
육이 불경확 불치여 즉이유유왕

＊본마음을 가지면 기대 이상의 좋은 결과가 생길 것이다.
그 마음으로 실행하면 이로우리라.
＊여기서 2효는 중정(中正)이다. 따라서 상황에 맞게 바르게 처신하는 경우에 해당하는 효사가 나왔다.

육삼은 경거망동하지 말아야 하는 상황에서의 재앙이다. 혹 소를 매놓으면 행인이 얻게 되어 읍인이 재앙을 당하게 된다.

六三 无妄之災 或繫之牛 行人之得 邑人之災
육삼 무망지재 혹계지우 행인지득 읍인지재

＊경거망동하지 말라. 재앙이 생길 것이다.
예기치 않은 큰 재산 손실이 있게 되니 주의하고 또 주의하라.
＊3효는 중(中)도 아니고, 정(正)도 아니다. 이를 부중(不中), 부정(不正)이라 한다. 따라서 상황에 맞게 처신하지도 않고 바르게 처신하지도 않는 경우에 해당하는 효사가 나왔다.

구사는 가히 바르게 하면 허물이 없으리라.

九四 可貞 无咎
구사 가정 무구

＊자기가 잘 났다고 착각하여 굳세게 처신하지 말라.
바로잡아서 유연하게 대처할 수 있으면 아무 문제가 없으리라.
＊4효는 음의 자리이기 때문에 바르게 한다는 것은 부드럽게 처신하는
것을 말한다.

구오는 경거망동하지 말아야 하는 것을 병통으로 여기니, 약을 쓰지
않으면 기쁨이 있으리라.

九五 无妄之疾 勿藥 有喜
구오 무망지질 물약 유희

＊리더로서 구성원들이 경거망동할까 봐 걱정이 크다.
하지만 간섭하면 오히려 부작용이 생긴다.
믿고 지켜봐 주면 기쁜 일이 있으리라.
＊5효는 중정(中正)이기 때문에 그에 해당하는 효사가 나왔다.

상구는 경거망동하지 말아야 하는 상황에서 행하면 재앙이 생겨 이
로울 바가 없다.

上九 无妄 行有眚 无攸利
상구 무망 행유생 무유리

＊목에 힘주며 경거망동하지 말고 유연하게 처신해야 한다.
실행하면 재앙이 뒤따르고 모두에게 이롭지 않다. 경계하고 조심하라.
＊상효는 음의 자리에 양이 왔기 때문에 이런 효사가 나왔다.

26. 대축(大畜)

[내공] 크게 쌓아 널리 펼쳐라

괘사

크게 쌓아야 하는 상황이다. 이롭게 하고 바르게 해야 한다. 집에
서 먹지 않으면 길하다. 큰 내를 건너는 것이 이롭다.

효사

초구는 위태로움이 있으니 그치는 것이 이롭다.

구이는 수레의 중앙 축을 벗겨야 한다.

구삼은 좋은 말이 달려간다. 어렵게 여겨 바르게 하는 것이 이롭다.
　　날마다 수레 모는 법을 익히고, 가는 바가 있으면 이롭다.

육사는 어린 소의 쇠뿔에 빗장을 쳐서 외양간에서 길러야 한다. 큰
　　마음으로 하면 길하리라.

육오는 돼지의 어금니를 제거하면 길하다.

상구는 하늘 길을 떠맡게 된다. 밝게 통하라.

산천대축(山天大畜)

크게 쌓아야 하는 상황이다. 이롭게 하고 바르게 해야 한다. 집에서 먹지 않으면 길하다. 큰 내를 건너는 것이 이롭다.

大畜, 利貞 不家食吉 利涉大川
대축, 이정 불가식길 이섭대천

상괘는 산, 하괘는 하늘이다. 여기서 상괘는 '덕(德)' 또는 '학덕'의 코드다. 학덕을 산처럼 쌓기 때문이다. '대축'괘는 산이 하늘보다 높으니, 하늘보다 높이 학덕을 쌓고 내공을 쌓는 코드다. 또한 하늘을 기반으로 덕을 쌓는 코드다. 대축(大畜)은 '크게 쌓는다'는 뜻이다. 우리가 크게 쌓아야 할 것은 학덕이며 내공이다. 달리 말하면 마음의 정신적 능력인 덕(德)을 기르는 것이다. 이치공부와 마음공부를 하여 학덕을 크게 쌓으면 현자를 기를 수 있다. '대축'괘는 학덕을 크게 축적하여 세상에 널리 펼치는 지혜를 알려주고 있다.

크게 쌓는 것은 나와 세상을 이롭게 하기 위함이며, 바르게 해야 제대로 쌓을 수 있다. 그래서 '이롭게 하고 바르게 해야 한다'고 했다. 또한 크게 축적하여 현자를 기르는 일은 독학으로는 어렵다. 성균관 같은 곳에 가서 배워야 한다. 그래서 '집에서 먹지 않으면 길하다'고 했다. 크게 쌓는 과정에는 난관이 있으니, 중도에 포기하지 말고 극복해야 한다. 그래서 '큰 내를 건너는 것이 이롭다'고 했다.

* 학덕을 크게 쌓아야 한다. 이롭게 하고 바르게 해야 한다.
집에서 먹지 않으면 길하다. 난관을 극복하면 이로우리라.

초구는 위태로움이 있으니 그치는 것이 이롭다.

初九 有厲 利已
초구 유려 이이

＊학덕을 크게 쌓기 시작하는 상황이다.
아직 세상에 뜻을 펼칠 때가 아니니 나서지 않는 것이 이롭다.

구이는 수레의 중앙 축이 벗겨졌다.

九二 輿說輹
구이 여탈복

＊세상에 뜻을 펼치고 싶은 마음이 크지만 참아야 한다.
아직은 학덕을 더 크게 쌓아야 할 때다.
＊수레의 코드는 감(☵)이다. 2효가 음이면 2, 3, 4효로 구성된 내호
괘가 수레가 되지만, 2효가 양이라서 수레가 없다. 그래서 중앙축이 벗
겨졌다고 한 것이다. 중앙 축이 벗겨지면 수레가 갈 수 없다.

구삼은 좋은 말이 달려간다. 어렵게 여겨 바르게 하는 것이 이롭다.
날마다 수레 모는 법을 익히고, 가는 바가 있으면 이롭다.

九三 良馬逐 利艱貞 日閑輿衛 利有攸往
구삼 양마축 이간정 일한여위 이유유왕

＊세상에 뜻을 펼치러 나아가라.
쉽지 않은 상황임을 알고 굳세게 나아가라.
계속 학덕을 쌓으며, 실행에 옮기는 것이 이롭다.
＊양마의 코드는 말의 코드와 같은 진(☳)이다. 여기서 외호괘가 '진'이
다. 그동안 학덕을 많이 쌓았으니 좋은 말이 달려 나가는 상이 된다.

육사는 어린 소의 쇠뿔에 빗장을 쳐서 외양간에서 길러야 한다. 큰
마음으로 하면 길하리라.

六四 童牛之牿 元吉
육사 동우지곡 원길

＊나서지 말고 학덕을 쌓아라. 또한 자녀가 학덕을 쌓도록 조언하라.
큰마음으로 하면 좋은 결과가 있으리라.
＊소의 코드는 손(☴)이다. 여기서는 내호괘를 뒤집으면 '손'이 나와서
4효에 소가 나온 것이다. 어리다고 한 것은 시작 단계인 '초구'를 막는
일이기 때문이다. 초효는 4효의 짝이면서 음양으로 정응한다.

육오는 돼지의 어금니를 제거하면 길하다.

六五 豶豕之牙 吉
육오 분시지아 길

＊아직 나서지 말고 학덕을 쌓아라. 자녀에게도 그렇게 조언하라.
그러면 좋은 결과가 있으리라.
＊돼지의 코드는 감(☵)이다. 2효가 원래 음의 자리이기 때문에 음으
로 효변하면 내호괘가 '감'이 된다. 돼지의 어금니를 제거한다는 말에
짝인 2효가 부드러운 음의 특성을 갖도록 돕는다는 비결이 숨어있다.

상구는 하늘 길을 떠맡게 된다. 밝게 통하라.

上九 何天之衢 亨
상구 하천지구 형

＊이제 때가 왔다. 그동안 쌓은 학덕을 크게 펼쳐라.
하늘의 이치를 세상에 전파하는 역할을 맡아라.
그동안 크게 쌓은 이유가 바로 그것이다. 밝은 마음으로 소통하라.

27. 이(頤)

[양현] 바르게 길러라

괘사

길러야 하는 상황이다. 바르게 하면 길하다. 턱을 보고 스스로 입에 넣을 열매를 구해야 한다.

효사

초구는 너의 신령한 거북을 버리고 나를 보며 턱을 늘어뜨리면 흉하다.

육이는 거꾸로 길러지니 원칙에 어긋난다. 언덕에서 길러지려고 무리하여 가면 흉하다.

육삼은 거슬러서 길러지면 바르게 해도 흉하다. 10년 동안 쓰임이 없으니 이로울 바가 없다.

육사는 거꾸로 길러지니 길하다. 호랑이가 먹잇감을 노려보듯 그하고자 하는 바를 계속 좇으면 허물이 없다.

육오는 원칙에 어긋나지만 바르게 거하면 길하다. 큰 내를 건너지 말아야 한다.

상구는 기르는 일이 그에게서 비롯되니, 위태롭게 여기면 길하다. 큰 내를 건너는 것이 이롭다.

산뢰이(山雷頤)

길러야 하는 상황이다. 바르게 하면 길하다. 턱을 보고
스스로 입에 넣을 열매를 구해야 한다.

頤, 貞吉 觀頤 自求口實
이, 정길 관이 자구구실

상효와 초효가 양(－)으로 상하에 배치되어 있는데, 각각 성인과
군자로서 가운데 있는 백성들을 현자로 기르는 코드다. 전체가 입의
모양이고, 상효와 초효가 턱의 모양이기도 하다. 이(頤)는 '기르다',
'턱'의 뜻이며, 여기서는 현자를 기르는 양현(養賢)을 뜻한다. 성인이
현자를 기르면 길러진 현자가 군자로서 또 다른 백성들을 교화하기
때문에 성인의 가르침은 모든 백성에게 영향을 미치게 된다. '이'괘는
대인이 현자를 기르는 상황에서의 지혜를 알려주고 있다.

현자를 길러야 하는 상황에서는 첫째, 바르게 해야 한다. 바르다는
것은 음양의 바름을 말한다. 둘째, 가르치는 이는 무엇을 가르쳐야 할
지 바로 알고, 배우는 이는 누구에게 배워야 할지를 바로 알아야 한
다. '턱을 보고 스스로 입에 넣을 열매를 구해야 한다'는 것은 그런
뜻이다. 옛날에는 '배울 학(學)'의 의미가 지금과 달랐다. 진리를 배우
고, 인생의 길을 찾는 과정이 배움이다. 그렇게 하여 성인군자가 되면
다시 현자들을 가르치게 되는데, 그것을 가장 큰 기쁨으로 여겼다.

＊바르게 하면 길하리라.
스승은 좋은 콘텐츠로 현자를 길러라.
배우는 이는 자신에게 알맞은 좋은 스승을 만나라.

초구는 너의 신령한 거북을 버리고 나를 보며 턱을 늘어뜨리면 흉하다.

初九 舍爾靈龜 觀我朶頤 凶
초구 사이영귀 관아타이 흉

＊스스로 스승이 되어 세상을 교화하라.
자신이 갖추고 있는 능력을 과소평가하면서, 더 큰 스승을 쳐다보며 부러워하니 흉한 일이다.

육이는 거꾸로 길러지니 원칙에 어긋난다. 언덕에서 길러지려고 무리하여 가면 흉하다.

六二 顚頤 拂經 于丘頤 征凶
육이 전이 불경 우구이 정흉

＊자기를 숙여서 가까이 있는 젊은 스승에게 배워라.
멀리 있는 큰 스승에게 배우려고 무리해서 가면 흉하다.
＊2효는 이웃인 초효와 친비(親比)하니 그에게 가서 배워야 한다.

육삼은 거슬러서 길러지면 바르게 해도 흉하다. 10년 동안 쓰임이 없으니 이로울 바가 없다.

六三 拂頤 貞凶 十年勿用 无攸利
육삼 불이 정흉 십년물용 무유리

＊큰 스승에게 배워야 하는데 다른 데 가서 배우면 흉하다.
다시 큰 스승을 만나 배우고자 해도 너무 늦어 쓸데가 없다. 그렇게 세월을 허송하면 이롭지 않다.
＊3효는 짝인 상효와 정응(正應)하니 그에게 가서 배워야 한다.
이처럼 자신과 잘 맞는 스승이 따로 있다.

육사는 거꾸로 길러지니 길하다. 호랑이가 먹잇감을 노려보듯 그 하고자 하는 바를 계속 쫓으면 허물이 없다.

六四 顚頤 吉 虎視耽耽 其欲逐逐 无咎
육사 전이 길 호시탐탐 기욕축축 무구

＊자기를 숙여서 젊은 스승에게 배우면 길하다.
진리에 목마른 자, 배고픈 호랑이가 먹잇감을 노려보듯 간절한 마음으로 공부에 매진하라. 그러면 아무 문제가 없다.
＊4효는 짝인 초효와 정응(正應)하니 그에게 가서 배워야 한다.

육오는 원칙에 어긋나지만 바르게 거하면 길하다. 큰 내를 건너지 말아야 한다.

六五 拂經 居貞 吉 不可涉大川
육오 불경 거정 길 불가섭대천

＊내 신분이 높지만 정신적 스승에게 숙이고 굳세게 배워라.
스승에게 무례하거나 스승의 위에 서려고 하면 안 된다.
＊5효는 이웃인 상효와 친비(親比)하니 그에게 가서 배워야 한다.

상구는 기르는 일이 그에게서 비롯되니, 위태롭게 여기면 길하다. 큰 내를 건너는 것이 이롭다.

上九 由頤 厲吉 利涉大川
상구 유이 여길 이섭대천

＊당대 최고의 정신적 스승이다.
위태롭게 여겨 조심하면 좋은 일이 생긴다.
난관이 있으니 포기하지 말고 과감하게 극복하면 이로우리라.

28. 대과(大過)

[난국] 돌파구를 찾아라

괘사

크게 지나친 상황이다. 용마루가 휘니 가는 바가 있으면 이롭다.
밝게 통하라.

효사

초육은 제물을 까는데 흰 띠풀을 쓰니 허물이 없다.

구이는 마른 버드나무에 새움이 튼다. 늙은 남자가 젊은 부인을 얻
은 격이니, 이롭지 않음이 없다.

구삼은 용마루가 휘니 흉하다.

구사는 용마루를 떠받치면 길하리라. 다른 방법을 쓰면 막힌다.

구오는 마른 버드나무에 꽃이 핀다. 늙은 여자가 젊은 남자를 얻은
격이니, 허물은 없으나 명예도 없다.

상육은 지나치게 건너다가 이마를 잃으니 흉하다. 누구를 탓하겠는가?

택풍대과(澤風大過)

크게 지나친 상황이다. 용마루가 휘니 가는 바가 있으면
이롭다. 밝게 통하라.

大過, 棟橈 利有攸往 亨
대과, 동요 이유유왕 형

하괘의 '손'은 공손하고 근본이 약한데, 상괘의 '태'는 기뻐한다. 따라서 크게 지나친 상황을 상징하는 코드다. 대과(大過)는 '크게 지나치다'의 뜻이다. 지금 표현으로는 총체적 난국(難局)에 해당한다. 경제위기와 실업사태, 집값 폭등이나 폭락, 무역전쟁, 정치적 혼란과 같은 부정적인 현상이 동시다발적으로 일어나는 상황을 총체적 난국이라 한다. 건물의 기둥이 흔들리는 경우, 세월호 침몰 사고도 그와 같고, 물질주의가 극에 달한 탐욕의 시대, 21세기 초반이 이에 해당한다. '대과'괘는 총체적 난국을 극복하는 지혜를 알려주고 있다.

주역에서 크게 지나친 상황을 집에 용마루가 휘는 것에 비유했다. 집이 곧 무너질 염려가 있는 상황에서는 빨리 조치를 취해야 한다. 그래서 '가는 바가 있으면 이롭다'고 했다. 그리고 밝은 마음으로 해야 한다. 기미를 빨리 알아차리고 조심하면서 신속히 조치하려면 밝은 마음이어야 한다. 그래서 '밝게 통하라'고 했다. 주역에서 밝음을 뜻하는 형(亨)이 이처럼 자주 사용되는 것은 마음을 밝게 하는 것이 그만큼 중요하다는 뜻이다. 한국 전통 사상이 바로 밝음의 사상이다.

* 크게 지나쳐서 용마루가 휘는 상황, 총체적 난국이다.
신속한 조치를 실행하면 이롭다. 밝은 마음으로 대처하라.

초육은 제물을 까는데 흰 띠풀을 쓰니 허물이 없다.

初六 藉用白茅 无咎
초육 자용백모 무구

＊사소한 것에도 지극한 정성을 다하라.
그러면 아무 문제가 없다.
＊총체적 난국의 초기에 사소한 것을 잘 챙기면 수습할 수 있다.

구이는 마른 버드나무에 새움이 튼다. 늙은 남자가 젊은 부인을 얻은 격이니, 이롭지 않음이 없다.

九二 枯楊生稊 老夫得其女妻 无不利
구이 고양생제 노부득기녀처 무불리

＊문제가 큰 상황이지만 새로운 희망도 공존하고 있다.
잘 대처하면 기대 이상의 좋은 성과가 있을 것이니 모두에게 이롭다.
＊나무의 코드는 손(☴)이다. 여기서 하괘가 '손'이다. 2효는 음의 자리라서 원래 부드러운데 그 자리에 굳센 양이 왔으니 마른 나무가 나왔다. 2효가 강유를 겸비하여 대처해야 한다는 비결이 들어있다.

구삼은 용마루가 휘니 흉하다.

九三 棟橈 凶
구삼 동요 흉

＊심각한 문제가 방치되어 흉하다.
당장 새로운 해법을 모색해야 하는 절박한 상황이다.
＊3효는 4효와 더불어 지나친 굳센 중심부이니 용마루에 해당한다. 짝인 상효가 음양으로 응하기는 하나 너무 약하여 도움이 되지 않는다. 임시방편으로 해결할 수 있는 상황이 아니다.

구사는 용마루를 떠받치면 길하리라. 다른 방법을 쓰면 막힌다.

九四 棟隆 吉 有它 吝
구사 동륭 길 유타 인

＊심각한 문제를 직접 과감히 해결하면 길하다.
문제를 회피하거나 미봉책을 모색하면 막히게 된다.
＊용마루가 휜 상황이 오래되어 매우 힘든 상황이다. 그것을 떠받치는
딱 한 가지 방법이 있으니, 신속하고 과감하게 조치해야 한다.

구오는 마른 버드나무에 꽃이 핀다. 늙은 여자가 젊은 남자를 얻은
격이니, 허물은 없으나 명예도 없다.

九五 枯楊生華 老婦得其士夫 无咎无譽
구오 고양생화 노부득기사부 무구무예

＊문제 해결책이 보이지만 근본적인 해법은 못 된다.
목숨은 건지지만, 허물도 명예도 없다. 근본적인 대안을 모색하라.
＊나무의 코드는 손(☴)이니 상괘를 뒤집어 보면 나온다. 5효가 군센
양의 자리라서 마른 나무가 나왔다. 꽃은 상효인 음(--)을 말한다.

상육은 지나치게 건너다가 이마를 잃으니 흉하다. 누구를 탓하겠는가!

上六 過涉滅頂 凶 无咎
상육 과섭멸정 흉 무구

＊너무 지나쳐서 문제가 커졌다. 얼굴을 들 수 없으니 흉하다.
모든 것이 내 탓이다. 남 탓할 생각은 아예 하지 말라.
과오를 크게 뉘우치고 새롭고 근본적인 해법을 모색해야 한다.

29. 감(坎)

[수렁] 지혜롭게 탈출하라

괘사

험한 일이 거듭되는 상황이다. 믿음을 갖고 오직 마음으로 밝게 통하라. 가면 고상함이 있으리라.

효사

초육은 험한 일이 거듭되는 상황에서 험한 구덩이로 들어가니 흉하다.

구이는 험한 상황에서 위험한 일이 있으니, 구하면 조금 얻게 될 것이다.

육삼은 와도 가도 험하고 험하니, 위험한데 또 막힌다. 험한 구덩이로 들어가니 용쓰지 말라.

육사는 동이 술과 대그릇 둘을 질그릇에 담아 들창으로 들이면 결국에는 허물이 없을 것이다.

구오는 구덩이가 차지 않고 이미 평평한 데에 이르니 허물이 없다.

상육은 질긴 노끈으로 꽁꽁 묶여 가시덩굴에 놓이게 되어 삼년이 지나도 얻을 수 없으니 흉하다.

중수감(重水坎)

험한 일이 거듭되는 상황이다. 믿음을 갖고 오직 마음으로 밝게 통하라. 가면 고상함이 있으리라.

習坎, 有孚 維心亨 行有尙
습 감, 유 부 유 심 형 행 유 상

늪을 상징하는 '감'괘가 중첩되었다. 험한 늪이 거듭되는 상이다. 수렁에 빠져 허우적대다가 겨우 벗어났는데 또 다시 늪이 나타난 경우와 같이 험한 일이 거듭되는 코드다. 감(坎)은 '늪', '험함', '수렁'을 뜻한다. '감'괘는 좋지 않은 일이 계속 연이어 일어나는 상황이다. 설상가상(雪上加霜), 머피의 법칙, 엎친 데 덮친 격, 이런 표현이 여기에 어울린다. '감'괘는 험한 일이 거듭되는 상황에서 탈출하는 지혜를 알려주고 있다.

험한 일이 거듭되는 상황에서는 어떻게 대처해야 할까? 주역에서 세 가지 지침을 준다. 첫째, 믿음을 가져라. 험한 일이 언제까지나 계속되지는 않는다. 음은 언젠가는 양으로 반전되기 때문이다. 둘째, 마음으로 밝게 통하라. 물질적인 삶을 사는 사람은 몸이 힘들면 원망하는 마음이 생긴다. 하지만 정신적인 삶을 사는 사람들은 힘든 상황도 정신력으로 극복한다. 셋째, 극복하고 나면 오히려 고상해짐을 알아라. 그래서 '가면 고상함이 있으리라'라고 했다.

*험한 일이 거듭된다. 극복할 수 있다는 믿음을 가져라.
상황을 직시하며 오직 정신력으로 극복하라. 밝게 통하라.
극복하고 나면 오히려 전화위복이 된다.

초육은 험한 일이 거듭되는 상황에서 험한 구덩이로 들어가니 흉하다.

初六 習坎 入于坎窞 凶
초육 습감 입우감담 흉

＊험한 일이 시작되어 스스로 계속 빠져들고 있다. 흉하다.
사기를 당하거나 과오가 있는 경우, 피해를 줄이려다가 오히려 더 큰
문제가 된다. 인정하고 거기서 빠져나와야 한다.

**구이는 험한 상황에서 위험한 일이 있으니, 구하면 조금 얻게 될 것
이다.**

九二 坎有險 求 小得
구이 감유험 구 소득

＊험한 상황에서 앞에 위험한 일이 도사리고 있다.
자구책을 마련하거나 도움을 청하면 상황이 조금 나아진다.

**육삼은 와도 가도 험하고 험하니, 위험한데 또 막힌다. 험한 구덩이
로 들어가니 용쓰지 말라.**

六三 來之坎坎 險且枕 入于坎窞 勿用
육삼 내지감감 험차침 입우감담 물용

＊진퇴양난이다. 하는 일마다 막힌다.
가만히 있는 것이 상책이다. 사업, 투자, 계약은 금물이다.
＊와도 가도 험하고 험한 코드는 괘상 전체이다. 오면 하괘가 험한 감
(☵)이요, 가면 상괘가 험한 감(☵)이다. 위험한데 또 막히는 것은 3
효가 포함된 하괘는 험한 감(☵)이고, 3효가 포함된 외호괘는 막힘의
코드인 간(☶)이라서 나온 말이다.

육사는 동이 술과 대그릇 두 개를 질그릇에 담아 들창으로 들이면 결국에는 허물이 없을 것이다.

六四 樽酒 簋貳 用缶 納約自牖 終无咎
육사 준주 궤이 용부 납약자유 종무구

＊험한 일이 조만간 해결된다.
작은 것에도 정성을 다하면 결국 아무 문제가 없을 것이다.
＊대그릇과 질그릇의 코드는 진(☳)이다. 여기서 대그릇과 질그릇은 내호괘에 나오는 진(☳)과 외호괘를 뒤집었을 때 나오는 진(☳)이며, '대그릇 두 개'의 숫자 2는 '진'이 둘이라서 나온 말이다. 4효가 음이기 때문에 숫자 2를 뜻하기도 한다.

구오는 구덩이가 차지 않고 이미 평평한 데에 이르니 허물이 없다.

九五 坎不盈 祇既平 无咎
구오 감불영 지기평 무구

＊험한 일이 다 해결된다. 아무런 문제가 없을 것이다.
＊5효는 험한 일이 거듭되는 상황에서 중정(中正)이다. 리더로서 상황에 맞게 바르게 처신하니 험한 일이 크게 번지지 않고 수습된다.

상육은 질긴 노끈으로 꽁꽁 묶여 가시덩굴에 놓이게 되어 삼년이 지나도 얻을 수 없으니 흉하다.

上六 係用徽纆 寘于叢棘 三歲不得 凶
상육 계용휘묵 치우총극 삼세부득 흉

＊험한 일에 너무 심하게 얽혀있다.
해결하는데 오랜 시간이 걸린다. 흉하다.
자기를 돌아보고 먼 미래를 생각하며 잘 극복하라.

30. 이(離)

[관건] 비장의 카드를 챙겨라

괘사

걸려있는 상황이다. 이롭게 하고 바르게 하며, 밝게 통해야 한다. 암소를 기르면 길하리라.

효사

초구는 발걸음이 어긋난다. 경(敬)을 유지하면 허물이 없으리라.

육이는 황(黃)에 걸려있다. 큰마음으로 하면 길하리라.

구삼은 해가 기울어져서 걸려있다. 질그릇을 두드리며 노래하지 않
　　　으면 큰 늙은이가 탄식하게 될 것이니 흉하다.

구사는 갑자기 나타나면 불에 타거나 죽겠다고 하고 버림받는다.

육오는 눈물을 줄줄 흘리며 슬퍼하고 탄식하면 길하리라.

상구는 왕이 정벌하러 나가면 아름다움이 있다. 우두머리를 제거하
　　　고 그 무리가 아닌 자를 포획하면 허물이 없으리라.

중화리(火重離)

걸려있는 상황이다. 이롭게 하고 바르게 하며, 밝게 통해야 한다. 암소를 기르면 길하리라.

離, 利貞 亨 畜牝牛 吉
이, 이정 형 휵빈우 길

상괘와 하괘는 해와 달을 상징한다. 해와 달은 하늘에 걸려있다. 따라서 '걸려있음'의 코드가 된다. 해와 달은 하늘이 아니면 존재할 수 없다. 해와 달에게는 하늘이 관건인 것이다. '이'괘는 바로 그 '관건'을 상징하는 코드이다. 이(離)는 '걸려있음', '관건'을 뜻한다. 해와 달이 하늘에 걸려있듯이, 우리의 삶도 문제 해결과 생존에 가장 요긴한 열쇠를 필요로 한다. 그것이 삶의 관건이며, 우리 삶은 거기에 달려있는 것이다. 바로 비장의 카드를 챙기라는 뜻이다. '이'괘는 상황에 맞게 비장의 카드를 챙기는 지혜를 알려주고 있다.

비장의 카드를 챙기는 지혜는 뭘까? 우리의 삶은 타인을 이롭게 하는 것, 바르게 하는 것, 밝게 통하는 것, 그 세 가지에 달려있다. 그 과정을 통해 비장의 카드를 손에 쥐게 된다. 그래서 '이롭게 하고 바르게 하며, 밝게 통해야 한다. 암소를 기르면 길하리라'라고 했다. 농경시대에는 암소가 비장의 카드였다. 농사를 짓는데 필수적인 도구이기도 하고, 새끼를 낳으면 목돈을 마련할 수도 있기 때문이다.

＊남을 이롭게 하고, 바르게 하고, 밝게 통하라.
적금통장, 심신건강, 가정의 화목, 나만의 특별한 장점, 리더십과 같은 비장의 카드를 챙겨야 할 때다.

초구는 발걸음이 어긋난다. 경(敬)을 유지하면 허물이 없으리라.

初九 履錯然 敬之 无咎
초구 이착연 경지 무구

＊비틀거리며 헷갈리고 있다. '경(敬)'을 하면 문제가 없다.
'경'은 경건하게 한 곳에 집중하는 명상과 같은 마음공부법이다.
＊걸음을 배우든, 운전을 배우든, 사업이나 사회생활을 시작하든, 시작
상황에서 가장 중요한 히든카드는 마음을 경건히 집중하는 것이다.

육이는 황(黃)에 걸려있다. 큰마음으로 하면 길하리라.

六二 黃離 元吉
육이 황리 원길

＊상황 파악을 잘 해서 때에 맞게 처신해야 할 때다.
큰마음으로 하면 좋을 일이 이어질 것이다.
＊황(黃)은 중앙의 색이다. 상황에 맞게 처신하는 중(中)과 같다.

구삼은 해가 기울어져서 걸려있다. 질그릇을 두드리며 노래하지 않으
면 큰 늙은이가 탄식하게 될 것이니 흉하다.

九三 日昃之離 不鼓缶而歌 則大耋之嗟 凶
구삼 일측지리 불고부이가 즉대질지차 흉

＊인생의 황혼을 향하고 있다.
삶을 관조하며 즐겁고 편안한 마음을 가져야 한다.
그렇지 않으면 늙어서 탄식하게 될 것이니 흉한 일이다.
＊'이'괘에서 하괘는 개인적 입장에서 일생의 시간이 경과함에 따라 무
엇이 관건이 되는지를 알려주고 있으며, 이하에 나오는 상괘는 리더의
입장에서 그 시간의 경과에 따른 관건이 무엇인지를 알려주고 있다.

구사는 갑자기 나타나면 불에 타거나 죽겠다고 하고 버림받는다.

九四 突如其來如 焚如 死如 棄如
구사 돌여기래여 분여 사여 기여

＊리더로서 아직 제대로 준비되지 않은 상태다.
주위 사람들은 열 받게 되고, 나는 버림받게 된다.
리더가 되려면 준비를 제대로 하고 다시 시작하라.
＊상괘가 이(☲)라서 불이 나왔다. 철탑농성, 땅콩 회항, 열정 페이, 촛
불시위 등 경영과 삶의 현장에서 생겨나는 많은 문제들이 준비되지 않
은 리더 때문에 생기는 경우가 대부분이다.

육오는 눈물을 줄줄 흘리며 슬퍼하고 탄식하면 길하리라.

六五 出涕沱若 戚嗟若 吉
육오 출체타약 척차약 길

＊남을 측은하게 여기고 남의 아픔을 나의 아픔으로 여겨라.
리더로서 그러면 길하리라. 사욕이 앞서면 일을 그르치게 된다.
＊왕공에게 걸려있다는 것은 왕다움, 즉 리더십에 달려있다는 뜻이다.

상구는 왕이 정벌하러 나가면 아름다움이 있다. 우두머리를 제거하고
그 무리가 아닌 자를 포획하면 허물이 없으리라.

上九 王用出征 有嘉 折首 獲匪其醜 无咎
상구 왕용출정 유가 절수 획비기추 무구

＊조직이 혼란에 빠졌을 때 리더가 문제 해결을 위해 직접 나서라.
그러면 그 모습이 아름답게 보인다.
그 때 잘못된 부분만 도려내고 억울한 피해자가 없도록 하라.
그러면 아무 문제가 없으리라.

31. 함(咸)

[교감] 진실로 감응하라

괘사

교감하는 상황이다. 밝게 통하라. 이롭게 하고 바르게 하라. 여자를 취하면 길하리라.

효사

초육은 그 엄지발가락에 교감한다.

육이는 그 장딴지에서 교감하면 흉하다. 머물러 있으면 길하다.

구삼은 그 허벅지에서 교감하니, 그 따르는 자에게 집착하여 가면 막힌다.

구사는 바르게 하면 길하고 후회가 없어진다. 그리워하는 마음으로 계속 왕래하면 벗이 너의 생각을 따르리라.

구오는 그 등심에서 교감하니 후회가 없으리라.

상육은 그 볼과 뺨과 혀에서 교감한다.

택산함(澤山咸)

교감하는 상황이다. 밝게 통하라. 이롭게 하고 바르게 하라. 여자를 취하면 길하리라.

咸, 亨 利貞 取女 吉
함, 형 이정 취녀 길

상괘는 연못, 하괘는 산이다. 산 위에 움푹 들어간 연못이 있어서 산과 연못이 서로 교감하는 코드다. 상괘는 소녀(少女)를, 하괘는 소남(少男)을 각각 상징하여 청춘남녀가 서로 사랑하며 교감하는 코드이기도 하다. '함'괘는 서로 짝이 되는 초효와 4효, 2효와 5효, 3효와 상효가 모두 음양으로 조화롭게 정응(正應)하고 있다. 여기서 함(咸)은 '교감'을 뜻하는 감(感)과 통용된다. '함'괘를 보면 교감하는 지혜를 알 수 있다.

교감하는 상황에서는 어떻게 해야 할까? 그 지침은 세 가지다. 첫째, 밝게 통해야 한다. 마음을 열고 순수한 마음으로 교감하라는 뜻이다. 둘째, 상대방을 이롭게 하고 바르게 해야 한다. 셋째, 지극한 정성을 기울여야 한다. '여자를 취한다'는 말은 은유다. 여자를 취하라는 것이 아니라 이성을 취할 때처럼 지극한 정성을 기울이라는 뜻이다. 사랑하는 이성을 취하려면 엄청난 정성을 기울여야 한다. 교감하는 것도 그렇게 정성을 다해 진실로 감응해야 한다.

* 교감, 교제하는 상황이다. 밝게 통하라.
이롭게 하고 바르게 하며, 지극 정성을 다하라.
그러면 좋은 일이 생길 것이다.

초육은 그 엄지발가락에 교감한다.

初六 咸其拇
초육 함기무

＊교감, 교제하러 나가고 싶은 마음이 앞선다.
하지만 아직은 때가 아니니 만나서는 안 된다.
＊초효의 짝은 '구사'이며, 서로 음양으로 조화를 이루고 있다. 교감의
막 시작될 때는 마음이 앞서서 빨리 만나고 싶어진다. 하지만 앞이 막
혀있다. 하괘가 막힘을 상징하는 간(☶)이기 때문이다.

육이는 그 장딴지에서 교감하면 흉하다. 머물러 있으면 길하다.

六二 咸其腓凶 居吉
육이 함기비흉 거길

＊교제하고 싶은 마음이 크지만 그는 내 짝이 아니다.
교감하면 흉하고, 만나지 않고 머물러 있으면 길하다.
＊2효의 짝은 '구오'인데, 바로 위에 있는 '구삼'과 음양으로 이웃하고
있기 때문에 '구삼'에게 마음이 끌리기 쉽다.

**구삼은 그 허벅지에서 교감하니, 그 따르는 자에게 집착하여 가면
막힌다.**

九三 咸其股 執其隨 往吝
구삼 함기고 집기수 왕인

＊교감, 교제하러 나가고 싶은 마음이 매우 크다.
나를 따르는 자는 내 짝이 아니다.
집착하여 만나면 일이 꼬이고 막히게 된다.
＊3효의 짝은 '상육'이인데 바로 아래 '육이'에게 끌리기 쉽다.

구사는 바르게 하면 길하고 후회가 없어진다. 그리워하는 마음으로 계속 왕래하면 벗이 너의 생각을 따르리라.

九四 貞吉 悔亡 憧憧往來 朋從爾思
구사 정길 회망 동동왕래 붕종이사

* 교감, 교제하러 나가고 싶은 마음이 매우 크다.
내가 가면 그는 나를 따르게 된다. 그는 나의 짝이지만 아직은 나설 때가 아니며, 좀 더 기다렸다가 만나면 길하고 아무 문제가 없다.
* 4효의 짝은 '초육'인데 4효는 음의 자리에 양이 와서 바르지 않고 '초육'은 아직 미성숙 상태이다.

구오는 그 등심에서 교감하니 후회가 없으리라.

九五 咸其脢 无悔
구오 함기매 무회

* 교감, 교제하러 나가야 할 때다.
짝은 물론이고 주위 사람들까지 잘 챙기면 아무 문제가 없다.
* 5효는 중정(中正)의 리더다. 그의 짝은 '육이'이지만 '육이'와 교감을 하면서도 전체 구성원의 안위를 챙기는 것이 그 역할이다.

상육은 그 볼과 뺨과 혀에서 교감한다.

上六 咸其輔頰舌
상육 함기보협설

* 입으로만 교감하고 교제한다.
진심으로 사귀지 않으면 구설수에 오르게 되니 주의하라.
* 볼과 뺨과 혀의 코드는 태(☱)이다. 따라서 입으로 말로만 하는 상황이다. 여기서 상괘가 '태'이다.

32. 항(恒)

[일관] 한결같이 사랑하라

괘사

한결같아야 하는 상황이다. 밝게 통하면 허물이 없다. 이롭게 하고 바르게 해야 한다. 가는 바가 있으면 이롭다.

효사

초육은 한결같음에 천착하면 바로잡아도 흉하고 이로울 바가 없다.

구이는 후회가 없어진다.

구삼은 그 덕이 한결같지 않으니 간혹 부끄러운 일로 이어질 수 있다. 바르게 해도 막힌다.

구사는 사냥터에 사냥감이 없다.

육오는 그 덕을 한결같이 해야 한다. 바르게 하면 부인은 길하고 부자는 흉하다.

상육은 한결같은 마음이 흔들리니 흉하다.

뇌풍항(雷風恒)

한결같아야 하는 상황이다. 밝게 통하면 허물이 없다. 이롭게 하고 바르게 해야 한다. 가는 바가 있으면 이롭다.

恒, 亨 无咎 利貞 利有攸往
항, 형 무구 이정 이유유왕

상괘는 움직임을, 하괘는 순하게 따르는 것을 상징한다. 부창부수 (夫唱婦隨)의 경우와 같이 한 쪽이 움직이고 다른 한 쪽이 순하게 따르면 사랑을 한결같이 지속할 수 있다. 따라서 한결같은 사랑, 초지일관의 코드가 된다. 상괘인 '진'은 장남을, 하괘인 '손'은 장녀를 상징하니, 성숙한 남녀가 서로 인연을 맺어 사랑을 지속하는 코드이기도 하다. 항(恒)은 '한결같음', '일관', '지속'을 뜻한다. 하늘이 하는 일은 늘 한결같다. 밤낮의 변화, 사시의 변화가 일관되게 지속된다. 사람도 인연을 맺으면 한결같은 마음으로 초지일관하는 것이 미덕이다. 초지일관하기란 쉬운 일이 아니지만 우리가 어떤 일이든 제대로 된 성과를 이루어내기 위해 꼭 필요한 덕목이다.

'항'괘에는 초지일관하는 지혜가 들어있다. 한결같아야 하는 상황에서 주역이 알려주는 지침은 무엇일까? 밝게 통해야 한다. 이롭게 하고 바르게 해야 한다. 그리고 무엇보다 실천해야 한다. '가는 바가 있다'는 것은 실천에 옮긴다는 뜻이다.

＊초지일관! 한결같이 사랑하라. 밝게 통하면 문제가 없다.
이롭게 하고 바르게 하라. 실천에 옮기는 것이 이롭다.

초육은 한결같음에 천착하면 바로잡아도 흉하고 이로울 바가 없다.

初六 浚恒 貞凶 无攸利
초육 준항 정흉 무유리

＊사랑을 확인하고 다짐 받으려 하지 말라.
그러면 나중에 잘 해도 흉하고, 서로에게 도움이 안 된다.

구이는 후회가 없어진다.

九二 悔亡
구이 회망

＊안타까운 일, 후회스러운 일이 있다.
하지만 한결같이 사랑하면 안타까움도 후회도 사라지리라.
＊2효는 하괘의 중(中)이다. 음의 자리에 양이 와서 자리가 바르지 않
으며, 짝인 5효와 음양이 서로 뒤바뀐 상황이라서 안타까운 상황이다.
하지만 그 위상이 중(中)이니 상황에 맞게 처신할 것이며, 따라서 안
타까움이 사라지게 될 것이다.

**구삼은 그 덕이 한결같지 않으니 간혹 부끄러운 일로 이어질 수 있
다. 바르게 해도 막힌다.**

九三 不恒其德 或承之羞 貞吝
구삼 불항기덕 혹승지수 정인

＊양다리를 걸치거나 부정한 행위를 하면 수치를 당한다.
그러면 나중에 잘 해도 꼬이고 막힌다.
＊3효의 짝은 상효인데 위상이 중(中)이 아니고 바로 아래 음효가 있
어서 짝을 버려두고 한눈을 팔기 쉬운 상황이다. 사귀는 사람이 있으면
서 다른 이성에 눈을 돌리는 경우가 이에 해당한다.

구사는 사냥터에 사냥감이 없다.

九四 田无禽
구사 전무금

＊사랑이 헷갈려 한결같은 사랑을 유지하기 어렵다.
＊4효는 초효와 짝인데 둘 다 바르지 않다. 사냥터를 뜻하는 전(田)은
2효이다. 사냥감의 코드는 감(☵)이다. '구사'가 바르게 음의 특성을
회복하더라도 사냥터인 2효와 초효의 음양이 뒤바뀌어서 내호괘가 감
(☵)이 되지 않고, 초효는 양이 되지 않아 서로 응하지 못한다. 그래서
'사냥터에 사냥감이 없다'고 했다.

**육오는 그 덕을 한결같이 해야 한다. 바르게 하면 부인은 길하고 부
자는 흉하다.**

六五 恒其德 貞 婦人 吉 夫子 凶
육오 항기덕 정 부인 길 부자 흉

＊한결같이 사랑하되 겉으로는 부드럽게, 안으로는 굳세게 하면 길하다.
그렇지 않고 겉으로 굳세게 하면 흉한 일이 생긴다.
＊5효의 짝은 2효인데, 음양이 뒤바뀐 상황이다. 따라서 굳세게 하면
짝인 2효와 강대강으로 부딪치게 된다. 바르게 하여 굳센 특성을 발휘
하더라도 겉으로 부인과 같은 부드러움을 유지할 필요가 있다.

상육은 한결같은 마음이 흔들리니 흉하다.

上六 振恒 凶
상육 진항 흉

＊한결같은 마음이 흔들리면 흉하다.
끝까지 흔들리지 말고 한결같이 사랑하라.

33. 둔(遯)

[은퇴] 아름답게 물러나라

괘사

물러나야 하는 상황이다. 밝은 마음으로 조금 이롭게 하고 바르게
해야 한다.

효사

초육은 꼬리를 감춰야 하는 상황이니 위태롭게 여겨야 한다. 가야
  할 바가 있어도 용쓰지 말라.

육이는 황소 가죽을 써서 꽉 붙잡으니 도저히 빼앗을 수 없다.

구삼은 얽혀서 물러나야 하는 상황이니 안타까움이 있고 위태롭다.
  신첩을 기르면 길하다.

구사는 물러나는 것을 좋아하니 군자는 길하고 소인은 그렇지 않다.

구오는 아름답게 물러난다. 바르게 하니 길하다.

상구는 넉넉하게 물러나면 이롭지 않음이 없다.

천산둔(天山遯)

물러나야 하는 상황이다. 밝은 마음으로 조금 이롭게 하고 바르게 해야 한다.

遯, 亨 小利貞
둔, 형 소 리 정

상괘는 하늘, 하괘는 산이다. 하늘만 보이는 산중에 물러나 은둔하는 것을 상징하는 코드다. 둔(遯)은 '달아나다', '물러나다'의 뜻인데, 여기서는 주로 현역에서 물러나 은퇴하는 경우를 다룬다. 아무리 좋은 자리에 있더라도 나이가 들면 언젠가는 은퇴할 때가 온다. 중요한 것은 어떻게 은퇴를 준비하고, 어떻게 물러나야 할지를 아는 것이다. '둔'괘는 아름답게 은퇴하고 물러나는 지혜를 알려주고 있다.

물러나야 하는 상황에서의 지혜는 두 가지다. 첫째, 밝은 마음으로 대처해야 한다. 현역에서 은퇴하는 상황은 쓸쓸하고 우울해지기 쉽지만 군자는 그 상황에서도 밝음을 잃지 않는다. 그 동안 생활 전선에서 바쁘게 뛰다가 은퇴를 하게 되면 여유를 갖고 삶을 조망하는 기회로 삼아야 한다. 형(亨)은 욕심 내지 말라는 뜻도 된다. 둘째, 조금 이롭게 하고 바르게 해야 한다. 물러나는 상황에서 큰 이로움을 줄 수는 없다. 그동안 함께한 이들에게 작으나마 도움을 주고, 부드러워야 할 때는 유연하게, 굳세게 해야 할 때는 단호하게 하라는 뜻이다. 떠날 때를 분명히 알고 굳세게 떠나는 것이 가장 좋다.

* 물러나야 하는 상황이다. 그 일에서 발을 빼라.
밝은 마음으로 조금 이롭게 하고 굳세게 물러나라.

초육은 꼬리를 감춰야 하는 상황이니 위태롭게 여겨야 한다. 가야할 바가 있어도 용쓰지 말라.

初六 遯尾 厲 勿用有攸往
초육 둔미 려 물용유유왕

＊실력이 부족하다. 꼬리를 감추고 물러나라.
위태로운 상황이다. 실행하면 될 것 같아도 용쓰지 말라.
＊초효는 양의 자리인데 음이 왔고 앞은 간(☶)으로 막혀있다.

육이는 황소 가죽을 써서 꽉 붙잡으니 도저히 빼앗을 수 없다.

六二 執之用黃牛之革 莫之勝說
육이 집지용황우지혁 막지승탈

＊붙잡아도 결코 응하지 말고 물러나라.
능력이 있지만 물러나 내공을 쌓으며 새로운 준비를 하라.
＊소의 코드는 손(☴)이며, 내호괘가 그것이다. 황(黃)은 중(中)의 색이니 2효라서 나온 말이다. 그래서 황소의 코드가 된 것이다.

구삼은 얽혀서 물러나야 하는 상황이니 안타까움이 있고 위태롭다. 신첩을 기르면 길하다.

九三 係遯 有疾 厲 畜臣妾 吉
구삼 계둔 유질 여 휵신첩 길

＊여러 가지가 얽혀서 못 물러나니 안타깝고 위태롭다.
동반자에게 잘 하면서 언젠가 물러날 때를 준비하면 길하리라.
＊얽힘의 코드를 손(☴)으로 볼 수 있다. 공자는 '손'을 '진퇴', '과감하지 않음'의 상으로 보았다. 내호괘가 '손'이다. 3효가 얽힌 대상은 아래 두 음효이다. 신첩은 같은 괘체에 있는 두 음효를 뜻한다.

구사는 물러나는 것을 좋아하니 군자는 길하고 소인은 그렇지 않다.

九四 好遯 君子 吉 小人 否
구사 호둔 군자 길 소인 부

＊물러날 좋은 기회가 왔다.
군자는 과감히 물러나 길하고, 소인은 못 물러나니 흉하다.
＊좋아함의 코드는 태(☱)이며, 막힘과 우유부단의 코드는 각각 간(☶)
과 손(☴)이다. 군자는 초효를 조화로운 짝으로 여기고 내호괘를 뒤집
어 '태'를 보아 좋은 일로 여겨 결단을 하지만, 소인은 하괘의 '간'을
막힘으로 여기고 내호괘인 '손'으로 우유부단해진다.

구오는 아름답게 물러난다. 바르게 하니 길하다.

九五 嘉遯 貞吉
구오 가둔 정길

＊물러날 최적의 시기다. 아름답게 물러나라.
굳세게 물러나면 좋은 일이 있으리라.
＊5효는 중정(中正)의 리더이다. 물러나야 할 때를 바로 알고 굳세게
물러나는 경우가 이에 해당한다. 또 '육이'와 음양으로 정응이 된다. 그
동안 모든 준비가 잘 되어 왔고, 상황도 사람도 나를 돕는 형국이다.

상구는 넉넉하게 물러나면 이롭지 않음이 없다.

上九 肥遯 无不利
상구 비둔 무불리

＊물러날 수 있는 마지막 기회다.
명예롭게 물러나면 모두에게 도움이 되는 일이다.

34. 대장(大壯)

[큰 힘] 요긴하게 힘써라

괘사

크게 힘쓰는 상황이다. 이롭게 하고 바르게 해야 한다.

효사

초구는 발이 씩씩하니 무리해서 가면 흉하다. 틀림없다.

구이는 바르게 하면 길하리라.

구삼은 소인은 씩씩함을 쓰고 군자는 그물을 쓴다. 바르게 하면 위태하니, 숫양이 울타리를 들이받아 뿔이 걸려 고생한다.

구사는 바르게 하면 길하고, 후회가 없어진다. 울타리가 무너져 걸림이 없다. 큰 수레의 중앙 축과 같이 씩씩하다.

육오는 쉽게 양을 잃으니 후회가 없으리라.

상육은 숫양이 울타리를 들이받으면 물러나지도 나아가지도 못하여 이로울 것이 없다. 어렵게 여기면 길하리라.

뇌천대장(雷天大壯)

 크게 힘쓰는 상황이다. 이롭게 하고 바르게 하라.

大壯, 利貞
대장, 이정

상괘는 우레, 하괘는 하늘이다. 하늘 위에 우레가 치듯 크게 힘쓰는 것을 상징하는 코드다. 대장(大壯)은 '크게 힘쓴다'는 뜻이다. 힘쓰는 일이라 하여 힘으로만 해서 되는 게 아니다. 크게 힘쓰는 데는 요령이 있다. 귀촌을 하여 힘을 써 본 사람은 알겠지만, 예를 들어 무거운 것을 들어 나르는 데도 요령과 지혜가 필요하다. 몸도 잘 쓰고 도구도 잘 써야 한다. 그래야 다치지 않으면서 효과적으로 힘을 쓸 수 있다. '대장'괘는 힘쓰는 지혜를 알려주고 있다.

크게 힘쓰는 상황에서는 어떤 자세로 임해야 할까? 주역이 알려주는 지혜는 두 가지다. 첫째, 큰 힘은 나와 남을 이롭게 하는데 효과적으로 써야 한다. 둘째, 바르게 써야 한다. 그래서 '이롭게 하고 바르게 해야 한다'고 했다. 주역에서 '바르다'는 것은 도덕적인 의미가 없는 것은 아니지만 기본적으로 굳셈과 부드러움, 즉 음양의 바름을 뜻한다. 주역은 음양철학이기 때문이다. '대장'괘에서 특히 강조하는 것은 부드럽게, 효과적으로 힘쓰라는 것이다. 무리하게 힘쓰는 것은 큰 힘을 쓰는 지혜가 아니다.

＊크게 힘써야 하는 상황이다.
효과적으로 힘을 써서 이롭게 하고, 또한 바르게 힘써라.
굳세게 안간힘을 쓰는 것보다 부드러운 지혜를 쓰는 것이 낫다.

초구는 발이 씩씩하니 무리해서 가면 흉하다. 틀림없다.

初九 壯于趾 征凶 有孚
초구 장우지 정흉 유부

＊힘쓰기 시작할 때 마음이 앞선다. 무리하게 힘쓰지 말라.
그렇게 실행하면 틀림없이 흉한 일이 일어난다.

구이는 바르게 하면 길하리라.

九二 貞吉
구이 정길

＊안에 부드러움이 숨어있다.
부드럽게 힘 조절을 잘 하라. 그러면 길하리라.
＊2효는 하괘의 중(中)이니 힘써야 할 때 상황에 맞게 힘쓰는 경우이
다. 또한 음의 자리이기 때문에 속에 감춰져 있는 부드러운 음을 기반
으로 지혜롭게 힘써야 한다. 이럴 때는 굳세게만 하지 말고 힘 조절을
하는 것이 좋다. 그래서 '바르게 하면 길하다'고 했다.

**구삼은 소인은 씩씩함을 쓰고 군자는 그물을 쓴다. 바르게 하면 위
태하니, 숫양이 울타리를 들이받아 뿔이 걸려 고생한다.**

九三 小人用壯 君子用罔 貞厲 羝羊觸藩 羸其角
구삼 소인용장 군자용망 정려 저양촉번 이기각

＊소인은 안간힘을 쓰고 군자는 지혜를 쓴다.
굳세게 힘을 쓰면 위태롭다. 진퇴양난에 처해 고생하게 된다.
＊양(羊)의 코드는 외호괘인 태(☱)이다. 숫양이라 한 것은 아래 양이
네 개나 더 있기 때문이다.

구사는 바르게 하면 길하고, 후회가 없어진다. 울타리가 무너져 걸림이 없다. 큰 수레의 중앙 축과 같이 씩씩하다.

九四 貞吉 悔亡 藩決不羸 壯于大輿之輹
구사 정길 회망 번결불리 장우대여지복

＊부드럽게 힘쓰면 길하고 후회가 없어진다.
앞길이 훤히 열려있느니 걸림 없이 나아가 뜻을 이룬다.
＊앞이 음으로 활짝 열려있고, 음의 자리에 양이 왔으니 강유를 겸비하면 걸림 없이 큰 힘을 쓸 수 있다.

육오는 쉽게 양을 잃으니 후회가 없으리라.

六五 喪羊于易 无悔
육오 상양우이 무회

＊아랫사람들이 힘쓰는 것을 도와라.
그들이 쉽게 힘을 쓸 수 있게 길을 열어주면 후회할 일이 없다.
＊양(羊)의 코드는 외호괘인 태(☱)이다. '양을 잃는다'는 것은 아랫사람들이 5효 자신을 통과해 지나가게 돕는다는 뜻이다.

상육은 숫양이 울타리를 들이받으면 물러나지도 나아가지도 못하여 이로울 것이 없다. 어렵게 여기면 길하리라.

上六 羝羊觸藩 不能退 不能遂 无攸利 艱則吉
상육 저양촉번 불능퇴 불능수 무유리 간즉길

＊크게 힘쓰는 상황에서 끝까지 힘으로 밀고 나가면 안 된다.
그러면 진퇴양난에 처하게 되어 누구에게도 이로울 게 없다.
어려운 상황임을 알고 부드러움을 회복하면 그동안 힘쓴 일들이 좋은 성과를 가져올 것이다.

35. 진(晉)

[진전] 밝게 나아가라

괘사

나아가는 상황이다. 편안한 나라의 제후가 말을 많이 하사받기 위해 용쓰고, 낮에 세 번 접한다.

효사

초육은 나아가면 꺾이게 된다. 바르게 하면 길하리라. 믿음이 없어도 여유를 가지면 허물이 없다.

육이는 나아가면 근심이 된다. 바르게 하니 길하리라. 이 큰 복을 왕모에게서 받는다.

육삼은 무리가 믿으니 후회가 없어지리라.

구사는 날다람쥐처럼 나아가니 바르게 해도 위태롭다.

육오는 후회가 없어진다. 잃고 얻는 것을 걱정하지 말고 나아가면 길하여 이롭지 않음이 없으리라.

상구는 뿔로 나아간다. 오직 읍을 정벌하고 위태롭게 여기면 길하고 허물이 없다. 바르게 하면 막히리라.

화지진(火地晉)

나아가는 상황이다. 편안한 나라의 제후가 말을 많이 하
사받기 위해 용쓰고, 낮에 세 번 접한다.

晉, 康侯用錫馬蕃庶 晝日三接
진, 강후용석마번서 주일삼접

밝음(☲)과 순함(☷)의 상이 각각 위아래에 있어서, 밝음의 도움
으로 순조롭게 나아가는 것을 상징하는 코드다. 또한 태양 같은 밝은
기운이 땅 위로 솟아오르는 상이기도 하다. 진(晉)은 '나아가다', '진
전하다'의 뜻이며, 하는 일에 진전이 있거나 신분이 향상되는 것을 말
한다. '진'괘는 향상 진전하는 지혜를 알려주고 있다.

향상 진전하는 상황에서의 지혜는 무엇일까? 먼저 학식과 덕망을
쌓으며 성장을 위해 지속적으로 노력해야 한다. 자기 분야의 전문성과
인격을 길러서 입사 시험이나 공무원 시험 공고에 지속적인 관심을
기울여 시험에 자주 응시할 기회를 찾는 것이 그에 해당한다. '편안한
나라의 제후가 말을 많이 하사받기 위해 용쓴다'는 말은 그런 뜻의 은
유다. 그런 다음에는 정성을 다해 부지런히 얼굴을 내밀어야 한다. 예
를 들면 면접을 자주 보고 시험에 자주 응시하여 기회를 내 것으로
만들어야 한다. '낮에 세 번 접한다'는 것은 그런 뜻의 은유다.

＊일에 진전이 있고, 신분이 향상된다.
인격을 도야하고 실력을 쌓아 일자리를 얻거나 자격증을 따기 위해 적
극적으로 노력하라. 면접을 자주 보거나 시험을 자주 봐서 기회를 내
것으로 만들어라.

초육은 나아가면 꺾이게 된다. 바르게 하면 길하리라. 믿음이 없어도 여유를 가지면 허물이 없다.

初六 晉如摧如 貞吉 罔孚 裕无咎
초육 진여최여 정길 망부 유무구

＊일이 뜻대로 되지 않지만 굳세게 나아가면 길하리라.
장래가 불확실하지만 여유를 갖고 실력을 쌓으며 기회를 엿보라.
＊내호괘가 간(☶)이라서 앞이 막히지만, 양의 자리라 굳세어야 한다.

육이는 나아가면 근심이 된다. 바르게 하니 길하리라. 이 큰 복을 왕모에게서 받는다.

六二 晉如愁如 貞吉 受茲介福于其王母
육이 진여수여 정길 수자개복우기왕모

＊일이 진전되지 않아 걱정이다. 느긋하고 바르게 하면 길하리라.
실력을 기르면 힘 있는 이로부터 큰 기회를 부여받게 되리라.
＊근심의 코드는 외호괘 감(☵)이며, 복(福)의 코드는 상괘 이(☲)이다. 왕모는 5효가 리더라서 왕(王)이며, 음이라서 모(母)라 했다.

육삼은 무리가 믿으니 후회가 없어지리라.

六三 衆允 悔亡
육삼 중윤 회망

＊무리가 나를 믿고 따른다.
안타까운 일, 후회할 일이 없어지리라.
＊무리의 코드는 곤(☷)이다. 하괘의 '곤'이 무리에 해당한다.
따라서 아래 초효와 2효가 3효인 나를 믿고 따른다는 뜻이다.

구사는 날다람쥐처럼 나아가니 바르게 해도 위태롭다.

九四 晉如鼫鼠 貞厲
구사 진여석서 정려

＊일에 가속도가 생겨 겁도 없이 밀어붙인다.
잘못을 알고 다시 조심해도 위태롭다.
＊4효는 부중(不中), 부정(不正)이면서 상층부에 진입한 형국이다.
음의 자리에 양이 와서 날다람쥐라는 은유가 나왔다.

육오는 후회가 없어진다. 잃고 얻는 것을 걱정하지 말고 나아가면
길하여 이롭지 않음이 없으리라.

六五 悔亡 失得勿恤 往吉 无不利
육오 회망 실득물휼 왕길 무불리

＊진전이 없어 안타깝지만 조만간 좋아질 것이다.
득실을 따지며 걱정하지 말고 나아가면 길하고 모두에게 이롭다.
＊나아감의 코드는 진(☳)이며, 그 방향은 진(☳)의 방향에 따르면 된
다. 내호괘를 뒤집어서 '진'이 나오니 아래를 향해 나아가는 것이다.

상구는 뿔로 나아간다. 오직 읍을 정벌하고 위태롭게 여기면 길하고
허물이 없다. 바르게 하면 막히리라.

上九 晉其角 維用伐邑 厲吉 无咎 貞吝
상구 진기각 유용벌읍 여길 무구 정인

＊만족하지 못하고 끝없이 나아가려 한다.
멈춰서 자신을 돌아보며 위태롭게 여기면 길하고 허물이 없다.
우유부단하여 헷갈리면 막힌다.
＊상효가 바르게 하면 우유부단하면서 짝인 3효를 도울 수도 없다.

36. 명이(明夷)

[암울] 절망을 이겨내라

괘사

밝음이 상처받은 상황이다. 어렵게 여겨 바르게 하는 것이 이롭다.

효사

초구는 밝음이 상처받은 상황에서, 날아가는 데 다쳐 날개가 늘어
　　　졌다. 군자가 가는데 3일을 먹지 않으니, 가는 바가 있으면
　　　주인이 말을 한다.

육이는 밝음이 상처받은 상황에서 왼쪽 허벅지를 다쳤다. 구조하는
　　　데 힘쓸 말이 건장하니 길하리라.

구삼은 밝음이 상처받은 상황에서, 남쪽에서 사냥하여 큰 우두머리
　　　를 얻게 된다. 급히 해서는 안 되며, 바르게 하라.

육사는 왼쪽 배에 들어가 '명이'의 심장을 잡고 문과 뜰로 나가야 한다.

육오는 기자의 밝음이 상처받은 상황이니 이롭게 하고 바르게 해
　　　야 한다.

상육은 밝지 못하면 어두워진다. 처음에는 하늘에 오르고 나중에는
　　　땅으로 들어간다.

지화명이(地火明夷)

밝음이 상처받은 상황이다. 어렵게 여겨 바르게 하는 것
이 이롭다.

明夷, 利艱貞
명이, 이간정

상괘는 땅, 하괘는 밝음이다. 밝음이 땅 아래 묻혀서 밝음이 상처
받은 상황을 상징하는 코드다. 이(夷)는 '평평하다', '온화하다', '상하
다', '다치다(상처)'의 뜻이 있으며, 여기서는 '다치다'의 뜻으로 쓰였
다. 명이(明夷)는 '밝음이 상처받는다'는 뜻이다. 따라서 '명이'괘는
독재정권 치하, 혹독한 불황과 같은 암흑기를 견뎌내는 지혜를 알려주
고 있다. 지금 같은 말세(末世)도 평범한 사람들의 밝음이 상처받은
암울한 시대에 해당하는데, 절망하지 않고 견뎌내면 반드시 서광이 비
치는 날이 오게 되어 있다. 이것이 주역이 알려주는 지혜이다.

암울한 시대를 극복하는 지혜는 무엇일까? 주역에서는 '어렵게 여
겨 바르게 하라'고 했다. 그러면 이롭다고 했다. 여기서 이롭다는 뜻
의 '이(利)'는 '살 길 찾는다', '살아남는다'는 뉘앙스로 쓰였다. 주역
에서 바르게 한다는 것은 음양의 바름을 말한다. 즉, 굳세어야 할 때
굳세고 유연해야 할 때 유연해야 한다는 뜻이다. 암울한 상황에서는
나서지 말아야 할 때 나서지 않고 참고 견디면서 때를 기다리는 것이
특히 중요하다.

* 밝음이 상처받는 암울한 상황이다.
어렵게 여기며 잘 참고 견뎌라. 그러면 다시 빛나는 날이 올 것이다.

초구는 밝음이 상처받은 상황에서, 날아가는 데 다쳐 날개가 늘어졌다. 군자가 가는데 3일을 먹지 않으니, 가는 바가 있으면 주인이 말을 한다.

初九 明夷 于飛 垂其翼 君子于行 三日不食 有攸往 主人有言
초구 명이 우비 수기익 군자우행 삼일불식 유유왕 주인유언

　＊새가 날개를 다쳐 날 수 없을 정도로 암울하다.
　소득에 연연하지 말고 목숨만 부지할 수 있도록 하라.
　그들이 회유하더라도 따르지 말고, 견디면서 밝은 날을 기다려라.

육이는 밝음이 상처받은 상황에서 왼쪽 허벅지를 다쳤다. 구조하는데 힘쓸 말이 건장하니 길하리라.

六二 明夷 夷于左股 用拯馬壯 吉
육이 명이 이우좌고 용증마장 길

　＊암울한 상황이지만 가장 소중한 것은 잃지 않아 다행이다.
　상황에 맞게 바르게 대처하면 힘 센 자가 도와서 길하리라.
　＊말의 코드는 진(☳)이다. 여기서 왜호괘가 말이기 때문에 '구삼'이 '육이'를 구조하는 말이 된다. '구삼'이 양이기 때문에 건장한 말이다.

구삼은 밝음이 상처받은 상황에서, 남쪽에서 사냥하여 큰 우두머리를 얻게 된다. 급히 해서는 안 되며, 바르게 하라.

九三 明夷 于南狩 得其大首 不可疾 貞
구삼 명이 우남수 득기대수 불가질 정

　＊암흑에서 벗어나 밝음으로 가는 결정적 실마리를 찾게 된다.
　급히 하면 역공을 당할 수 있으니 주의하고, 굳세게 하라.

육사는 왼쪽 배에 들어가 '명이'의 심장을 잡고 문과 뜰로 나가야 한다.

六四 入于左腹 獲明夷之心 于出門庭
육사 입우좌복 획명이지심 우출문정

＊암울한 상황을 해결할 핵심 열쇠를 찾게 된다.
핵심 열쇠를 얻고 무리를 도와서 함께 암흑을 벗어나야 한다.

육오는 기자의 밝음이 상처받은 상황이니 이롭게 하고 바르게 해야
한다.

六五 箕子之明夷 利貞
육오 기자지명이 이정

＊외유내강의 지혜가 필요한 시점이다.
암울한 상황에서 자신도 살고 남에게 도움이 되는 길을 찾아라.
굳세게 떠나 뒷일을 도모하라.
＊5효가 바르게 한다는 것은 양의 굳센 특성을 활용한다는 뜻이다. 외
유내강의 지혜가 필요한 시점인 것이다.

상육은 밝지 못하면 어두워진다. 처음에는 하늘에 오르고 나중에는
땅으로 들어간다.

上六 不明晦 初登于天 後入于地
상육 불명회 초등우천 후입우지

＊상처받은 밝음을 회복하는 마지막 단계다.
밝게 대처하지 못하면 다 회복된 것 같은 상황에서 또 다시 암흑 세상
을 맞아 완전히 회복 불능 상태에 빠질 수도 있다.

37. 가인(家人)

[가화] 부모답게, 자녀답게

괘사

가정을 바로잡는 상황이다. 이롭게 하고 여자처럼 바르게 해야
한다.

효사

초구는 가정에 법도가 있으면 후회가 없어진다.

육이는 이루려는 바가 없고 안에 있으면서 음식을 먹여야 한다. 바
르게 하면 길하리라.

구삼은 집안사람들이 근엄한 분위기를 유지하면서 반성하고 위태롭
게 여기면 길할 것이며, 부녀자나 아이들이 희희덕 거리면
결국에는 막힌다.

육사는 가정을 부유하게 하니 큰마음으로 하면 길하리라.

구오는 왕다움으로 가정에 이르니 걱정하지 않아도 길하리라.

상구는 믿음을 갖고 위엄 있게 하면 결국 길하리라.

풍화가인(風火家人)

가정을 바로잡는 상황이다. 이롭게 하고 여자처럼 바르게 해야 한다.

家人, 利女貞
가인, 이여정

상괘는 바람과 분위기를, 하괘는 밝고 따뜻함을 상징한다. 따라서 밝고 따뜻한 분위기가 된다. 가인(家人)은 '행복한 가족', '화목한 가정'을 뜻하며, '가인'괘는 화목하고 행복한 가정을 경영하는 지혜를 알려주고 있다. 화목한 가정을 만드는 방법은 가족 구성원들이 각자 자기 역할을 잘 하면서 행복하면 된다. 부모는 부모답게, 자녀는 자녀답게 하면 된다. 그 중 특히 중요한 것은 부모의 역할이다.

주역에서는 행복한 가정을 만드는 비결 두 가지를 제시하였다. 첫째, 이롭게 하라. 가족 구성원이 따뜻한 마음으로 서로 도우라는 것이다. 자신이 행복해지는 최고의 비결은 상대를 행복하게 해 주는 것이다. 둘째, 여자처럼 바르게 하라. 여자처럼 바르게 하는 것은 부드럽게 하라는 뜻이다. 목에 힘주면 화목한 가정이 되기 어렵다. 대부분의 『주역』해설서에서는 여정(女貞)을 '여자가 바르게 해야 한다'로 번역하고 있다. 현대적인 관점에서는 부적절한 면이 있지만, 사실 그렇게 볼 수도 있다. 가정에서 여자의 영향력이 크고, 특히 자녀에게는 어머니의 영향력이 크기 때문에 여자가 바르면 가정이 바로잡히게 된다.

＊가족을 챙겨 화목한 가정을 만들어라.
따뜻한 마음으로 돕고, 여자처럼 부드럽게 하라.

초구는 가정에 법도가 있으면 후회가 없어진다.

初九 閑有家 悔亡
초구 한유가 회망

* 가훈을 정비하고, 자신과 가족의 역할을 바르게 인식하라.
가정에 법도가 서기 시작하면 안타까움이 사라진다.

육이는 이루려는 바가 없고 안에 있으면서 음식을 먹여야 한다. 바르게 하면 길하리라.

六二 无攸遂 在中饋 貞吉
육이 무유수 재중궤 정길

* 외적인 성과보다 가족들의 건강을 먼저 챙겨라.
자녀 교육도 사업도 잘 먹이고 난 다음의 문제다.
부드러운 어머니가 그 역할을 잘 하면 가족들은 길하리라.

구삼은 집안사람들이 근엄한 분위기를 유지하면서 반성하고 위태롭게 여기면 길할 것이며, 부녀자나 아이들이 희희덕 거리면 결국에는 막힌다.

九三 家人嗃嗃 悔厲 吉 婦子嘻嘻 終吝
구삼 가인학학 회려 길 부자희희 종인

* 근엄한 분위기로 반성하며 위태롭게 여기면 길할 것이다.
가족들이 웃으며 화목하게 지내는 것은 좋은 일이지만, 희희덕 거리며 시간을 허비하면 나중에 막히게 된다.
* 초효부터 3효까지는 가정의 법도, 가족들의 음식과 건강, 가정의 분위기를 순차적으로 다루고 있다. 모두 화목한 가정의 필수요소다.

육사는 가정을 부유하게 하니 큰마음으로 하면 길하리라.

六四 富家 大吉
육사 부가 대길

*재정적인 안정을 도모하라. 낭비하지 말고 저축을 하라.
가족 구성원 전체를 위하는 큰마음으로 하면 길하리라.
*부(富)의 코드는 이(☲)다. '육사'를 중심으로 한 외호괘가 '이'다.

구오는 왕다움으로 가정에 이르니 걱정하지 않아도 길하리라.

九五 王假有家 勿恤 吉
구오 왕격유가 물휼 길

*부모답게 가정에 임하라.
그러면 걱정하지 않아도 길하리라.
*5효는 가정을 바로잡는 상황에서 전체의 리더에 해당한다. 그 위상이
중정(中正)이니 가정을 화목하게 잘 이끄는 가장에 해당한다. '왕다움'
은 리더십을 뜻한다.

상구는 믿음을 갖고 위엄 있게 하면 결국 길하리라.

上九 有孚 威如 終吉
상구 유부 위여 종길

*가족 구성원들을 믿고, 위엄 있게 처신하라.
자신의 건강과 마음을 잘 챙겨야 그렇게 할 수 있다.
그러면 결국에는 길하리라.
*4효부터 상효까지는 재정적 안정, 리더십, 신뢰와 위엄을 순차로 다
루고 있다. 그런 것들이 행복한 가정의 필수요소인 것이다.

38. 규(睽)

[반목] 다시 화합하라

괘사

서로 반목하는 상황이다. 조금 섬기면 길하리라.

효사

초구는 후회가 없어진다. 말을 잃고 좇지 않아도 스스로 돌아온다. 악인을 보면 허물이 없다.

구이는 거리에서 주인을 만나면 허물이 없다.

육삼은 수레가 끌려가는 것을 보니 그 소가 끌고, 그 사람은 이마에 문신이 있고 코가 없는 죄인이다. 처음은 없지만 끝이 있다.

구사는 반목하는 상황에서 외롭다. 으뜸 되는 짝을 만나서 믿음으로 사귀며 위태롭게 여기면 허물이 없다.

육오는 후회가 없어진다. 그 종족이 살갗을 깨무니 가면 무슨 허물이 있겠는가!

상구는 반목하는 상황에서 외롭다. 돼지를 보니 진흙을 뒤집어쓰고 있고, 귀신이 한 수레 실려 있다. 먼저 활을 당겼다가 후에 활을 놓는다. 도적이 아닌 짝과 혼인하게 되니 가서 비를 만나면 곧 길하리라.

화택규(火澤睽)

서로 반목하는 상황이다. 조금 섬기면 길하리라.

睽, 小事 吉
규, 소사 길

상괘인 이(☲)는 눈의 코드인데 가운데 음이 눈동자에 해당한다. 하괘의 태(☱)는 위를 보는 눈이다. 아래서는 위를 바라보는데 위에서는 아래를 마주보지 않고 정면을 보고 있다. 따라서 서로 반목하는 코드인데, 문제가 상층부에 있음을 알 수 있다. 규(睽)는 '반목(反目)'을 뜻한다. 따라서 '규'괘는 반목하는 상황에서 다시 화합하는 지혜를 알려주고 있다. 반목의 원인은 보통 사소한 것에서 시작되지만 그 결과는 서로 원수가 될 정도로 크게 번질 수 있다.

반목하는 상황에서 다시 화합하는 지혜는 무엇일까? 주역에서는 단 한 가지, '조금 섬기라'고 했다. 그러면 길하게 되는 것은 다시 화합하게 된다는 뜻이다. 반목에 이르는 원인은 사소한 것에서 비롯되며, 따라서 문제 해결의 실마리도 사소한 것에서 찾을 수 있다. 일반적으로 『주역』 책에서 소사(小事)를 '작은 일'이라 번역한다. 반목 상황에서 '작은 일은 길하나 큰 일은 할 수 없다'는 취지다. 하지만 그 해석은 옳지 않다. 이어지는 효사를 봐도 쉽게 알 수 있다.

* 서로 반목하고 있는 상황이다.
조금 섬기는 마음으로 서로를 존중하면 다시 화합하여 길하리라.
* 사람은 서로 성향이 다르다. 서로 다름을 이해하지 못하면 반목이 잦게 되고, 서로 다름을 이해하면 서로를 존중하는 마음이 생겨난다.

초구는 후회가 없어진다. 말을 잃고 쫓지 않아도 스스로 돌아온다. 악인을 보면 허물이 없다.

初九 悔亡 喪馬 勿逐 自復 見惡人 无咎
초구 회망 상마 물축 자복 견악인 무구

＊서로 반목하여 안타깝지만 시간이 흐르면 조만간 호전된다.
그가 스스로 돌이킬 것이니, 내키지 않아도 화합하면 문제가 없다.
＊말의 코드는 진(☳)인데 '진'이 보이지 않는다. 초효의 짝인 4효는 원래 음(--)인데 위로 올라가 버렸기 때문이다. 그래서 '말을 잃었다'고 했다. 그래서 반목이 된 것이다. 그러나 반목은 언제까지나 지속되지 않는다. 4효의 음이 원위치하면 내호괘가 진(☳)이 되니 '잃었던 말이 스스로 돌아오는' 얘기가 되는 것이다.

구이는 거리에서 주인을 만나면 허물이 없다.

九二 遇主于巷 无咎
구이 우주우항 무구

＊근사하게 화해하려다 보면 쉽지 않다.
우연한 일을 화해의 실마리로 삼으면 아무 문제가 없다.

육삼은 수레가 끌려가는 것을 보니 그 소가 끌고, 그 사람은 이마에 문신이 있고 코가 없는 죄인이다. 처음은 없지만 끝이 있다.

六三 見輿曳 其牛掣 其人天且劓 无初有終
육삼 견여예 기우체 기인천차의 무초유종

＊일이 엉뚱한 방향으로 흘러 황당하고 답답하다.
반목의 원인 제공자가 악인으로 보인다.
해결 기미가 전혀 없어 보이지만 때가 되면 다 해결된다.

구사는 반목하는 상황에서 외롭다. 으뜸 되는 짝을 만나서 믿음으로 사귀며 위태롭게 여기면 허물이 없다.

九四 睽孤 遇元夫 交孚 厲无咎
구사 규고 우원부 교부 여무구

＊반목으로 인해 외롭다. 내 짝이 최고이니 믿음으로 사귀어라.
 더 이상 상처주지 않도록 주의하면 아무 문제가 없다.
＊4효의 짝은 초효다. 4효가 음의 특성을 회복하면 문제가 해결된다.

육오는 후회가 없어진다. 그 종족이 살갗을 깨무니 가면 무슨 허물이 있겠는가!

六五 悔亡 厥宗噬膚 往 何咎
육오 회망 궐종서부 왕 하구

＊화해가 되어 안타까움이 사라진다.
 짝(2효)이 화해를 바라고 있으니 받아들이면 아무 문제가 없으리라.

상구는 반목하는 상황에서 외롭다. 돼지를 보니 진흙을 뒤집어쓰고 있고, 귀신이 한 수레 실려 있다. 먼저 활을 당겼다가 후에 활을 놓는다. 도적이 아닌 짝과 혼인하게 되니 가서 비를 만나면 곧 길하리라.

上九 睽孤 見豕負塗 載鬼一車 先張之弧 後說之弧
상구 규고 견시부도 재귀일거 선장지호 후탈지호
匪寇 婚媾 往遇雨則吉
비구 혼구 왕우우즉길

＊반목이 극한 상황에 이르러 너무 외롭고, 적으로 느껴진다.
 그(3효)는 내 짝이니 무조건 화해하고 운우의 정을 나누면 길하리라.

39. 건(蹇)

[고난] 멈춰서 힘을 길러라

괘사

절름거리는 상황이다. 서남쪽이 이롭고 동북쪽은 불리하다. 대인을 보는 것이 이롭다. 바르게 하면 길하리라.

효사

초육은 가면 고난을 겪고, 오게 하면 명예롭다.

육이는 왕과 신하가 모두 고난을 겪고 있으나 자기 탓이 아니다.

구삼은 가면 고난을 겪고, 오게 하면 반전이 된다.

육사는 가면 고난을 겪고, 오게 하면 이어진다.

구오는 큰마음으로 고난을 겪노라면 벗이 올 것이다.

상육은 가면 고난을 겪고, 오게 하면 크게 되어 길하리라. 대인을 보는 것이 이롭다.

수산건(水山蹇)

절름거리는 상황이다. 서남쪽이 이롭고 동북쪽은 불리하다. 대인을 보는 것이 이롭다. 바르게 하면 길하리라.

蹇, 利西南 不利東北 利見大人 貞吉
건, 이서남 불리동북 이견대인 정길

상괘는 물, 하괘는 산이다. 높은 산을 겨우 넘었는데 다시 험한 물을 건너야 하는 고난의 상황에 해당하는 코드다. 건(蹇)은 '절름거리다', '절뚝발이'를 뜻한다. '건'괘는 고난의 상황을 극복하는 지혜를 알려주고 있다. 고난은 언제까지나 지속되지 않으며, 그것을 극복하고 나면 한층 더 성숙하는 계기가 된다.

고난의 상황을 극복하는 지혜는 무엇일까? 주역에서 세 가지를 알려주고 있다. 첫째, 험난한 곳을 피해 평이한 곳으로 가라. '서남쪽이 이롭고 동북쪽은 불리하다'는 말은 그런 뜻이다. 고난을 겪을 때는 위험과 고난이 적은 곳을 택해야 한다. 둘째, 정신적인 조력자를 만나라. 그래서 '대인을 보는 것이 이롭다'고 했다. 고난을 극복하려면 정신력이 필요한데, 혼자서 극복하기 어려운 고난은 정신적인 조력을 받아 넘을 수 있다. 셋째, 바르게 하라. 주역에서 바르다는 것은 굳세어야 할 때는 굳세게, 유연해야 할 때는 유연하게 하라는 뜻이다. 그렇게 하면 고난을 극복할 수 있고, 한층 더 성숙하는 계기가 될 수 있으니 길한 일이다. 그래서 '바르게 하면 길하다.'고 하였다.

＊고난 상황이니 평이한 곳으로 가라. 정신적 조력자를 만나라.
　멈춰서 바르게 힘을 기르면 길하리라.

초육은 가면 고난을 겪고, 오게 하면 명예롭다.

初六 往蹇 來譽
초육 왕건 내예

＊고난의 시작 상황에서 고립무원이다.
내공을 기르면서 때를 기다리면 구원자가 와서 명예롭게 되리라.

육이는 왕과 신하가 모두 고난을 겪고 있으나 자기 탓이 아니다.

六二 王臣蹇蹇 匪躬之故
육이 왕신건건 비궁지고

＊나와 나의 짝은 잘못이 없는데 둘 다 고난을 겪고 있다.
조만간 상황이 호전될 것이니 멈춰서 힘을 길러라.
언젠가는 좋은 날이 꼭 올 것이다.
＊2효는 그 위상이 중정(中正)이다. 짝인 5효도 그 위상이 중정(中正)
이다. 그런데 둘 다 고난의 상황에 처해 있다. 그래서 '왕과 신하가 모
두 고난을 겪고 있다'고 하였다. 상황에 맞게 바르게 처신해도 상황이
좋지 않으면 피치 못할 고난을 겪을 수 있다.

구삼은 가면 고난을 겪고, 오게 하면 반전이 된다.

九三 往蹇 來反
구삼 왕건 내반

＊고난이 이어져 좌절하기 쉽다. 자신을 챙기며 다시 힘을 길러라.
그러면 좋은 날이 와서 고난 상황이 반전될 것이다.
＊하괘의 산(☶)을 겨우 넘어 짝인 '상육'을 만나러 가고 싶지만 눈앞
에 물(☵)이 가로막혀 있는 형국이다. 3효를 기준으로 내호괘도, 상괘
도 모두 험한 물이다.

육사는 가면 고난을 겪고, 오게 하면 이어진다.

六四 往蹇 來連
육사 왕건 내연

＊제 자리에 머무르며 내공을 쌓고 이웃을 도와라.
이웃과 함께 고난에서 벗어나면 역할을 이어갈 수 있다.
고난 상황은 때가 되면 풀리게 되어 있다.

구오는 큰마음으로 고난을 겪노라면 벗이 올 것이다.

九五 大蹇 朋來
구오 대건 붕래

＊구성원들이 고난을 겪는 것은 리더에게 큰 고난이 된다.
리더답게 큰마음인 덕(德)으로 대처하면 모두가 그를 돕게 된다.
그래서 결국 고난 상황을 잘 극복할 수 있다.
＊5효는 그 위상이 중정(中正)하여 상황에 맞게 바르게 처신할 뿐만
아니라, 짝인 2효와 정응하고, 이웃들(4효, 상효)과도 친비하여 리더답
게 큰마음으로 대처하면 모두가 그를 돕게 된다. 그리고 결국 고난 상
황을 극복할 수 있게 된다.

상육은 가면 고난을 겪고, 오게 하면 크게 되어 길하리라. 대인을 보
는 것이 이롭다.

上六 往蹇 來碩 吉 利見大人
상육 왕건 내석 길 이견대인

＊제 자리에 머물러서 성찰하고 수양하며 내공을 길러라.
조력자가 와서 크게 되고 길하리라. 멘토를 만나는 것이 이롭다.
＊고난이 극에 이르면 조만간 끝난다. 그 상황에서의 지침이다.

40. 해(解)

[해결] 걸림돌을 제거하라

괘사

풀리는 형국이다. 서남쪽이 이롭다. 가는 바가 없으면 돌아와 회복하는 것이 길하고, 가는 바가 있으면 빨리 가는 것이 길하다.

효사

초육은 허물이 없다.

구이는 사냥터에서 세 마리 여우를 잡고 누런 화살을 얻으니, 바르게 하면 길하리라.

육삼은 짐을 지고 있으면서 또한 수레를 타고 있으니 도적이 이르게 하는 것이다. 바르게 해도 막힌다.

구사는 엄지발가락을 풀면 벗이 온다. 이는 믿어도 좋다.

육오는 군자다움으로 사려 깊게 해결함이 있으면 길하리라. 소인들에게 믿음을 주게 된다.

상육은 왕공이 높은 담 위에서 새매를 쏘아 잡으니 이롭지 않음이 없다.

뇌수해(雷水解)

풀리는 형국이다. 서남쪽이 이롭다. 가는 바가 없으면 돌아와 회복하는 것이 길하고, 가는 바가 있으면 빨리 가는 것이 길하다.

解, 利西南 无所往 其來復吉 有攸往 夙吉
해, 이서남 무소왕 기래복길 유유왕 숙길

하괘는 험난함을, 상괘는 움직임을 상징한다. 꿈틀꿈틀 움직여서 험난한 문제를 해결하는 코드다. 해(解)는 '해결', '풀림'을 뜻하며, 따라서 '해'괘는 일이 해결되는 형국에서의 지혜를 알려주고 있다. 얼음이 풀려 봄이 올 때도 갑자기 따뜻한 봄이 되는 것은 아니다. 꽃샘추위도 있고, 3월에도 눈이 올 수 있다. 해결의 기미가 보일 때에도 걸림돌이 여전히 남아 있어서 그것을 효과적으로 제거해한다.

주역이 알려주는 해결 상황에서의 지혜는 두 가지다. 첫째, 안전하게 해결해야 한다. '서남쪽이 이롭다'는 것은 그런 뜻이다. 둘째, 해결책이 보이지 않을 때는 자신에게 집중하여 힘을 기르고, 해결책이 보일 때는 신속하게 해결해야 한다. 그래서 '가는 바가 없으면 돌아와 회복하는 것이 길하고, 가는 바가 있으면 빨리 가는 것이 길하다'고 했다. 서둘러 해결해야 할 때도 있고, 차분하게 해결되게 할 때도 있다. 문제를 해결할 때는 무엇보다 자신부터 해결해야 한다.

* 해결하는 상황이다. 안전하게 해결하라.
해결책이 보이지 않을 때는 자신에게 집중하여 힘을 기르고, 해결책이 보일 때는 신속하게 해결하라.

초육은 허물이 없다.

初六 无咎
초육 무구

＊해결하는 시작 상황이다.
급히 나서지 말고 차근차근 해결의 실마리를 찾으면 아무 문제가 없다.

구이는 사냥터에서 세 마리 여우를 잡고 누런 화살을 얻으니, 바르게 하면 길하리라.

九二 田獲三狐 得黃矢 貞吉
구이 전획삼호 득황시 정길

＊상황에 맞게 자신의 문제부터 해결하라.
해결에 필요한 강력한 도구를 얻어 해결의 걸림돌을 제거하라.
유연하게 대처하면 길하리라.
＊음의 자리에 양이 왔기 때문에 바르게, 자신부터 해결해야 한다.

육삼은 짐을 지고 있으면서 또한 수레를 타고 있으니 도적이 이르게 하는 것이다. 바르게 해도 막힌다.

六三 負且乘 致寇至 貞吝
육삼 부차승 치구지 정인

＊잘 풀릴 때 방종하기 쉬우니 조심하라.
능력 이상의 대우를 받으려 하다가 더 크게 잃는다.
일이 크게 꼬이고 나면 바로잡으려 해도 막힌다.
＊3효는 부중, 부정, 불응이라 해결 상황의 장애물이다. 하괘의 관점에서 보면 험난함(☵)의 극이며, 외호괘의 관점에서 보면 험난함(☵)의 시작이다. 바로 위에는 산의 코드인 간(☶)이 거꾸로 누르고 있다.

구사는 엄지발가락을 풀면 벗이 온다. 이는 믿어도 좋다.

九四 解而拇 朋至 斯孚
구사 해이무 붕지 사부

＊아직 문제 해결 능력이 없다. 자기를 돌아보라.
유연하게 자신의 문제부터 차근차근 풀어나가라.
그러다 보면 벗이 와서 도움을 주고받을 수 있다.
＊음의 자리에 양이 왔기 때문에 바르게, 자신부터 해결해야 한다.

육오는 군자다움으로 사려 깊게 해결함이 있으면 길하리라. 소인들에게 믿음을 주게 된다.

六五 君子維有解 吉 有孚于小人
육오 군자유유해 길 유부우소인

＊덕을 갖추고 굳세게 하면 문제가 대부분 해결 되어 길하리라.
그러면 구성원들은 저절로 자기 문제를 해결하게 된다.

상육은 왕공이 높은 담 위에서 새매를 쏘아 잡으니 이롭지 않음이 없다.

上六 公用射隼于高墉之上 獲之 无不利
상육 공용석준우고용지상 획지 무불리

＊마지막 남은 장애물을 해결하는 역할을 담당한다.
모든 문제가 다 해결되어 모두에게 도움이 된다.
＊쏘아 맞히는 것은 화살이며 코드는 간(☶)이다. 상괘를 뒤집으면 '간'이 나오는데, 위에서 아래로 화살을 쏘는 상이다. 새매는 꿩의 코드와 같은 이(☲)이다. 내호괘가 '이'인데, 해결의 장애인 '육삼'이 공격 목표가 된다. 화살과 새가 겹쳐져 있으니 쏘아 맞혀 적중한 상이다.

41. 손(損)

[비움] 욕심을 덜어내라

괘사

비워야 하는 상황이다. 믿음을 가져라. 큰마음으로 하면 길하고 허물이 없다. 바로잡을 수 있으니, 가는 바가 있으면 이롭다. 무엇을 쓰겠는가? 두 개의 대그릇으로도 제사를 올릴 수 있다.

효사

초구는 일을 마치고 서둘러 가면 허물이 없다. 참작하여 덜어내라.

구이는 바르게 하는 것이 이롭다. 무리하여 가면 흉하다. 덜거나 도움 되려 하지 말라.

육삼은 세 사람이 가면 한 사람을 덜고, 한 사람이 가면 그 벗을 얻는다.

육사는 그 병을 덜어내되 빨리 하면 기쁜 일이 있고 허물이 없다.

육오는 혹 도우면 열 벗의 거북점이 어기지 않는다. 큰마음으로 하면 길하리라.

상구는 덜지 않아도 도움이 되니 허물이 없다. 바르게 하면 길하리라. 가는 바가 있으니, 신하를 얻어도 집이 없도록 하라.

산택손(山澤損)

비워야 하는 상황이다. 믿음을 갖고 큰마음으로 하면 길하고 허물이 없다. 바로잡을 수 있으니, 가는 바가 있으면 이롭다. 무엇을 쓰겠는가? 두 개의 대그릇으로도 제사를 올릴 수 있다.

損, 有孚 元吉 无咎 可貞 利有攸往
손, 유부 원길 무구 가정 이유유왕

曷之用 二簋可用享
갈지용 이궤가용향

상괘는 산, 하괘는 연못을 상징한다. 산이 연못을 품다가 아래로 내려 보냈으니 '덜어냄', '비움'의 코드가 된다. 손(損)은 '비움'을 뜻한다. '손'괘는 욕심을 덜어내는 지혜를 알려주고 있다. '욕심을 비워야 한다'는 생각은 누구나 한다. 하지만 막상 실천에 옮기려 하면 걱정도 되고 그 방법도 쉬운 것이 아니다.

욕심을 덜어내야 하는 상황에서의 지혜는 세 가지다. 첫째, 믿음을 갖고 큰마음으로 해야 한다. 비울수록 그릇이 커져서 더 큰 일을 해낼 수 있고, 잘못된 삶의 방향을 바로잡을 수 있기 때문이다. 둘째, 실행에 옮기는 것이 중요하다. 셋째, 어려워 보이지만 작은 것부터 시작하고, 정성껏 하면 된다. '무엇을 쓰겠는가? 두 개의 대그릇으로도 제사를 올릴 수 있다'고 한 것은 그런 뜻의 은유다.

* 믿음을 갖고 큰마음으로 욕심을 비워라.
작은 것부터, 정성껏 비움을 실천하라. 그러면 길하리라.

초구는 일을 마치고 서둘러 가면 허물이 없다. 참작하여 덜어내라.

初九 已事遄往 无咎 酌損之
초구 이사천왕 무구 작손지

＊먼저 나의 일을 끝내고 빨리 가서 타인의 일을 도와라.
타인을 돕는답시고 내 일을 제대로 못하면 또한 흉한 일이다.

**구이는 바르게 하는 것이 이롭다. 무리하여 가면 흉하다. 덜거나 도
움 되려 하지 말라.**

九二 利貞 征凶 弗損益之
구이 이정 정흉 불손익지

＊먼저 자기를 바로잡아 유연성을 회복하라.
자신도 못 챙기면서 무리하게 남을 도우려 하면 흉하다.
＊2효는 그 위상이 중(中)이면서 음의 자리에 양이 왔으니 바르지 않
다. 따라서 2효는 덜어내는 일보다 먼저 자기 자신을 바로잡아야 한다.

**육삼은 세 사람이 가면 한 사람을 덜고, 한 사람이 가면 그 벗을 얻
는다.**

六三 三人行則損一人 一人行則得其友
육삼 삼인행즉손일인 일인행즉득기우

＊하나를 선택하여 집중하라.
양다리를 걸치면 의심받게 되고, 모두 잃게 된다.
＊원래 3효는 양(－)효라서 숫자 3, 즉 '3인'의 코드에 해당되는 것이
었다. 그런데 하나를 덜어서 음(--)효인 둘이 되었다. 덜어진 하나는
'1인'의 코드이며, 원래 음효였던 상효와 만나 벗을 얻게 된 형국이다.

육사는 그 병을 덜어내되 빨리 하면 기쁜 일이 있고 허물이 없다.

六四 損其疾 使遄 有喜 无咎
육사 손기질 사천 유희 무구

＊마음에 병이 있다. 욕심을 비우고 조화를 회복하라.
빨리 하면 기쁜 일이 생기고 아무 문제가 없으리라.

육오는 혹 도우면 열 벗의 거북점이 어기지 않는다. 큰마음으로 하면 길하리라.

六五 或益之 十朋之龜 弗克違 元吉
육오 혹익지 십붕지귀 불극위 원길

＊덕(德)을 발휘하여 전체를 돕는 역할을 하라.
덕이 베풀어져 모든 구성원들이 믿고 따르니 길하리라.
＊열 벗은 아래의 모든 효이다. 양이 둘, 음이 둘이니 10(3+3+2+2)이 되는 것이다. 거북점은 '선택'을 은유적으로 표현한 것이다. '열 벗의 거북점이 어기지 않는다'는 것은 모두가 믿고 따른다는 뜻이다.

상구는 덜지 않아도 도움이 되니 허물이 없다. 바르게 하면 길하리라. 가는 바가 있으니, 신하를 얻어도 집이 없도록 하라.

上九 弗損益之 无咎 貞吉 有攸往 得臣无家
상구 불손익지 무구 정길 유유왕 득신무가

＊이미 욕심을 비웠으니 저절로 도움이 된다. 아무 문제가 없다.
유연하게 하면 길하여 좋은 일이 생기리라.
따르는 자들이 있어도 규합하려는 욕심을 내지 말라.
＊상효는 음의 자리기 때문에 바르게 하는 것은 유연하게 하는 것이다.

42. 익(益)

[도움] 살리는 게 살 길이다

괘사

도와야 할 상황이다. 가는 바가 있으면 이롭고, 큰 내를 건너는 것이 이롭다.

효사

초구는 큰 작품을 만들고자 용쓰는 것이 이롭다. 큰마음으로 하면 길하고 허물이 없으리라.

육이는 혹 도우면 열 벗의 거북점이 어기지 않는다. 길이 바르게 하면 길하고, 왕이 상제에게 제사를 지내는데 힘쓰면 길하리라.

육삼은 도움을 주되 흉사에 쓰면 허물이 없다. 믿음을 갖고 중(中)을 행하면 왕공에게 고할 때 홀(신표)을 사용할 수 있다.

육사는 중(中)을 행하면 왕공에게 고할 때 따라줄 것이다. 나라 옮기는 일을 돕는 데 힘쓰면 이롭다.

구오는 믿음을 갖고 마음을 은혜롭게 해야 한다. 물어보지 않아도 큰마음으로 하면 길하리라. 믿음을 갖고 나의 덕을 은혜롭게 여기리라.

상구는 도움 주지 마라. 혹 공격하는 자가 있을 것이다. 마음을 세워서 한결같지 않으면 흉하리라.

풍뢰익(風雷益)

도와야 하는 상황이다. 가는 바가 있으면 이롭고, 큰 내를 건너는 것이 이롭다.

益, 利有攸往 利涉大川
익, 이 유 유 왕 이 섭 대 천

상괘는 바람을, 하괘는 움직임을 상징한다. 따라서 바람이 흘러 다니면서 움직이는 뭇 생명을 살리는 홍익(弘益)의 코드다. 익(益)은 '도움'을 뜻하며, '익'괘는 세상을 이롭게 하는 홍익의 지혜를 알려준다. 이 세상은 혼자만 잘 사는 방법은 없다. 내가 잘 사는 길은 곧 남을 잘 살리는 데 있다. 타인의 행복에 기여하지 못하면서 내가 행복해지는 것은 불가능한 일이다. 그래서 '익'괘의 이치가 중요하다. 우리 한국인의 전통적인 삶의 방식은 경쟁이 아니라 홍익이었다.

남을 도와야 하는 상황에서의 지혜는 무엇일까? 주역에서 두 가지를 제시하였다. 먼저, 실천해야 한다. 남을 돕는 일은 실천이 중요하며, 실천하면 그것이 자신과 타인 모두에게 이로운 일이다. 그래서 '가는 바가 있으면 이롭다'고 했다. 그리고 남을 돕는 일은 난관이 따르므로 그 난관을 극복해야 한다. 그래야만 홍익을 제대로 실천할 수 있다. 그래서 '큰 내를 건너는 것이 이롭다'고 했다. 큰 내를 건넌다는 것은 난관이 있지만 포기하지 않고 극복한다는 뜻의 은유다.

＊경쟁을 일삼지 말고, 홍익하는 방식으로 삶의 지침을 바꿔라.
실행에 옮기면 이롭고, 난관을 극복하면 이로우리라.

초구는 큰 작품을 만들고자 용쓰는 것이 이롭다. 큰마음으로 하면 길하고 허물이 없으리라.

初九 利用爲大作 元吉 无咎
초구 이용위대작 원길 무구

＊홍익하는 삶, 큰 뜻을 세우고 밑그림을 그리는데 힘써라.
큰마음으로 하면 길하고 아무 문제가 없으리라.

육이는 혹 도우면 열 벗의 거북점이 어기지 않는다. 길이 바르게 하면 길하고, 왕이 상제에게 제사를 지내는데 힘쓰면 길하리라.

六二 或益之 十朋之龜 弗克違 永貞 吉 王用享于帝 吉
육이 혹익지 십붕지귀 불극위 영정 길 왕용향우제 길

＊돕는 일을 실천하면 모두가 믿고 따를 것이다.
굳센 리더를 부드럽게 도우며 함께 홍익을 완성하면 길하다.
구성원들을 하늘처럼 섬기며 정성을 다하면 길하리라.
＊2효는 중정(中正)이다. 열 벗은 위의 모든 효다. 양이 둘, 음이 둘이니 10(3+3+2+2)이 되는 것이다.

육삼은 도움을 주되 흉사에 쓰면 허물이 없다. 믿음을 갖고 중(中)을 행하면 왕공에게 고할 때 홀(신표)을 사용할 수 있다.

六三 益之用凶事 无咎 有孚 中行 告公用圭
육삼 익지용흉사 무구 유부 중행 고공용규

＊여력이 없지만 흉사는 도와야 한다. 그러면 문제가 없다.
믿음을 갖고 상황에 맞게 처신하면 리더의 신임을 얻게 된다.
＊3효는 자리가 바르지 않아 여력이 없다. 원래 3효는 중(中)이 아니지만, 홍익 세상에서는 전체의 관점에서 3효와 4효를 중으로 본다.

육사는 중(中)을 행하면 왕공에게 고할 때 따라줄 것이다. 나라 옮기는 일을 돕는 데 힘쓰면 이롭다.

六四 中行 告公從 利用爲依遷國
육사 중행 고공종 이용위의천국

*상황에 맞게 처신하면 리더가 큰 힘을 실어 줄 것이다.
 아무나 못하는 중대한 일로 조직을 돕는 큰 역할을 하면 이롭다.
*4효는 음의 자리에 음이 와서 자리가 바르다.

구오는 믿음을 갖고 마음을 은혜롭게 해야 한다. 물어보지 않아도 큰마음으로 하면 길하리라. 믿음을 갖고 나의 덕을 은혜롭게 여기리라.

九五 有孚惠心 勿問 元吉 有孚惠我德
구오 유부혜심 물문 원길 유부혜아덕

*리더답게 덕으로써 전체 구성원을 널리 도와야 한다.
 홍익의 큰 뜻을 실천하면 당연히 길하리라.
 구성원들이 모두 신뢰하며 당신을 칭송하게 될 것이다.
*5효는 중정(中正)의 리더이다. 거기에 맞게 나온 효사이다.

상구는 도움 주지 마라. 혹 공격하는 자가 있을 것이다. 마음을 세워서 한결같지 않으면 흉하리라.

上九 莫益之 或擊之 立心勿恒 凶
상구 막익지 혹격지 입심물항 흉

*끝까지 홍익을 실천하라. 중도에 그만두면 공격 받게 되리라.
 홍익의 뜻을 세웠으면 한결같이 해야지 그렇지 않으면 흉하다.
*'도움 주지 마라는 것'은 반어법이다. 공격의 코드는 화살의 코드와 같은 간(☶)이다. 외호괘의 '간'이 '상구'를 공격하는 화살의 상이다.

43. 쾌(夬)

[척결] 힘으로는 안 된다

괘사

척결하는 상황이다. 왕의 뜰에서 드날리니, 믿음을 갖고 구호를 외치면 위태하다. 자기 읍에 물어야 하며, 군사로써 나아가는 것은 이롭지 않다. 가는 바가 있으면 이롭다.

효사

초구는 앞쪽 발이 씩씩하니 가면 이기지 못하고 허물이 되리라.

구이는 안타깝게 구호를 외치니, 저문 밤에 군사가 있더라도 걱정하지 말라.

구삼은 광대뼈에 씩씩하면 흉함이 있다. 군자가 척결할 것을 척결해야 하니, 홀로 가서 비를 만나 만약 젖어서 성내는 일이 있으면 허물이 없으리라.

구사는 엉덩이에 피부가 없어서 그 실행을 머뭇머뭇 망설여야 한다. 양을 거느리듯 하면 후회가 없어질 텐데, 말을 듣고도 믿지 않는다.

구오는 현륙을 척결하고 또 척결하며 중(中)을 행하니 허물이 없으리라.

상육은 호소할 곳 없으니 마침내 흉함이 있으리라.

택천쾌(澤天夬)

척결하는 상황이다. 왕의 뜰에서 드날리니, 믿음을 갖고 구호를 외치면 위태하다. 자기 읍에 물어야 하며, 군사로써 나아가는 것은 이롭지 않다. 가는 바가 있으면 이롭다.

夬, 揚于王庭 孚號有厲 告自邑 不利卽戎 利有攸往
쾌, 양 우 왕 정 부 호 유 려 고 자 읍 불 리 즉 융 이 유 유 왕

초효에서 5효까지는 모두 건실한 양인데 상효만 음이다. 상효의 음은 척결해야 할 대상이며, 아래 다섯 양효들이 '상육'을 척결하는 코드다. 쾌(夬)는 '척결하다', '결단하다', '도려내다'의 뜻이다. 우리가 척결해야 할 것은 개인적으로 잘못된 습관이나 태도, 사회적으로 문제가 있는 구습, 조직에 나쁜 영향을 미치고 있는 인물 등 다양하게 존재한다. '쾌'괘는 척결하는 지혜를 알려주고 있다.

척결하는 상황은 척결해야 할 대상이 실세로서 상당한 영향력을 발휘하는 경우다. 그 상황에서 척결하는 방법은 무엇일까? 주역에서 세 가지를 제시했다. 첫째, 쉽게 척결할 수 있다는 믿음으로 공개적인 방법을 쓰면 오히려 척결 대상에게 역공을 당하기 쉽다. 둘째, 척결하려는 자는 우선 자기 자신부터 바로잡아야 하며, 힘으로 척결하려 해서는 안 된다. 셋째, 실행에 옮기면 이롭다.

* 척결해야 하는 상황이다. 척결이 쉽지 않으니, 호락호락하게 여겨 공개적인 방법을 쓰면 위태롭게 된다.
자기 자신부터 바로잡아야 한다. 실행에 옮기면 이로우리라.

초구는 앞쪽 발이 씩씩하니 가면 이기지 못하고 허물이 되리라.

初九 壯于前趾 往不勝 爲咎
초구 장우전지 왕불승 위구

＊척결하려는 마음이 앞서지만 내 힘으로는 안 된다.
가면 도저히 이길 수 없고 문제만 커진다.

구이는 안타깝게 구호를 외치니, 저문 밤에 군사가 있더라도 걱정하지 말라.

九二 惕號 莫夜有戎 勿恤
구이 척호 모야유융 물휼

＊안타깝지만 행동으로 나서지 말고, 말로 주장만 하라.
힘을 길러야 나중에 척결 대상을 물리 칠 수 있고 걱정이 없다.

구삼은 광대뼈에 씩씩하면 흉함이 있다. 군자가 척결할 것을 척결해야 하니, 홀로 가서 비를 만나 만약 젖어서 성내는 일이 있으면 허물이 없으리라.

九三 壯于頄 有凶 君子夬夬 獨行 遇雨 若濡有愠 无咎
구삼 장우구 유흉 군자쾌쾌 독행 우우 약유유온 무구

＊친분에 얽매이지 말고 적극적으로 척결에 나서라.
사적인 인연으로 인해 실행하지 못하면 흉한 일이 생긴다.
직접 만나서 굳세게 문제를 해결하면 아무 문제가 없다.
＊3효는 척결 대상인 '상육'이 자기 짝이기 때문에 사적인 감정에 얽매이기 쉽다. 하지만 척결에 적극적으로 나서야 하는 입장이다.

구사는 엉덩이에 피부가 없어서 그 실행을 머뭇머뭇 망설여야 한다. 양을 거느리듯 하면 후회가 없어질 텐데, 말을 듣고도 믿지 않는다.

九四 臀无膚 其行次且 牽羊悔亡 聞言不信
구사 둔무부 기행차저 견양회망 문언불신

＊척결할 힘이 부족하니 그 실행을 머뭇머뭇 망설여야 한다.
힘으로 되지 않을 때는 지혜를 동원해야 하는데, 말을 해 줘도 믿지 않고 힘으로 덤벼드니 안타까운 일이다.

구오는 현륙을 척결하고 또 척결하며 중(中)을 행하니 허물이 없으리라.

九五 莧陸夬夬 中行 无咎
구오 현륙쾌쾌 중행 무구

＊리더로서 척결하는 일을 주도하여 완결해야 한다.
척결 대상이 끈질기게 버텨서 쉽지는 않지만, 상황에 맞게 처신하면 결국 척결된다. 그러면 아무 문제가 없다.
＊현륙(莧陸)은 뿌리가 질기고 유독한 다년생 식물이다. 여기서 '상육'을 말하며 질기게 버텨서 척결하기가 쉽지 않음을 은유한 것이다.

상육은 호소할 곳 없으니 마침내 흉함이 있으리라.

上六 无號 終有凶
상육 무호 종유흉

＊자신이 척결 대상이며, 나로 인해 문제 상황이 생겼다.
내 편이 없으니 호소하고 변명해도 소용없다.
잘못을 인정하고 물러나지 않으면 흉하게 되리라.

44. 구(姤)

[인연] 천생연분이 따로 있다

괘사

만남이 이루어지는 상황이다. 여자가 씩씩하다. 여자를 취하려고 용쓰지 말라.

효사

초육은 쇠로 만든 말뚝에 묶어야 하니 바르게 하면 길하다. 가는 바가 있으면 흉함을 보리라. 여윈 돼지가 믿음을 갖고 머뭇 거려야 한다.

구이는 부엌에 고기가 있으면 허물이 없다. 손님이 되면 이롭지 않다.

구삼은 엉덩이에 피부가 없으니 그 실행을 머뭇머뭇 망설여야 한 다. 위태롭게 여기면 큰 허물이 없다.

구사는 부엌에 고기가 없으면 흉한 일이 일어나리라.

구오는 버드나무로 오이를 포장하고 밝음을 머금으면 하늘로부터 떨어지는 것이 있으리라.

상구는 그 뿔에서 만나니 막힌다. 누구를 탓하겠는가!

천풍구(天風姤)

 만남이 이루어지는 상황이다. 여자가 씩씩하다. 여자를 취하려고 용쓰지 말라.

姤, 女壯 勿用取女
구, 여장 물용취녀

유일한 음(--)인 초효가 홍일점이다. 위의 다섯 양효들이 모두 초효를 만나고 싶어 하기 때문에 '만남', '인연'의 코드가 된다. 구(姤)는 '만나다'의 뜻이다. 남녀가 만나서 가정을 이루게 되고 역사를 이어가게 된다. 그런데 잘못된 만남이 이루어지면 서로 곤란하다. 제대로 된 인연은 하늘이 정해준다. 준비된 인연은 따로 있다. '구'괘는 만나야 할 자를 아름답게 만나는 지혜를 알려주고 있다.

만남이 이루어지는 상황에서의 지혜는 무엇일까? 그 상황은 여자가 홍일점으로서 주도권을 갖고 있기 때문에 '여자가 씩씩하다'고 했다. 남녀의 비율이 1대 5라면 희소가치가 있는 여자의 콧대가 높을 수밖에 없다. 여기서는 여자를 중심으로 다뤘지만 남자가 희소하여 청일점인 경우에도 응용할 수 있다. 이런 상황에서 대처 방안은 단 한 가지다. '여자를 취하려고 용쓰지 말라'는 것이다. 이성을 사귀는 데 불필요한 에너지를 쏟지 말라는 뜻이다. 때가 되고 인연이 맞으면 자연스레 아름다운 만남이 이루어진다. 억지로, 함부로 인연이 아닌 자를 만나면 후회하게 되거나 곤란한 상황을 맞게 될 것이다.

* 만남의 상황에서 여자(또는 남자) 한 명이 주도권을 갖고 있다. 때가 되면 자연스럽게 인연이 된다. 너무 애쓰지 말고, 조심하라.

초육은 쇠로 만든 말뚝에 묶어야 하니 바르게 하면 길하다. 가는 바가 있으면 흉함을 보리라. 여윈 돼지가 믿음을 갖고 머뭇거려야 한다.

初六 繫于金柅 貞吉 有攸往 見凶 羸豕孚蹢躅
초육 계우금니 정길 유유왕 견흉 이시부척촉

＊홍일점(또는 청일점)이다. 만나고 싶어도 참아라.
쉽게 유혹을 당해 철없이 만나면 흉한 일이 있으리라.
굳세게 자신을 지키면 결국 제대로 된 인연을 만나게 된다.
＊2효는 가까이 있고, 4효는 짝이라서 둘 다 끌리지만, 천생연분인 짝
은 중정(中正)의 리더인 5효이다.

구이는 부엌에 고기가 있으면 허물이 없다. 손님이 되면 이롭지 않다.

九二 包有魚 无咎 不利賓
구이 포유어 무구 불리빈

＊그(그녀)가 가까이 있지만 내 짝이 아니다.
만나지 말고 잘 보호하면 문제가 없으나 탐내면 해롭다.
＊초효가 바로 옆에 있어서 탐내기 쉬운데, 그러면 안 된다.

구삼은 엉덩이에 피부가 없으니 그 실행을 머뭇머뭇 망설여야 한다.
위태롭게 여기면 큰 허물이 없다.

九三 臀无膚 其行次且 厲 无大咎
구삼 둔무부 기행차저 여 무대구

＊그(그녀)는 감당하기 어려운 상대이며, 내 짝이 아니다.
만나지 말고 머물러 있어야 한다. 만나면 의심받게 된다.
위태롭게 여기면 큰 문제가 없다.
＊4효는 초효와 같은 괘체라서 초효가 끌린다.

구사는 부엌에 고기가 없으면 흉한 일이 일어나리라.

九四 包无魚 起凶
구사 포무어 기흉

＊그(그녀)는 내 짝이 아니니 만나지 말라.
그(그녀)를 취하면 따돌림을 당하고 공격을 당해 흉하게 된다.
＊4효는 짝이라서 초효가 끌리지만 서로 음양이 뒤바뀌어 있다.

구오는 버드나무로 오이를 포장하고 밝음을 머금으면 하늘로부터 떨어지는 것이 있으리라.

九五 以杞包瓜 含章 有隕自天
구오 이기포과 함장 유운자천

＊그(그녀)는 하늘이 맺어준 천생연분 내 짝이다.
욕심 부리지 말고 소중한 인격으로 잘 보호해야 한다.
그(그녀)는 백마 타고 오는 왕자(천사)와 같다.
＊하괘인 손(☴)이 나무의 코드라서 버드나무가 나왔고, 위에 양이 여럿이 있으니 두텁게 잘 포장하는 형국이다. 오이는 음물이니 초효를 말하고, 밝음의 코드는 3획으로는 이(☲)가 되지만 1획으로는 양(－)이 밝음이다. 여기서는 후자로 보면 쉽게 이해할 수 있다.

상구는 그 뿔에서 만나니 막힌다. 누구를 탓하겠는가!

上九 姤其角 吝 无咎
상구 구기각 인 무구

＊그(그녀)와 나는 너무나 거리가 먼 사람이다.
그 원인은 바로 자신에게 있으니 누구를 탓하겠는가!
자기를 바로잡고 눈을 낮춰서 바른 만남을 도모해야 한다.

45. 췌(萃)

[모임] 신나는 잔치를 열어라

괘사

모으는 상황이다. 밝은 마음으로, 왕이 종묘에 이르듯 하라. 대인을 보는 것이 이롭다. 밝게 통하며 이롭게 하고 바르게 해야 한다. 큰 희생물을 쓰면 길하니, 가는 바가 있으면 이롭다.

효사

초육은 믿음을 갖고 마치지 않으면 어지럽다가 모였다가 할 것이다. 부르는 소리가 있을 때 한 번에 손잡으면 웃게 된다. 걱정하지 말고 가면 허물이 없으리라.

육이는 이끌면 길하고 허물이 없다. 믿음을 갖고 간략한 제사를 지내는 것이 이롭다.

육삼은 모이면서 탄식하면 이로울 바가 없다. 가면 허물이 없으나 조금 막히리라.

구사는 큰마음으로 해야 길하고 허물이 없으리라.

구오는 모으는 상황에서 제자리에 있으니 허물이 없다. 믿음이 없어도 큰마음으로 길이 바르게 하면 후회가 사라지리라.

상육은 '아!' 하고 탄식하며 눈물콧물 흘리니 누구를 탓하겠는가.

택지췌(澤地萃)

모으는 상황이다. 밝은 마음으로, 왕이 종묘에 이르듯 하라. 대인을 보는 것이 이롭다. 밝게 통하며 이롭게 하고 바르게 해야 한다. 큰 희생물을 쓰면 길하니, 가는 바가 있으면 이롭다.

萃, 亨 王假有廟 利見大人 亨利貞 用大牲吉
췌, 형 왕격유묘 이견대인 형리정 용대생길

利有攸往
이 유 유 왕

하괘는 군중을, 상괘는 기쁨을 상징한다. 군중이 모여서 뜻이 하나 되어 기뻐하는 '모임'의 코드가 되었다. 췌(萃)는 '모으다', '모이다'의 뜻이다. 공부모임, 제사모임 등에 적용되는데, 모임의 진정한 의미는 단지 몸이 모이는 것이 아니라 '뜻을 하나로 모으는' 데 있다. '췌'괘는 함께 모여서 뜻을 하나로 모으는 지혜를 알려주고 있다.

뜻을 모으는 상황에서의 지혜는 무엇일까? 주역은 세 가지로 정리해서 알려준다. 첫째, 밝은 마음으로 리더답게 해야 한다. 둘째, 좋은 실무책임자를 만나되, 모으는 일을 담당하는 실무책임자는 밝게 소통하며 구성원들을 돕고 바르게 처신해야 한다. 셋째, 모인 상황에서는 크게 잔치를 벌이는 것이 좋고, 적극적으로 분위기를 살리는 것이 좋다. 괘사의 내용이 그것을 은유적으로 표현하고 있다.

*뜻을 하나로 모아라. 밝은 마음으로 리더답게 하라.
실무책임자는 밝게 소통하고, 구성원을 잘 도와야 한다.
잔치를 벌이고, 적극적으로 분위기를 살리는 것이 좋다.

초육은 믿음을 갖고 마치지 않으면 어지럽다가 모였다가 할 것이다. 부르는 소리가 있을 때 한 번에 손잡으면 웃게 된다. 걱정하지 말고 가면 허물이 없으리라.

初六 有孚不終 乃亂乃萃 若號 一握爲笑 勿恤 往无咎
초육 유부부종 내란내췌 약호 일악위소 물휼 왕무구

＊모이는 상황에서 확신을 갖고 적극적으로 참여하라.
부를 때 망설이지 말고 바로 참여하면 환영받게 된다.
걱정하지 말고 끝까지 기쁜 마음으로 참여하면 아무 문제가 없다.

육이는 이끌면 길하고 허물이 없다. 믿음을 갖고 간략한 제사를 지내는 것이 이롭다.

六二 引吉 无咎 孚乃利用禴
육이 인길 무구 부내이용약

＊모이는 상황에서 이웃들을 이끌어 함께 가면 길하리라.
변치 않는 신념과 소박하고 지극한 정성으로 응하는 것이 좋다.
＊간략한 제사에는 양을 잡기 때문에 양의 코드인 태(☱)가 나온다. 여기서 상괘가 '태'이다. 소를 잡으면 큰 제사가 된다.

육삼은 모이면서 탄식하면 이로울 바가 없다. 가면 허물이 없으나 조금 막히리라.

六三 萃如嗟如 无攸利 往无咎 小吝
육삼 췌여차여 무유리 왕무구 소린

＊모이는 상황에서 소외되기 쉽다.
나를 소홀히 대한다고 원망하면 이로울 것이 없다.
적극적으로 잘 참여하면 조금 막히지만 아무 문제가 없다.

구사는 큰마음으로 해야 길하고 허물이 없으리라.

九四 大吉 无咎
구사 대길 무구

＊모으는 실무책임자로서 전체를 포용하는 큰마음으로 처신하라.
그러면 길하고 아무 문제가 없으리라.
＊4효는 음의 자리인데 양이 왔다. 음양을 겸비하면 큰마음이 된다.

구오는 모으는 상황에서 제자리에 있으니 허물이 없다. 믿음이 없어
도 큰마음으로 길이 바르게 하면 후회가 사라지리라.

九五 萃有位 无咎 匪孚 元永貞 悔亡
구오 췌유위 무구 비부 원영정 회망

＊모으는 상황의 리더로서 전체적인 방향 설정만 하면 아무 문제없다.
잘못될까 걱정 되더라도 큰마음으로 굳세게 하라.
그러면 결국 뜻이 하나로 모이게 되어 안타까움이 사라지리라.

상육은 '아!' 하고 탄식하며 눈물콧물 흘리니 누구를 탓하겠는가.

上六 齎咨涕洟 无咎
상육 자자체이 무구

＊모이는 상황에서 소외되고 역할이 없다.
탄식하며 슬퍼하니 누구를 탓하겠는가! 모두 내 탓이다.
마음을 비우고 모이는 일에 마음으로나마 동참해야 한다.
＊'아!' 하고 탄식하는 코드는 태(☱)다. 여기서 상괘도 '태'지만 외호괘
를 뒤집어도 '태'가 나오니, 위와 아래를 향해 탄식하는 상이다. 눈물콧
물 흘리는 코드는 감(☵)이다. 3효에서 상효까지가 가운데 양이 둘인
감(☵)인데, 그 아래로 초효까지 눈물, 콧물이 줄줄 흐르는 상이다.

46. 승(升)

[상승] 뜻을 높이 펼쳐라

괘사

상승하는 상황이다. 크고 밝게 통해야 한다. 대인을 보려고 힘써야 하며, 걱정하지 말고 남쪽으로 힘차게 나아가면 길하리라.

효사

초육은 미덥게 상승해야 한다. 큰마음으로 하면 길하리라.

구이는 믿음을 갖고 간략한 제사를 지내는 것이 이롭고, 허물이 없으리라.

구삼은 빈읍에 오른다.

육사는 왕이 기산에서 제사를 지내면 길하고 허물이 없으리라.

육오는 바르게 하면 길하니, 섬돌에 오른다.

상육은 상승하는 데 어두우니 쉼 없이 바르게 하는 것이 이롭다.

지풍승(地風升)

상승하는 상황이다. 크고 밝게 통해야 한다. 대인을 보려고 힘써야 하며, 걱정하지 말고 남쪽으로 힘차게 나아가면 길하리라.

升, 元亨 用見大人 勿恤 南征 吉
승, 원형 용견대인 물휼 남정 길

상괘는 군중을, 하괘는 바람을 상징한다. 군중이 바람을 타고 순조롭게 위로 오르는 '상승'의 코드다. 승(升)은 '상승하다'의 뜻으로 승(昇)과 통한다. 덕이 쌓이고 뜻이 하나로 모이면 지위가 높아져 큰 뜻을 펼칠 수 있다. 사회적 지위 상승, 승진 등이 여기에 포함된다. '승'괘는 상승가도에서의 지혜로운 처신을 알려준다.

상승하는 상황에서의 지혜는 무엇일까? 주역에서 세 가지 지침을 알려주고 있다. 첫째, 마음가짐을 크고 밝게 해야 한다. 큰마음은 인(仁)의 마음이고, 밝은 것은 예(禮)의 마음이라 할 수 있다. 상승하려면 전체와 한마음이 되는 인(仁)과, 조화를 이루는 예(禮)가 기반이 되어야 한다. 둘째, 상승을 이끌어주고 조언을 줄 수 있는 대인, 멘토를 만나는 것이 좋다. 셋째, 그리하여 밝은 희망과 비전이 있는 곳으로 나아가야 한다. 상승할 때는 마음가짐, 멘토, 방향성 등 세 가지 변수를 고려해야 함을 알 수 있다.

　＊지위가 상승된다. 크고 밝은 마음으로 통하고, 멘토를 만나라.
　걱정 말고 밝은 희망과 비전이 있는 곳으로 가면 길하리라.
　점을 쳐서 이 괘가 나오면 방향은 남쪽으로 정해야 한다.

초육은 미덥게 상승해야 한다. 큰마음으로 하면 길하리라.

初六 允升 大吉
초육 윤승 대길

＊상승하기 시작하니 믿음을 가져라.
큰마음으로 원대한 비전을 가지면 일이 잘 될 것이다.

구이는 믿음을 갖고 간략한 제사를 지내는 것이 이롭고, 허물이 없으리라.

九二 孚乃利用禴 无咎
구이 부내이용약 무구

＊믿음과 소박한 정성으로 상승을 준비하고 시도하라.
그러면 이롭고, 아무 문제가 없으리라.
＊믿음의 코드는 이(☲)다. 2효가 상승하여 짝인 5효 옆으로 가면 3, 4효와 올라간 2효가 '이'괘를 이루게 된다. 믿음을 갖고 상승한다는 뜻이 그렇게 코드로 나타나는 것이다.

구삼은 빈읍에 오른다.

九三 升虛邑
구삼 승허읍

＊앞길이 활짝 열려있으니 상승하여 주인공이 된다.
그것은 의심의 여지가 없다.
＊눈앞에 상층부가 있는데, 가운데 길이 활짝 열려있다. 그래서 '빈읍에 오른다'고 했다. 3효가 상승하면 빈읍의 주인이 되는 것이다. 공자가 말했다. "빈읍에 오른다는 것은 의심의 여지가 없다는 뜻이다."

육사는 왕이 기산에서 제사를 지내면 길하고 허물이 없으리라.

六四 王用亨于岐山 吉 无咎
육사 왕용향우기산 길 무구

＊머지않은 장래에 리더가 될 존재다.
정성이 하늘에 닿을 정도로 경건하고 간절하게 응하라.
그러면 길하고 아무 문제가 없으리라.
＊왕은 주나라 문왕을 말하고, 기산은 주나라 서쪽에 있는 산으로서 문
왕이 조상과 하늘에 정성껏 제사지내던 성지이다. 따라서 정성이 하늘
에 닿을 정도로 경건하고 간절하게 하라는 뜻이다. 주역에서 형(亨)은
세 가지로 쓰인다. '밝게 통한다'는 뜻의 형(亨), '제사지내다', '잔치하
다'의 뜻인 향(亨), '삶다'의 뜻인 팽(烹) 등 3가지 용법으로 쓰인다.
여기서는 두 번째 뜻으로 쓰였다. 따라서 '향'으로 읽는다.

육오는 바르게 하면 길하니, 섬돌에 오른다.

六五 貞吉 升階
육오 정길 승계

＊굳세게 처신하면 길하리라. 최고 리더의 자리에 올라 뜻을 이루리라.
＊5효는 양의 자리다. 따라서 바르게 하는 것은 굳세게 하는 것이다.

상육은 상승하는 데 어두우니 쉼 없이 바르게 하는 것이 이롭다.

上六 冥升 利于不息之貞
상육 명승 이우불식지정

＊상승에 눈이 멀어 무턱대고 위만 보고 오른다.
더 오를 곳이 없는데 욕심을 내는 것은 분수를 모르는 일이다.
멈춰서 지속적으로 자기를 성찰하는 것이 이롭다.

47. 곤(困)

[곤경] 대인답게 극복하라

괘사

곤경에 처한 상황이다. 밝게 통하고 바르게 해야 하며, 대인다워야
길하고 허물이 없다. 말을 해도 믿지 않는다.

효사

초육은 엉덩이가 그루터기 나무에서 곤란을 겪는다. 깊은 골짜기에
들어가면 3년이 지나도 보지 못한다.

구이는 술과 밥에 곤란을 겪는다. 붉은 인끈이 바야흐로 올 것이니
제사를 지내는 것이 이롭다. 무리해서 가면 흉하니 누구를
탓하겠는가.

육삼은 돌에 눌려 곤란을 당하고, 가시덤불을 깔고 있다. 그 집에
들어가더라도 아내를 볼 수 없으니 흉하다.

구사는 오는 것이 느리고 느리다. 쇠수레에 곤란을 겪으니 막히지
만 끝맺음이 있다.

구오는 코를 베이고 발꿈치가 잘리니 적색 인끈에 곤란을 겪는다. 곧
서서히 기쁜 일이 있을 것이니 제사를 지내는 것이 이롭다.

상육은 칡넝쿨에 곤란을 겪고 위태한 곳에 곤란을 겪고 있으니, 움
직이면 후회할 상황이다. 후회할 일이 있더라도 힘차게 가
면 길하리라.

택수곤(澤水困)

 곤경에 처한 상황이다. 밝게 통하고 바르게 해야 하며, 대인다워야 길하고 허물이 없다. 말을 해도 믿지 않는다.

困, 亨 貞 大人 吉 无咎 有言不信
곤, 형 정 대인 길 무구 유언불신

상괘는 연못을, 하괘는 물을 상징한다. 연못의 물이 모두 아래로 빠져나가 곤란한 상황, 즉 '곤경'의 코드다. 곤(困)은 '곤란', '곤경' 또는 '곤궁'의 뜻이다. 현대인이 겪는 곤경은 실직, 가난, 부채, 중독, 질병 등 대체로 사회적, 경제적, 신체적인 문제와 관련이 있는데, 수천 년 전에도 곤경을 겪는 유형이 별다르지 않았다. '곤'괘는 곤란을 겪고 있는 상황에서의 지혜로운 처신을 알려준다.

곤경에 처한 상황에서 효과적인 대처 방안은 무엇일까? 주역은 세 가지 지침을 준다. 첫째, 마음을 비우고 밝은 마음으로 바르게 하라. 곤경의 상황에 처하는 원인은 내적 욕심 때문일 수도 있고 외적 환경의 문제일 수도 있다. 하지만 해결책은 늘 자신에게서 찾아야 한다. 둘째, 대인답게 잘 극복하여 전화위복의 계기로 삼아야 한다. 셋째, 자력으로 극복해야 한다. 내가 곤궁한 상황에 처해도 남들은 잘 모른다. 그래서 '말을 해도 믿지 않는다'고 했다.

* 경제적, 육체적 또는 정신적으로 곤궁한 상황이다.
밝고 바른 마음으로 대인답게 스스로 극복하면 길하리라.
* 주역은 일음일양의 이치다. 화와 복은 계속 반복되고 반전된다.

초육은 엉덩이가 그루터기 나무에서 곤란을 겪는다. 깊은 골짜기에 들어가면 3년이 지나도 보지 못한다.

初六 臀困于株木 入于幽谷 三歲不覿
초육 둔곤우주목 입우유곡 삼세부적

*역할, 직업 등의 곤란 상황으로 생활 터전이 위협 받고 있다.
상황을 회피하면 영영 곤경에서 벗어나기 어렵다.
굳센 의지로 수양을 하면서 돌파구를 열어나가야 한다.

구이는 술과 밥에 곤란을 겪는다. 붉은 인끈이 바야흐로 올 것이니 제사를 지내는 것이 이롭다. 무리해서 가면 흉하니 누구를 탓하겠는가.

九二 困于酒食 朱紱方來 利用亨祀 征凶 无咎
구이 곤우주식 주불방래 이용향사 정흉 무구

*생계 수단이 위협받고 있다. 곧 합격통지서가 오고 직업이나 역할에 좋은 일이 있을 것이니 경건한 마음으로 정성을 다하라.
성급하게 무리한 방법으로 취업을 시도하는 것은 흉한 일이다.
*붉은 인끈, 주불(朱紱)은 임금의 예복에 달린 인끈이다. 붉은 인끈이 온다는 것은 리더인 5효가 2효에게 임명장을 준다는 뜻이다.

육삼은 돌에 눌려 곤란을 당하고, 가시덤불을 깔고 있다. 그 집에 들어가더라도 아내를 볼 수 없으니 흉하다.

六三 困于石 據于蒺藜 入于其宮 不見其妻 凶
육삼 곤우석 거우질려 입우기궁 불견기처 흉

*이중고를 겪으면서 오도 가도 못하는 상황이다.
치욕스럽고 위태한 상황을 자초했으니 가족들을 볼 면목이 없다.

구사는 오는 것이 느리고 느리다. 쇠수레에 곤란을 겪으니 막히지만 끝맺음이 있다.

九四 來徐徐 困于金車 吝 有終
구사 내서서 곤우금거 인 유종

＊도움이 필요한 상황인데, 조력자가 빨리 오지 않는다.
막히는 원인은 자신에게 있으니 유연하게 대처하라.
곤란을 극복하고 잘 마무리하여 유종의 미를 거둘 것이다.

구오는 코를 베이고 발꿈치가 잘리니 적색 인끈에 곤란을 겪는다. 곧 서서히 기쁜 일이 있을 것이니 제사를 지내는 것이 이롭다.

九五 劓刖 困于赤紱 乃徐有說 利用祭祀
구오 의월 곤우적불 내서유열 이용제사

＊짝도 측근도 협조를 안 해 곤경에 빠졌다.
그러나 조만간 기쁜 일이 있을 것이니, 경건하고 정성스럽게 대비하라.
＊적색 인끈, 적불(赤紱)은 신하의 예복에 달린 인끈이다. '적색 인끈에 곤란을 겪는다'는 것은 신하의 도움을 받지 못하고 있다는 뜻이다. 2효와 4효가 신하로서 음양으로 조화를 이루지 못해서 나온 말이다.

상육은 칡넝쿨에 곤란을 겪고 위태한 곳에 곤란을 겪고 있으니, 움직이면 후회할 상황이다. 후회할 일이 있더라도 힘차게 가면 길하리라.

上六 困于葛藟 于臲卼 曰動悔 有悔 征吉
상육 곤우갈류 우얼올 왈동회 유회 정길

＊곤란함이 극에 달한 형국이다. 나아가도 물러나도 후회한다.
후회할 일이 있더라도 힘차게 극복하면 전화위복이 되리라.

48. 정(井)

[수양] 우물을 수리하듯 수양하라

괘사

우물을 수리하는 상황이다. 읍을 바꿔도 우물은 바꾸지 않는다. 잃는 것도 없고 얻는 것도 없으니, 오며 가며 누구나 우물을 이용하는 것이다. 거의 이르러도 또한 두레박줄이 우물에 닿지 않거나 두레박이 깨지면 흉하다.

효사

초육은 우물이 진창이라 먹을 수 없다. 옛 우물에 새조차 없도다.

구이는 우물이 계곡이라 물고기를 쏘고, 독이 깨져서 물이 샌다.

구삼은 샘을 쳐도 먹지 않으니 내 마음이 슬퍼서 애가 탄다. 길어 쓸 수 있으니, 왕이 밝으면 함께 그 복을 받으리라.

육사는 우물을 벽돌로 꾸미면 허물이 없으리라.

구오는 우물이 맑고 깨끗하여 찬 샘물을 마신다.

상육은 우물을 길어 마시고 막을 덮지 말아야 한다. 믿음을 갖고 큰마음으로 하면 길하리라.

수풍정(水風井)

우물을 수리하는 상황이다. 읍을 바꿔도 우물은 바꾸지 않는다. 잃는 것도 없고 얻는 것도 없으니, 오며 가며 누구나 우물을 이용하는 것이다. 거의 이르러도 또한 두레박줄이 우물에 닿지 않거나 두레박이 깨지면 흉하다.

井, 改邑不改井 无喪无得 往來井井 汔至亦未繘井
정, 개읍불개정 무상무득 왕래정정 흘지역미율정
羸其瓶 凶
이기병 흉

하괘는 나무, 상괘는 물을 상징한다. 나무로 만든 우물에 샘물 솟아나는 상, '우물'의 코드다. 정(井)은 '우물'을 뜻한다. 주역의 '정'괘는 우물을 수리하듯 마음을 수양하는 지혜를 담고 있다. 사람 마음도 우물처럼 계속 솟아나며, 깨끗해야만 세상에 도움이 되기 때문이다.

우물을 수리하듯 마음을 수양하는 지혜는 무엇일까? 주역은 세 가지 지침으로 알려준다. 첫째, 그 사람의 직업이나 역할이 바뀌더라도 본심은 변치 않아야 한다. 둘째, 우리 마음은 사적인 욕심을 위해 쓰는 것이 아니라 사람들에게 덕을 베풀기 위해 써야 한다. 셋째, 수양이 부족하여 실제 상황에서 마음을 제대로 쓰지 못하면 아무 소용이 없다. 괘사는 이 모든 것을 은유적으로 표현한 것이다.

＊자기를 수양하여 덕을 갖춤으로써 남들에게 은택을 베풀어라.
우물이 공공성을 띠는 것처럼 우리도 공적인 역할로 사회와 역사에 공헌해야 한다. 그렇게 하려면 마음을 수양하는데 힘써야 한다.

초육은 우물이 진창이라 먹을 수 없다. 옛 우물에 새조차 없도다.

初六 井泥不食 舊井无禽
초육 정니불식 구정무금

＊수양이 전혀 되지 않아 마음이 진흙탕 같다.
아무도 나를 따르지 않는다. 성찰하고 크게 분발하라.
＊초효는 자리가 바르지 않으면서, 짝인 4효와 음양으로 조화를 이루지
도 못하고 있다. 그러면서 맨 아래 위치하고 있다. 그래서 우물의 관점
에서 보면 가장 낮고 천한 상태에 해당한다.

구이는 우물이 계곡이라 물고기를 쏘고, 독이 깨져서 물이 샌다.

九二 井谷射鮒 甕敝漏
구이 정곡사부 옹폐루

＊수양이 조금 되었지만, 아직 남을 공격하여 상처주고 분위기를 깨니
사람들에게 환영받을 수가 없다. 분발하라.
＊2효는 음의 자리에 양이 와서 자리가 바르지 않고, 짝인 5효와도 음
양으로 조화를 이루지 못하고 있다. 그래서 우물의 기능을 못하는 계곡
에 비유했다.

구삼은 샘을 쳐도 먹지 않으니 내 마음이 슬퍼서 애가 탄다. 길어
쓸 수 있으니, 왕이 밝으면 함께 그 복을 받으리라.

九三 井渫不食 爲我心惻 可用汲 王明並受其福
구삼 정설불식 위아심측 가용급 왕명병수기복

＊수양이 상당히 되었지만 아직 알아주는 이가 없어 애가 탄다.
나를 알아봐 주는 리더가 있으면 모두에게 복된 일이다.
실망하지 말고 계속 수양하면서 실력을 기르면 때를 만나리라.

육사는 우물을 벽돌로 꾸미면 허물이 없으리라.

六四 井甃 无咎
육사　정추　무구

＊수양을 더 충실히 하고 실력을 충분히 쌓아라.
그러면 아무 문제가 없으리라.
＊3효부터는 음양의 자리가 바르다. 따라서 먹을 수 있는 물이다. 4효
는 3효보다 더 깨끗한 물에 해당한다. 즉, 수양이 제대로 된 경우다.

구오는 우물이 맑고 깨끗하여 찬 샘물을 마신다.

九五 井洌 寒泉食
구오　정렬　한천식

＊덕이 높은 고매한 인품으로 은혜를 베푼다.
오며가며 시원한 샘물 마시듯 모두가 그에게 감화를 받는다.
＊5효는 상황에 맞게 바르게 처신하는 중정(中正)의 리더에 해당한다.
따라서 수양이 매우 잘 되어 덕이 높은 리더가 은혜를 베푸는 것을 은
유하는 말이 나오게 되었다.

상육은 우물을 길어 마시고 막을 덮지 말아야 한다. 믿음을 갖고 큰
마음으로 하면 길하리라.

上六 井收勿幕 有孚 元吉
상육　정수물막　유부　원길

＊내 마음은 내 소유가 아니라 공공재다.
하늘같은 마음으로 덕을 베풀어 모두에게 도움을 주라.
믿고 실천하면 모두에게 존경받게 되고 인생이 크게 성공하리라.
＊상효는 그간 수양을 잘 해 온 훌륭한 원로에 해당한다.

49. 혁(革)

[혁신] 하면 고통, 당하면 죽음

괘사

혁신을 해야 하는 상황이다. 마침내 날이 오면 믿음을 가져야 한다. 크고 밝게, 이롭게 하고 바르게 하면 후회가 없어지리라.

효사

초구는 황소의 가죽으로 묶어야 한다.

육이는 마침내 날이 왔으니 혁신을 해야 한다. 가면 길하고 허물이 없으리라.

구삼은 가면 흉하니 바르게 해도 위태롭다. 혁신을 해야 한다는 말을 세 번 취하면 믿음을 가져라.

구사는 후회가 없어진다. 믿음을 갖고 명(命)을 바꾸면 길하리라.

구오는 대인답게 호랑이처럼 변해야 한다. 점을 치지 않아도 확실하다.

상육은 군자는 표범처럼 변하고 소인은 얼굴을 바꾼다. 정벌하면 흉하고 바르게 머물면 길하리라.

택화혁(澤火革)

혁신을 해야 하는 상황이다. 마침내 날이 오면 믿음을 가져야 한다. 크고 밝게, 이롭게 하고 바르게 하면 후회가 없어지리라.

革, 已日乃孚 元亨利貞 悔亡
혁, 이일내부 원형리정 회망

상괘는 연못, 하괘는 불이다. 연못 속에 불이 있어서 물이 불을 꺼버리고, 불이 물을 끓이는 형국이라 '혁신'을 하는 코드다. 혁(革)은 '가죽', '피부', '고치다', '바꾸다'의 뜻이다. 혁신을 한다는 것은 피부를 벗기는 것과 같은 고통이 따르는 일이다. 혁신을 해야 할 때 못하고 망설이는 것은 바로 그 때문이다. 하지만 혁신을 해야 할 때 하지 않으면 죽음을 당하게 된다. 그래서 혁신이 강조되는 것이다. '혁'괘는 혁신이 필요할 때 혁신을 하는 지혜를 알려주고 있다.

혁신을 해야 하는 상황에서의 지혜는 두 가지다. 첫째, 혁신해야 할 때가 되면 믿음을 갖고 혁신을 실행해야 한다. 둘째, 사적인 입장이 아니라 하늘같이 크고 밝은 마음으로 이롭고 바르게, 전체를 위해 혁신을 해야 한다. '혁'괘 괘사가 그것을 은유적으로 표현하고 있다.

* 혁신해야 할 때가 왔다. 믿음을 갖고 혁신을 실행하라.
하늘같이 크고 밝은 마음으로 전체를 위해 혁신을 해야 한다.
그러면 혁신에 성공하여 안타까운 일이 없어질 것이다.
* '혁'괘는 개인이나 조직의 혁신은 물론 촛불혁명과 같은 시민혁명, 정보혁명이나 4차 산업혁명과 같은 인류 문명사적 전환에도 적용된다.

초구는 황소의 가죽으로 묶어야 한다.

初九 鞏用黃牛之革
초구 공용황우지혁

＊혁신이 필요하지만 아직은 때가 아니다.
성급하게 추진하면 실패하니 굳세게 인내하며 준비하라.
＊소의 코드는 내호괘인 손(☴)이다. 황(黃)은 중(中)의 색이니 2효를
가리킨다. '초구'는 '육이'가 개혁을 시작할 때까지 굳세게 기다렸다가
'육이'를 믿고 따라야 한다는 비결이 들어있음을 알 수 있다.

육이는 마침내 날이 왔으니 혁신을 해야 한다. 가면 길하고 허물이
없으리라.

六二 已日 乃革之 征吉 无咎
육이 이일 내혁지 정길 무구

＊마침내 혁신의 때가 왔다. 실행하라.
행동으로 옮기면 길하고 아무 문제가 없다.
＊2효는 위상이 중정(中正)이다. 또한 짝인 5효와 음양으로 정응한다.
그래서 리더인 5효를 도와 혁신을 행동으로 옮겨야 한다.

구삼은 가면 흉하니 바르게 해도 위태롭다. 혁신을 해야 한다는 말
을 세 번 취하면 믿음을 가져라.

九三 征凶 貞厲 革言三就 有孚
구삼 정흉 정려 혁언삼취 유부

＊조급하게 혁신을 하면 실패하게 된다.
신중한 검토를 거듭한 결과 혁신의 필요성이 충분할 때 혁신을 실행하
라. 그러면 확실히 성공한다.

구사는 후회가 없어진다. 믿음을 갖고 명(命)을 바꾸면 길하리라.

九四 悔亡 有孚改命 吉
구사 회망 유부개명 길

＊먼저 고정관념을 버리고 자신부터 바로잡아라.
믿음을 갖고 자기를 혁신하여 역할을 바꾸면 길하리라.
＊'혁'괘에서 그 자리가 바르지 않은 효는 '구사'가 유일하다. 혁신을 한다는 것은 바르지 않은 것을 바르게 하는 것이다. 따라서 자신부터 바로잡아야 하는 상황이다.

구오는 대인답게 호랑이처럼 변해야 한다. 점을 치지 않아도 확실하다.

九五 大人虎變 未占 有孚
구오 대인호변 미점 유부

＊사적인 욕심이 아닌 전체를 위하는 마음으로 단호하게 혁신을 주도해야 한다. 그러면 틀림없이 성공할 것이다.
＊5효는 상황에 맞게 바르게 처신하는 중정(中正)의 리더이다. 따라서 혁신의 주체로서 단호하게 혁신을 주도해야 한다.

상육은 군자는 표범처럼 변하고 소인은 얼굴을 바꾼다. 정벌하면 흉하고 바르게 머물면 길하리라.

上六 君子豹變 小人革面 征凶 居貞 吉
상육 군자표변 소인혁면 정흉 거정 길

＊혁신의 완성 단계에서 특히 주의해야 한다.
혁신 참여도가 같을 수 없으니, 소극적 동조자나 반대자를 탓하면 흉하다. 순리대로 교화하여 바로잡으면 길하리라.

50. 정(鼎)

[잔치] 정성껏 지어 잘 대접하라

괘사

솥 걸고 밥 짓는 상황이다. 큰마음으로 하면 길하리라. 밝게 통하라.

효사

초육은 솥 걸고 밥 짓는 상황에서 발을 뒤집는 형국이다. 이물질을
쏟아내는 것이 이롭다. 첩을 얻어 그 아들을 낳는 것과 같
으니 허물이 없다.

구이는 솥 걸고 밥 짓는 상황에서 음식 재료를 담았다. 나의 짝이
성급하니 내가 나아가지 않으면 길하리라.

구삼은 솥 걸고 밥 짓는 상황에서 솥귀가 바뀌었다. 그 진행이 막
혀 살찐 꿩고기를 먹지 못하지만, 바야흐로 비가 내리면 후
회가 사라지고 종국에는 길하리라.

구사는 솥 걸고 밥 짓는 상황에서 솥발이 부러져 왕공의 음식을
엎으면 그 얼굴이 젖어서 흉하다.

육오는 솥 걸고 밥 짓는 상황에서 누런 귀와 금귀고리이다. 이롭게
하고 바르게 해야 한다.

상구는 솥 걸고 밥 짓는 상황에서 옥귀고리이니, 큰마음으로 하면
길하고 이롭지 않음이 없다.

화풍정(火風鼎)

☲☴ 솥 걸고 밥 짓는 상황이다. 큰마음으로 하면 길하리라. 밝게 통하라.

鼎, 元吉 亨
정, 원길 형

전체 괘상이 솥의 상이다. 아래 음효는 솥발이고, 2, 3, 4효인 내호괘 세 양효는 솥의 몸통이며, 5효는 솥귀이고, 상효는 솥뚜껑에 해당한다. 그래서 솥 걸고 잔치하는 코드가 되었다. 정(鼎)은 '솥을 걸고 밥을 짓는' 코드다. 밥은 생명을 유지하는 필수 요소이기 때문에 매우 중요하다. 정성껏 밥을 지어 함께 먹는 것은 고귀한 일이다. '정'괘는 밥을 지어 함께 잔치를 벌일 때 처신하는 지혜를 알려주고 있다.

솥 걸고 밥 짓는 상황에서의 지혜는 두 가지다. 첫째, 큰마음으로 해야 한다. 밥을 짓는 것은 나만을 위한 것이 아니라 전체를 살리기 위한 것이기 때문이다. 그런 마음으로 밥을 지으면 복을 받을 것이다. 둘째, 밝은 마음으로 정성껏, 주의해서 밥을 지어야 한다. 밥을 지을 때는 밥 짓는데 집중해야 한다. 청결, 물 조절, 불 조절, 뜸들이기 등 밥을 지을 때 중요하지 않은 단계가 없다.

* 크고 밝은 마음으로 밥을 지어 함께 나눠 먹어라.
그러면 길하여 복을 받으리라.
* 밥이 되려면 불(☲) 위에 물(☵)이 있어야 하는데, 괘상에서 물이 없다. 3효가 음으로 바뀌면 외호괘(3~5효)가 물(☵)이 되고, 2~5효가 불 위에 물이 있는 상이 되어 밥이 된다.(3효 효사를 볼 때 참고)

초육은 솥 걸고 밥 짓는 상황에서 발을 뒤집는 형국이다. 이물질을 쏟아내는 것이 이롭다. 첩을 얻어 그 아들을 낳는 것과 같으니 허물이 없다.

初六 鼎顚趾 利出否 得妾以其子 无咎
초육 정전지 이출비 득첩이기자 무구

　＊밥을 짓기 전 솥의 이물질을 제거하듯 문제점을 제거하라.
　그렇게 사전에 문제를 제거하면 이롭고 아무 문제가 없으리라.

구이는 솥 걸고 밥 짓는 상황에서 음식 재료를 담았다. 나의 짝이 성급하니 내가 나아가지 않으면 길하리라.

九二 鼎有實 我仇有疾 不我能卽 吉
구이 정유실 아구유질 불아능즉 길

　＊음식 재료를 담고 뜸들이기 전과 같이, 이제 시작한 상황이다.
　성급히 결과를 원하면 대응하지 말라. 그러면 길하리라.

구삼은 솥 걸고 밥 짓는 상황에서 솥귀가 바뀌었다. 그 진행이 막혀 살찐 꿩고기를 먹지 못하지만, 바야흐로 비가 내리면 후회가 사라지고 종국에는 길하리라.

九三 鼎耳革 其行塞 雉膏不食 方雨虧悔 終吉
구삼 정이혁 기행색 치고불식 방우휴회 종길

＊일이 상당히 진척되었는데 중요한 게 누락되어 진행이 막힌다.
유연하게 대처하면 후회가 사라지고 종국에는 길하리라.
＊재료를 넣고도 물이 없어서 밥을 지을 수 없는데, 3효가 음으로 바뀌면 외호괘가 물(☵)이 되어 비로소 밥을 지을 수 있다. '바야흐로 비가 내린다'는 말이 그것을 은유적으로 표현한 것이다.

구사는 솥 걸고 밥 짓는 상황에서 솥발이 부러져 왕공의 음식을 엎으면 그 얼굴이 젖어서 흉하다.

九四 鼎折足 覆公餗 其形渥 凶
구사 정절족 복공속 기형악 흉

＊솥이 쓰러지고 다 된 밥에 재가 뿌려진 격이다.
자신의 명예에 먹칠을 하고 모두에게 신뢰를 잃어서 흉하다.
일이 모두 마무리 될 때까지, 끝까지 조심해야 한다.
＊4효는 음의 자리인데 양이 와서 이런 효사가 나왔다.

육오는 솥 걸고 밥 짓는 상황에서 누런 귀와 금귀고리이다. 이롭게 하고 바르게 해야 한다.

六五 鼎黃耳金鉉 利貞
육오 정황이금현 이정

＊잔치 준비가 잘 되어 빛나고 아름다운 상황이다.
전체를 이롭게 하고, 리더로서 굳세게 해야 한다.
＊5효가 중(中)이라서 누런색이 나왔다. 귀의 코드는 감(☵)이다. 5효, 상효, 초효까지가 '감'이다. 금귀고리는 5효가 솥 귀고리에 해당하는데, 굳세게 하라는 뜻으로 '금'이 나왔다. 밥이 잘 지어진 것을 은유했다.

상구는 솥 걸고 밥 짓는 상황에서 옥귀고리이니, 큰마음으로 하면 길하고 이롭지 않음이 없다.

上九 鼎玉鉉 大吉 无不利
상구 정옥현 대길 무불리

＊잔치에서 함께 잘 나눌 수 있는 상황이 되었다.
전체를 위해 큰마음으로 하면 길하고 모두에게 이로우이라.

51. 진(震)

[재난] 정신만 차리면 산다

괘사

지진이 이어지는 상황이다. 밝게 통해야 한다. 천둥이 쳐서 깜짝깜
짝 놀라지만 웃음소리가 껄껄거린다. 천둥이 백리까지 놀라게 하
지만 제사에 쓰는 도구는 잃지 않는다.

효사

초구는 천둥이 쳐서 깜짝깜짝 놀라고 뒤이어 웃음소리가 껄껄거리
면 길하리라.

육이는 지진이 일어나 위태로운 상황이다. 상황을 파악하여 재물을 잃
고 높은 언덕에 올라가면, 쫓지 않아도 7일이면 얻을 것이다.

육삼은 지진이 일어나 두려워한다. 지진이 지나가면 재앙이 없다.

구사는 지진이 마침내 진창이 되었다.

육오는 지진이 오락가락 하는 상황이라 위태롭다. 상황을 잘 파악
하면 잃을 것은 없고 일이 있다.

상육은 지진에 두려워하며 눈을 두리번거리는 상황이니, 가면 흉하
다. 지진이 내 몸에 미치지 않고 이웃에게 미치니 허물이
없다. 혼인할 짝이 말이 있다.

중뢰진(重雷震)

지진이 이어지는 상황이다. 밝게 통해야 한다. 천둥이 쳐서 깜짝깜짝 놀라지만 웃음소리가 껄껄거린다. 천둥이 백리까지 놀라게 하지만 제사에 쓰는 도구는 잃지 않는다.

震, 亨 震來虩虩 笑言啞啞 震驚百里 不喪匕鬯
진, 형 진래혁혁 소언액액 진경백리 불상비창

'진'괘가 중첩되어 우레와 지진이 거듭되는 상이다. 따라서 자연재해 또는 천재(天災)의 코드가 된다. 진(震)은 '천둥', '벼락', '지진'을 뜻하며, '진'괘는 거듭되는 천둥, 벼락, 지진, 쓰나미와 같은 재난 상황에 대비하고 처신하는 지혜를 알려주고 있다.

지진이나 쓰나미와 같은 자연 재해에 대비하는 지혜는 단 하나다. 바로 형(亨), 밝게 통하는 것이다. 여기서는 정신 차리고 조심해야 한다는 뜻이다. 그렇게 하면 두려움에 크게 놀라지만 잘 극복하게 된다. 또한 천둥이 크게 치더라도 생명을 건지게 될 것이다. '제사에 쓰는 도구는 잃지 않는다는 것'은 가계의 역사를 이어가는데 꼭 필요한 것, 즉 목숨은 건질 수 있다는 뜻의 은유다.

＊재난 상황이 이어진다. 밝은 마음으로 조심하면 잘 극복할 수 있다. 재물을 잃더라도 목숨은 건져야 한다.
＊지진, 놀람, 껄껄웃음의 코드는 모두 진(☳)이다. 상괘와 하괘가 모두 '진'이다. '형', 즉 밝음의 코드는 이(☲)다. 초효에서 4효까지 가운데 음이 둘인 이(☲)가 된다.

초구는 천둥이 쳐서 깜짝깜짝 놀라고 뒤이어 웃음소리가 껄껄거리면 길하리라.

初九 震來虩虩 後笑言啞啞 吉
초구 진래혁혁 후소언액액 길

＊재난으로 놀라지만 뒤이어 껄껄 웃을 수 있으니 길하다.
하늘에 순응하며 잘 살아왔으며, 재난에 미리 대비했기 때문이다.

육이는 지진이 일어나 위태로운 상황이다. 상황을 파악하여 재물을 잃고 높은 언덕에 올라가면, 쫓지 않아도 7일이면 얻을 것이다.

六二 震來厲 億喪貝 躋于九陵 勿逐 七日得
육이 진래려 억상패 제우구릉 물축 칠일득

＊재난이 일어나 위태로운 상황이다.
재물을 포기하고 목숨을 건져라. 재물은 조만간 회복하게 된다.
＊2효는 중정(中正)이다. 따라서 재난이 일어났지만 상황에 맞게 바르게 처신하는 경우다. 재물을 포기하고 목숨을 건지는 것이 그렇게 하는 것이다. 지진이 일어나 위태로운 것은 꿈틀꿈틀 거리는 '진'괘에서 부드러운 2효(--)가 굳센 초효(ㅡ)를 타고 있기 때문이다.

육삼은 지진이 일어나 두려워한다. 지진이 지나가면 재앙이 없다.

六三 震蘇蘇 震行 无眚
육삼 진소소 진행 무생

＊재난이 일어나 두려워한다. 사전에 대비가 없었기 때문이다.
재난 피해가 적어서 재난이 지나가고 나면 큰 문제는 없다.
＊3효는 중(中)도 아니고 정(正)도 아니다. 따라서 사전에 지진에 대한 준비가 잘 되지 않은 경우이다.

구사는 지진이 마침내 진창이 되었다.

九四 震遂泥
구사 진수니

＊재난이 일어나 엉망진창이 되었다.
아직 복구에 엄두를 내지 못하는 상황이다.
＊4효를 중심으로 아래위 음이 둘씩인 감(☵)이라서 진창의 코드다.

육오는 지진이 오락가락 하는 상황이라 위태롭다. 상황을 잘 파악하면 잃을 것은 없고 일이 있다.

六五 震往來 厲 億 无喪 有事
육오 진왕래 여 억 무상 유사

＊재난이 오락가락 하여 위태로운 상황이다. 리더로서 상황파악을 잘하면 큰 피해는 없지만, 복구할 일이 남아있다.

상육은 지진에 두려워하며 눈을 두리번거리는 상황이니, 가면 흉하다. 지진이 내 몸에 미치지 않고 이웃에게 미치니 허물이 없다. 혼인할 짝이 말이 있다.

上六 震索索 視矍矍 征凶 震不于其躬 于其鄰 无咎 婚媾 有言
상육 진삭삭 시확확 정흉 진불우기궁 우기린 무구 혼구 유언

＊지진이 일어나니 우왕좌왕하면 흉한 일이다.
자신은 문제가 없으나 피해를 당한 이웃을 살펴야 한다.
이웃을 잘 못 살피면 원망하는 말을 듣게 된다.
＊눈의 코드는 이(☲)다. 그 중 음효가 눈동자인데, 진(☳)은 눈동자가 둘이라서 두리번거리는 눈이 된다. 외호괘인 감(☵)은 새의 코드가 되므로, 새의 눈이 두리번거리는 코드가 된다.

52. 간(艮)

[멈춤] 머물러야 할 곳에 머물러라

괘사

멈추어야 하는 상황이다. 그의 등 뒤에 멈추어도 그 몸을 잡지 않고, 그의 뜰을 지나가면서도 그 사람을 보지 않으면 허물이 없으리라.

효사

초육은 그 발에서 멈추면 허물이 없다. 길이 바르게 하는 게 이롭다.

육이는 그 장딴지에 멈추는 상황이다. 그 따르는 것을 구조하지 못해 마음이 불쾌하다.

구삼은 그 허리에 멈추는 상황이다. 그 인연이 끊어질까 위태롭고 애가 탄다.

육사는 그 몸에 멈추면 허물이 없다.

육오는 그 볼에 멈추니, 말에 순서가 있으면 후회가 없어지리라.

상구는 돈독하게 멈추면 길하리라.

중산간(重山艮)

멈추어야 하는 상황이다. 그의 등 뒤에 멈추어도 그 몸을 잡지 않고, 그의 뜰을 지나가면서도 그 사람을 보지 않으면 허물이 없으리라.

艮其背 不獲其身 行其庭 不見其人 无咎
간기배 불획기신 행기정 불견기인 무구

'간'괘가 중첩되어 산이 계속 가로막는 상이다. 따라서 거듭 멈추게 되는 '멈춤'의 코드다. 간(艮)은 '머무르다', '정지', '멈춤'을 뜻한다. 우리는 움직이거나 고요히 머물러 있거나 둘 중 하나를 한다. 전자를 동(動)이라 하고, 후자를 정(靜)이라 한다. 그 두 가지 중 무엇이 기준이 되어야 할까? 그 답은 고요히 머물러 있는 것, '정'이다. '간'괘는 멈추어야 할 때 멈추는 지혜를 알려주고 있다.

멈춰야 하는 상황에서의 지혜는 무엇일까? 주역에서 단 한 가지 지침을 알려준다. 멈추어야 하는 상황에서는 어떤 경우에도 반드시 멈추고, 지나가야 하는 상황에서는 어떤 경우에도 멈추지 말고 지나가는 것, 바로 그것이다. 원수가 바로 눈앞에 있어도 아직 힘이 부족할 땐 그를 잡으려 하지 말고, 아무리 보고 싶은 사람이라도 아직 때가 아니면 보고 싶은 마음을 누르며 그에게 눈을 돌리지 말고 그냥 지나가야 한다. 그러면 허물이 없다. 괘사가 그것을 은유적으로 표현하고 있다.

＊하던 일을 멈춰야 한다.
약속했어도 만나지 말고, 도장을 찍었더라도 계약을 파기하라.
아무리 좋은 투자 기회가 있더라도 투자하지 말고 멈춰라.

초육은 그 발에서 멈추면 허물이 없다. 길이 바르게 하는 게 이롭다.

初六 艮其趾 无咎 利永貞
초육 간기지 무구 이영정

＊멈춰야 할 때는 그 시초에 멈추는 것은 최선이다.
나중에 다시 유혹이 생기더라도 초심을 굳세게 유지하라.
＊초효는 양의 자리인데 음이 왔다. 멈춰야 하는 시작 상황에서 멈추기
가 쉽지 않음을 코드가 말하고 있다. 그러나 굳세게 멈춰야 한다.

육이는 그 장딴지에 멈추는 상황이다. 그 따르는 것을 구조하지 못
해 마음이 불쾌하다.

六二 艮其腓 不拯其隨 其心不快
육이 간기비 부증기수 기심불쾌

＊멈춰야 하는 상황인데 이미 일에 착수하여 조금 진행하였다.
그동안 투자한 것이 아까워 마음이 불쾌하다.
그러나 멈춰야 한다. 자기를 더욱 수양하며 힘을 길러야 한다.
＊일반적인 경우라면 중정(中正)으로 좋은 상황이다. 그러나 지금은 짝
인 5효가 음이라서 불응하고 있으며, 바로 앞은 가로막혀있다.

구삼은 그 허리에 멈추는 상황이다. 그 인연이 끊어질까 위태롭고
애가 탄다.

九三 艮其限 列其夤 厲 薰心
구삼 간기한 열기인 여 훈심

＊멈춰야 하는 상황에서 상당히 진행하여 걱정되고 애가 탄다.
일이 잘 되지 않아 이러지도 저러지도 못하는 상황이다.
안타깝지만 그만두고 내공을 기르며 때를 기다려야 한다.

육사는 그 몸에 멈추면 허물이 없다.

六四 艮其身 无咎
육사　간기신　무구

*한 고비 넘겼지만 아직 때가 되지 않았다. 내공을 더 길러라.
내공을 기르는 최선책은 자신에게 집중하는 것이다.
만일 밖에서 역할을 수행하려 한다면 문제가 생기게 된다.
*5효를 보좌해야 하는데, 5효가 음이라서 아직 기다려야 한다.

육오는 그 볼에 멈추니, 말에 순서가 있으면 후회가 없어지리라.

六五 艮其輔 言有序 悔亡
육오　간기보　언유서　회망

*말을 조심하라. 꼭 해야 할 말을, 꼭 해야 할 때 하라.
그러면 후회가 없어질 것이다.
*그 위상이 중(中)이나 양의 자리에 음이 와서 부정(不正)이다. '육
오'는 리더로서 바르게 처신하지 못하는 경우이다. 리더가 바르지 않는
경우는 대체로 말이 많은 경우다. 말을 해야 할 때 안 해도 문제가 된
다. 공자는 "말을 하지 않아야 할 때 말을 하면 실언(失言)이 되고, 말
을 해야 할 때 하지 않으면 실인(失人)을 한다."라고 했다. 실언도,
실인도 하지 않으려면 꼭 해야 할 말을 해야 할 때 하면 된다.

상구는 돈독하게 멈추면 길하리라.

上九 敦艮 吉
상구　돈간　길

*멈출 수 있는 마지막 기회다. 과감하게 중단하면 길하리라.
자리는 후진에게 물려주고 마무리를 잘 해 유종의 미를 거둬라.

53. 점(漸)

[점진] 걸어서 저 하늘까지

괘사

점진하는 상황이다. 여자가 시집갈 때처럼 하면 길하다. 이롭게 하고 바르게 하라.

효사

초육은 기러기가 물가에 나아가는 상황이다. 어린 기러기가 위태롭게 여겨야 한다. 말이 있으나 허물은 없다.

육이는 기러기가 반석에 나아가는 상황이다. 음식을 알맞게 먹으면 길하리라.

구삼은 기러기가 언덕에 나아가는 상황이다. 남편이 무리하게 가면 돌아오지 못하니 부인이 아이를 가져도 기르지 못하게 되어 흉하리라. 도적을 막는 것이 이롭다.

육사는 기러기가 나무에 나아가는 상황이다. 혹 옆으로 뻗은 가지를 얻으면 허물이 없으리라.

구오는 기러기가 산꼭대기에 나아가는 상황이다. 부인이 3년 동안 아이를 갖지 못하지만, 결국 그 보다 더 좋을 수 없게 되리니 길하리라.

상구는 하늘 길에 나아가는 상황이다. 그 날개가 본보기가 될 수 있으면 길하리라.

풍산점(風山漸)

점진하는 상황이다. 여자가 시집갈 때처럼 하면 길하다.
이롭게 하고 바르게 하라.

漸, 女歸 吉 利貞
점, 여귀 길 이정

하괘는 산, 상괘는 나무를 상징한다. 산 위에 나무가 자라는 것처럼 점진적으로 자라나 하늘 끝에 닿는 상, '점진'의 코드다. 점(漸)은 '점진', '점차 나아가다'의 뜻이다. '천리 길도 한걸음부터'라는 속담도 있다. 무슨 일이든 순서에 맞게 차근차근 나아가다 보면 결국 목적지에 도달하게 된다. 성급하게 해서는 되는 일이 없다. '점'괘는 점차 성장하는 지혜, 한걸음씩 나아가 끝까지 가는 지혜를 알려주고 있다.

점진하는 상황에서의 지혜는 무엇일까? 주역어서 두 가지 지침이 제시되었다. 첫째, 서두르지 말고 차근차근 순서를 밟아야 한다. 그래서 '여자가 시집갈 때처럼 하면 길하다.'고 했다. 예전에는 여자가 시집 갈 때 육례(六禮)라는 6단계 절차가 있었다. 그렇게 단계적으로 순서를 밟아 나아가라는 뜻이다. 점진하는 상황에서 그렇게 하면 길한 것이다. 둘째, 나아가는 과정에서 남에게 도움이 되고, 바르게 하라는 것이다. 바르게 한다는 것은 마음자세를 말하는데, 굳세어야 할 때와 유연할 때를 알아서 처신하라는 것이다.

* 점차 나아가고 성장하는 때다.
서두르지 말고 차근차근 순서를 밟으면 길하리라.
남에게 도움을 주면서 바르게 하라.

초육은 기러기가 물가에 나아가는 상황이다. 어린 기러기가 위태롭게 여겨야 한다. 말이 있으나 허물은 없다.

初六 鴻漸于干 小子厲 有言 无咎
초육 홍점우간 소자려 유언 무구

＊점차 나아가고 성장하기 시작하는 때다.
 날아오르기 위한 준비를 시작하니 위태롭게 여겨야 한다.
 아직 서툴고 부족하여 말이 있지만 아무 문제가 없다.

육이는 기러기가 반석에 나아가는 상황이다. 음식을 알맞게 먹으면 길하리라.

六二 鴻漸于磐 飮食衎衎 吉
육이 홍점우반 음식간간 길

＊체력과 실력을 비축하여 다가올 비상을 준비하는 때다.
 자기를 수양하고 양생을 하면 길하리라.
＊음식의 코드는 이(☲) 위에 감(☵)이 겹친 것이다. 불과 물이 있어야 음식이 되기 때문이다. 2효에서 5효까지를 뒤집어 보면 보인다.

구삼은 기러기가 언덕에 나아가는 상황이다. 남편이 무리하게 가면 돌아오지 못하니 부인이 아이를 가져도 기르지 못하게 되어 흉하리라. 도적을 막는 것이 이롭다.

九三 鴻漸于陸 夫征不復 婦孕不育 凶 利禦寇
구삼 홍점우륙 부정불복 부잉불육 흉 이어구

＊성공이 가시거리에 들어왔다. 무리하게 가면 안 된다.
 가족과 가정을 잘 챙겨야 한다. 못 챙기면 흉하리라.
 가족을 잘 보호하면 서로에게 힘이 되어 성장에 도움이 된다.

육사는 기러기가 나무에 나아가는 상황이다. 혹 옆으로 뻗은 가지를 얻으면 허물이 없으리라.

六四 鴻漸于木 或得其桷 无咎
육사 홍점우목 혹득기각 무구

＊성공을 향해 비상을 시작했다.
사회적 성장의 기반을 잘 구축하면 아무 문제가 없다.
＊나무의 코드는 손(☴)이니 상괘가 '손'이다. 가지는 나무의 중심인 5효이다. 4효가 5효에게 신임을 받으면서 그를 잘 따르는 상황이다.

구오는 기러기가 산꼭대기에 나아가는 상황이다. 부인이 3년 동안 아이를 갖지 못하지만, 결국 그 보다 더 좋을 수 없게 되리니 길하리라.

九五 鴻漸于陵 婦三歲不孕 終莫之勝 吉
구오 홍점우릉 부삼세불잉 종막지승 길

＊높은 곳에 올라 큰 비상을 앞두고 있다.
가정을 돌보기 어려울 정도로 더 없이 큰 사회적 성취를 이루게 되니, 길하리라.

상구는 하늘 길에 나아가는 상황이다. 그 날개가 본보기가 될 수 있으면 길하리라.

上九 鴻漸于陸 其羽可用爲儀 吉
상구 홍점우규 기우가용위의 길

＊큰 성공을 이루어 성공의 본보기가 된다.
하늘의 뜻에 맞게 살면서 세상의 행복에 기여하면 길하리라.
＊'V'자 모양으로 나는 기러기 떼를 맨 앞에서 이끄는 것에 비유했다.

54. 귀매(歸妹)

[인연] 때가 있고 격이 있다

괘사

시집을 보내는 상황이다. 무리하게 보내면 흉하니 이로울 게 없다.

효사

초구는 첩으로 시집을 보내는 상황이다. 절름발이가 걸을 수 있으니 무리해서라도 보내면 길하리라.

구이는 애꾸눈으로 볼 수 있으니, 유인처럼 바르게 하는 것이 이롭다.

육삼은 시집을 보내는 상황에서 기다림으로써 하니, 도리어 첩으로써 시집을 가게 된다.

구사는 시집을 보내는 상황에서 시기를 놓치게 되니, 늦게 시집을 보내더라도 때가 있는 법이다.

육오는 제을이 누이동생을 시집보내는 상황이다. 그 신부의 소매가 첩의 소매보다 덜 아름답지만, 달이 거의 찼으니 길하리라.

상육은 신부가 광주리를 받았는데 내용물이 없고, 신랑이 양을 찔렀는데 피가 없으니 이로울 바가 없다.

뇌택귀매(雷澤歸妹)

 시집을 보내는 상황이다. 무리하게 보내면 흉하니 이로울 게 없다.

歸妹, 征凶 无攸利
귀매, 정흉 무유리

하괘는 소녀(少女)를, 상괘는 장남(長男)을 상징한다. '소녀'를 '장남'에게 시집보내는 상, '인연'의 코드다. 귀매(歸妹)는 누이를 시집보낸다는 뜻이다. 나아가 혼사와 같은 좋은 인연이 있는 경우에 해당한다. '귀매'괘는 좋은 인연을 맺는 지혜를 알려주고 있다.

좋은 인연을 맺는 지혜는 무엇일까? 주역에서 단 하나의 지침을 알려준다. 그것은 바로 무리하게 하지 말라는 것이다. 그래서 '무리하게 보내면 흉하니 이로울 게 없다'라고 했다. 혼사에는 여러 가지 문제가 따른다. 서로 격이 맞은 짝을 만나는 것, 너무 급히 가거나 너무 늦지 않게 시기를 맞추는 것, 혼수를 격에 맞게 하는 것 등이 혼사에 따르는 문제들이다. '귀매'괘는 이런 문제들을 잘 고려해서 혼사를 치르는 지혜를 다루고 있다. 좋은 인연을 맺는 과정도 혼사와 같이 때와 격에 맞게 해야 한다. 주역은 은유적인 표현으로 상황을 설명한다. 따라서 '귀매'괘는 시집을 보내는 일은 물론이고 좋은 인연이 맺어지는 모든 상황에 적용할 수 있다.

*좋은 인연이 생긴다. 때와 격에 맞게 하라.
무리하게 추진하면 흉하고, 서로에게 이로울 것이 없다.
*'인연'의 코드이기 때문에 효사를 볼 때 짝과의 관계가 중시된다.

초구는 첩으로 시집을 보내는 상황이다. 절름발이가 걸을 수 있으니
무리해서라도 보내면 길하리라.

初九 歸妹以娣 跛能履 征吉
초구 귀매이제 파능리 정길

＊제대로 인정을 못 받더라도 인연을 맺어라.
수습직원으로 입사하거나, 허드렛일도 마다하지 말라.
결국 능력을 인정받게 되니 조건을 따지지 말고 하면 길하리라.
＊짝인 4효와 불응하지만 초효는 자리가 바르고 순수한 존재다.

구이는 애꾸눈으로 볼 수 있으니, 유인처럼 바르게 하는 것이 이롭다.

九二 眇能視 利幽人之貞
구이 묘능시 이유인지정

＊내가 잘 났다고 착각하여 좋은 인연을 허접하게 보고 있다.
나를 내세우지 말고 귀한 짝을 공손하게 대하면 이로우리라.
＊짝인 5효와 음양으로 정응을 하지만 음양이 뒤바뀌었다. 짝인 5효가
좋은 인연인데 2효는 자기가 잘 났다고 착각하여 5효를 시원찮게 보는
경우다. 유인처럼 바르다는 것은 부드러운 음의 특성을 갖는 것이다.

육삼은 시집을 보내는 상황에서 기다림으로써 하니, 도리어 첩으로써
시집을 가게 된다.

六三 歸妹以須 反歸以娣
육삼 귀매이수 반귀이제

＊눈이 높아 더 나은 짝을 찾기 위해 애쓰는 상황이다.
미루다가 기회를 놓치고 오히려 더 부족한 짝을 만나게 된다.
＊3효 자신이 자리가 바르지 않아서 상효와 불응하고 있다.

구사는 시집을 보내는 상황에서 시기를 놓치게 되니, 늦게 시집을 보내더라도 때가 있는 법이다.

九四 歸妹愆期 遲歸有時
구사 귀매건기 지귀유시

＊콧대가 높아서 짝을 고르다가 때를 놓친다.
인연을 맺는 데는 타이밍이 있는데 너무 늦으면 곤란하다.
＊4효 자신이 자리가 바르지 않아서 초효와 불응하고 있다.

육오는 제을이 누이동생을 시집보내는 상황이다. 그 신부의 소매가 첩의 소매보다 덜 아름답지만, 달이 거의 찼으니 길하리라.

六五 帝乙歸妹 其君之袂 不如其娣之袂良 月幾望 吉
육오 제을귀매 기군지메 불여기제지메량 월기망 길

＊상대는 권력, 학력, 재력이 있고, 이쪽은 인품이 있다.
두루 고려하여 검약하게 인연을 맺으면 된다.
정신적으로 성숙한 상황이니 길한 인연이 되리라.
＊제을(帝乙)은 은나라 임금이다. 달은 음(--)이니 '달이 거의 찼다'는 말은 '음의 정신적 성숙'을 뜻한다. 짝인 2효와 음양이 뒤바뀌었지만 정응하여 조화롭고, 중(中)이라서 상황에 맞게 처신하는 경우다.

상육은 신부가 광주리를 받았는데 내용물이 없고, 신랑이 양을 찔렀는데 피가 없으니 이로울 바가 없다.

上六 女承筐 无實 士刲羊 无血 无攸利
상육 여승광 무실 사규양 무혈 무유리

＊인연을 맺기는 했지만 너무 늦게 이루어졌다.
내용물이 없고 성과가 없으니 서로에게 이로울 게 없다.

55. 풍(豊)

[풍요] 투명하게 경영하라

괘사

풍부한 상황이다. 밝게 통하라. 왕다움으로 이르면 걱정하지 않아도 마땅히 해가 중천에 있을 것이다.

효사

초구는 그 짝이 되는 주인을 만나야 한다. 비록 대등하더라도 허물이 없다. 가면 고상함이 있으리라.

육이는 풍부한 상황에서 그 장막을 치면 한낮에 북두칠성을 볼 수 있다. 가면 의심하는 병을 얻게 되지만 믿음을 갖고 펼치면 길하리라.

구삼은 풍부한 상황에서 완전히 덮여있으니 한낮에 희미한 별을 볼 수 있다. 오른 팔뚝이 부러지니 탓할 곳이 없도다.

구사는 풍부한 상황에서 그 장막을 치면 한낮에도 북두칠성을 볼 수 있다. 그 대등한 주인을 만나면 길하리라.

육오는 밝음을 오게 하면 경사와 명예가 있어서 길하리라.

상육은 집 건물을 풍부하게 하고 집에 장막을 치는 상황이다. 그 문을 엿보아도 사람이 없는 것처럼 고요하면 3년이 지나도 볼 수 없으니 흉하리라.

뇌화풍(雷火豊)

풍부한 상황이다. 밝게 통하라. 왕다움으로 이르면 걱정하지 않아도 마땅히 해가 중천에 있을 것이다.

豐, 亨 王假之 勿憂 宜日中
풍 , 형 왕 격 지 물 우 의 일 중

하괘는 밝음과 부(富)를, 상괘는 움직임을 상징한다. 밝고 투명하게 움직여야 풍요가 지속된다. 그래서 '풍요'의 코드가 되었다. 욕심으로 어두운 마음이 되거나 움직이지 않고 머물러 있으면 풍요는 사라지고 만다. 풍(豐)은 '풍요', '풍부함'을 뜻한다. 풍요로운 상황에서는 곤궁한 상황 못지않게 주의할 일이 많다. 적절히 대처하지 않으면 풍요가 오래 가지 못하고 부작용도 나타날 수 있기 때문이다. '풍'괘는 물질적으로 풍요로운 상황에서 처신하는 지혜를 알려주고 있다.

풍요 상황에서의 지혜는 무엇일까? 주역에서 두 가지 기준이 제시되었다. 첫째, 밝게 통해야 한다. 본심으로 투명하게 부(富)를 선용하라는 뜻이다. 둘째, 훌륭한 리더십을 발휘해야 한다. 풍요로운 상황에서 리더의 역할이 중요한데, 전체를 생각하는 조화로운 리더십이 필요하다. 그러면 저절로 밝은 분위기가 유지되고 풍요로움이 더 빛나게 될 것이다. '풍'괘 괘사가 그것을 은유적으로 표현하고 있다.

*풍요로운 상황이니 밝고 투명하게 하라.
리더답게 하면 걱정하지 않아도 풍요가 더욱 빛나게 되리라.
*하괘인 이(☲)는 여기서 밝음의 코드인 동시에 부(富), 풍부의 코드로도 사용되었다.(78쪽 참조)

초구는 그 짝이 되는 주인을 만나야 한다. 비록 대등하더라도 허물이 없다. 가면 고상함이 있으리라.

初九 遇其配主 雖旬无咎 往有尙
초구 우기배주 수순무구 왕유상

*부드러워야 할 짝이 굳세지만 만나서 밝게 소통해야 한다.
대등한 관계로 존중하면서 만나면 문제가 없다.
투명한 소통을 실천하면 고상해질 것이다.
*짝인 4효가 음의 자리인데 양이 와서 이런 효사가 나왔다.

육이는 풍부한 상황에서 그 장막을 치면 한낮에 북두칠성을 볼 수 있다. 가면 의심하는 병을 얻게 되지만 믿음을 갖고 펼치면 길하리라.

六二 豊其蔀 日中見斗 往得疑疾 有孚發若 吉
육이 풍기부 일중견두 왕득의질 유부발약 길

*상대를 얕보고 실상을 보여주는 일에 소홀하기 쉽다.
적극적으로 만나서 소통해도 의심을 받지만, 믿음을 갖고 오픈하면 좋은 결과가 있을 것이다.
*한낮에 북두칠성을 볼 수 있다는 것은 투명하지 않아서 어둡다는 뜻이다.

구삼은 풍부한 상황에서 완전히 덮여있으니 한낮에 희미한 별을 볼 수 있다. 오른 팔뚝이 부러지니 탓할 곳이 없도다.

九三 豊其沛 日中見沬 折其右肱 无咎
구삼 풍기패 일중견매 절기우굉 무구

*상대를 얕잡아보고 실상을 완전히 감추려고 한다.
상대의 공격을 받아 큰 타격을 받게 되니 누구를 탓하겠는가!
*한낮에 희미한 별까지 볼 수 있는 것은 매우 어둡다는 뜻이다.

구사는 풍부한 상황에서 그 장막을 치면 한낮에도 북두칠성을 볼 수 있다. 그 대등한 주인을 만나면 길하리라.

九四 豊其蔀 日中見斗 遇其夷主 吉
구사 풍기부 일중견두 우기이주 길

*상대를 만나 밝게 소통해야 하는데 실상을 감추고 싶다.
갑질하지 말고 만나서 존중하면서 소통하면 길하리라.
*4효는 부정(不正)이다. 초효를 존중하며 부드럽게 소통해야 한다.

육오는 밝음을 오게 하면 경사와 명예가 있어서 길하리라.

六五 來章 有慶譽 吉
육오 내장 유경예 길

*밝고 투명한 리더십으로 구성원을 이끌며 잘 소통해야 한다.
그러면 경사스럽고 명예로워서 길하리라.
*5효가 짝인 2효를 오게 하려면 굳센 양의 특성을 쓰면 된다.

상육은 집 건물을 풍부하게 하고 집에 장막을 치는 상황이다. 그 문을 엿보아도 사람이 없는 것처럼 고요하면 3년이 지나도 볼 수 없으니 흉하리라.

上六 豊其屋 蔀其家 闚其戶 闃其无人 三歲不覿 凶
상육 풍기옥 부기가 규기호 격기무인 삼세부적 흉

*외부와 밝은 소통을 단절하고 내 것을 지키기에 급급하다.
모두에게 외면당해 세상에서 영원히 잊히고 말 것이니 흉하리라.
*집의 코드는 간(☶)이다. 상괘를 뒤집어서 보면 간(☶)괘가 나온다.
상효의 음(--)은 숫자 2에 해당하는데, 3년이 지났다는 것은 '풍'괘의 끝을 넘어선 것이니 '영원히'의 뜻이다.

56. 여(旅)

[여행] 노자를 넉넉히 준비하라

괘사

여행하는 상황이다. 조금 밝게 처신하라. 나그네가 바르게 하면 길하리라.

효사

초육은 여행을 하는데 초라하고 천박하게 하면, 이는 곧 재앙을 부르는 일이다.

육이는 나그네가 숙소에 도착하여 노자를 품고 어린 종을 얻었다. 바르게 하라.

구삼은 여행에서 그 숙소를 불태우고 어린 종을 잃으면, 바르게 해도 위태롭다.

구사는 여행에서 거처도 생기고 밑천이 되는 도끼도 얻었으나 내 마음이 유쾌하지 않다.

육오는 꿩을 쏴서 맞히고 화살 하나를 잃으면, 마침내 그로 인해 천명을 즐기게 되리라.

상구는 새가 그 집을 태우는 상황이니, 나그네가 먼저 웃고 나중에는 호소하며 울부짖게 된다. 소를 쉽게 잃는 격이니 흉하리라.

화산려(火山旅)

여행하는 상황이다. 조금 밝게 처신하라. 나그네가 바르게 하면 길하리라.

旅, 小亨 旅貞 吉
여, 소형 여정 길

상괘는 태양, 하괘는 산이다. 산 위에 해가 밝으니 여행하기에 딱 좋은 때다. 여(旅)는 '여행', '나그네'를 뜻한다. '인생은 나그네 길'로 시작되는 하숙생이라는 노래도 있지만, 생각해 보면 인생은 영락없는 나그네다. 우리는 몇 십 년 동안 지구별을 여행하는 나그네들이다. '여'괘는 여행을 떠나는 상황에서 처신하는 지혜를 알려주고 있다.

주역이 나그네에게 들려주는 여행의 지혜는 두 가지다. 첫째, 조금 밝은 마음으로 처신하라. 작은 것도 잘 챙기며 준비하고, 여행 중에 발행할 수 있는 예기치 않은 변수에 조심해야 하며, 밝은 마음으로 즐겁게 여행에 임해야 한다. 둘째, 바르게 하라. 주역에서 '바름'은 음양의 바름이다. 바르게 한다는 것은 여행을 하면서 굳셈과 부드러움, 나아감과 머무름을 때에 맞게 잘 하는 것을 말한다. 나그네가 잘 준비하고 조심하며 음양과 진퇴를 분명히 하면 어찌 길하지 않겠는가? 그래서 '나그네가 바르게 하면 길하리라'라고 했다.

＊여행하는 상황이다. 조금 밝은 마음으로 여행에 임하라.
굳셈과 부드러움으로 진퇴를 분명히 하면 길하리라.
＊주역 점을 쳐서 '여'괘가 나오면 하던 일 잠시 잊어버리고 여행을 떠나는 것이 좋다.

초육은 여행을 하는데 초라하고 천박하게 하면, 이는 곧 재앙을 부르는 일이다.

初六 旅瑣瑣 斯其所取災
초육 여쇄쇄 사기소취재

＊여행을 시작할 때 준비를 잘 해야 한다.
준비 없이 초라하고 천박한 여행을 하면 필시 재앙이 따른다.
인생살이도 초라하고 천박한 여행자처럼 하면 재앙이다.

육이는 나그네가 숙소에 도착하여 노자를 품고 어린 종을 얻었다. 바르게 하라.

六二 旅卽次 懷其資 得童僕 貞
육이 여즉차 회기자 득동복 정

＊여행에 필요한 노잣돈과 숙소와 가이드까지 있다.
부족한 게 없으면 방심하여 함부로 하기 쉽다. 조심하고 바르게 하라.
＊숙소는 집이니 그 코드가 하괘인 간(☶)이다. 노자의 코드는 부(富)의 코드와 같이 이(☲)다. 여기서 짝인 5효를 중심으로 한 상괘가 '이'다. 어린 종은 이웃인 3효를 코드로 삼고 한 말이다.

구삼은 여행에서 그 숙소를 불태우고 어린 종을 잃으면, 바르게 해도 위태롭다.

九三 旅焚其次 喪其童僕 貞厲
구삼 여분기차 상기동복 정려

＊노자도 떨어지고 숙소도 없으며 가이드도 없다.
외롭고 험난한 여정이니 바르게 해도 위태롭다.
자신의 과오를 반성하면서 살아남는 방도를 찾아야 한다.

구사는 여행에서 거처도 생기고 밑천이 되는 도끼도 얻었으나 내 마음이 유쾌하지 않다.

九四 旅于處 得其資斧 我心不快
구사 여우처 득기자부 아심불쾌

＊각고의 노력 끝에 거처와 임시 일자리를 얻었다.
인생 후반기에 겨우 힘들게 살아가는 것이 유쾌한 상황은 아니다.
＊이럴 땐 초심으로 돌아가 수양하며 인격과 실력을 쌓아야 한다.

육오는 꿩을 쏴서 맞히고 화살 하나를 잃으면, 마침내 그로 인해 천명을 즐기게 되리라.

六五 射雉一矢亡 終以譽命
육오 석치일시망 종이예명

＊정신적으로 잘 갖춘 리더가 전체를 잘 이끈다.
경제적인 문제도 어느 정도 해결하고 상황에 딱 맞게 역할을 한다.
천명을 실천하며 함께 행복한 삶을 누리게 되리라.
＊꿩의 코드는 상괘인 이(☲)다. 화살의 코드는 하괘인 간(☶)이다. 화살의 방향이 꿩을 향해 있다. 5효는 화살에 맞은 꿩이 된다.

상구는 새가 그 집을 태우는 상황이니, 나그네가 먼저 웃고 나중에는 호소하며 울부짖게 된다. 소를 쉽게 잃는 격이니 흉하리라.

上九 鳥焚其巢 旅人先笑後號咷 喪牛于易 凶
상구 조분기소 여인선소후호도 상우우이 흉

＊늘그막에 삶의 근거를 잃으면 궁핍하고 초라해진다.
준비되지 않은 인생 종반은 엄청난 불안과 정신적 고통이 따른다.
인생 여행의 마지막 히든카드를 잃으면 흉하다. 주의할 일이다.

57. 손(巽)

[조연] 빛나는 조연이 되라

괘사

공손하게 해야 하는 상황이다. 조금 밝게 통해야 한다. 가는 바가 있으면 이롭고, 대인을 보는 것이 이롭다.

효사

초육은 나아갈까 물러날까 하니, 무인처럼 바르게 하는 것이 이롭다.

구이는 공손함이 평상 아래에 있으니, 사(史)나 무(巫)와 같이 부지런히 힘쓰면 길하고 허물이 없으리라.

구삼은 찡그리며 공손하니 막힌다.

육사는 후회가 사라진다. 사냥터에서 삼품(三品)을 얻는다.

구오는 바르게 하면 길하고 후회가 사라지며, 이롭지 않음이 없다. 시작은 없지만 끝이 있다. '경일 전 삼일'과 '경일 후 삼일'을 주의하면 길하리라.

상구는 공손함이 평상 아래에 있다. 밑천이 되는 도끼를 잃으면 바르게 해도 흉하리라.

중풍손(重風巽)

공손하게 해야 하는 상황이다. 조금 밝게 통해야 한다.
가는 바가 있으면 이롭고, 대인을 보는 것이 이롭다.

巽, 小亨 利有攸往 利見大人
손, 소 형 이 유 유 왕 이 견 대 인

공손함을 상징하는 '손'괘가 중첩하여, 주어진 역할을 공손하게 잘 수행하는 조연(助演)의 코드다. '손'괘는 원래 바람의 코드인데, 바람은 하늘과 땅의 조연을 하면서 생명을 살리는 역할을 한다. 손(巽)은 '공손하다', '겸손하다'의 뜻이다. 인생 무대에서 공손하고 겸손한 사람은 주연이 아니라 조연이다. 하지만 조연 인생이 조연으로 끝나라는 법은 없다. 조연이 빛나면 주연보다 더 아름답다. '손'괘는 조연으로서 역할에 맞게 빛나는 연기를 하는 지혜를 알려주고 있다.

조연으로 역할을 잘 수행하는 지혜는 무엇일까? 주역에서 세 가지 지침이 제시되었다. 첫째, 조금 밝게 통해야 한다. 조연을 할 때는 작은 것을 잘 챙기면서 자신의 일을 즐거운 마음으로 해야 한다. 둘째, 적극적으로 역할을 수행해야 한다. 조연이 소극적이면 발전할 수 없다. 그래서 '가는 바가 있으면 이롭다'고 했다. 셋째, 대인 즉 멘토를 만나는 것이 이롭다. 그에게 역할도 부여받고 조언도 들어야 한다. '손'괘 괘사의 내용이 그것을 은유하고 있다.

＊조연의 역할을 할 때다. 조금 밝게 적극적으로 임하라.
멘토를 만나는 것이 이롭다.
＊점괘에 '손'이 나오면 조연도 마다 않고 겸손하게 처신해야 한다.

초육은 나아갈까 물러날까 하니, 무인처럼 바르게 하는 것이 이롭다.

初六 進退 利武人之貞
초육 진퇴 이무인지정

＊조연의 역할이 처음 주어지면 할까 말까 망설이기 쉽다.
굳세게 결단하여 적극적으로 나서야 한다.
＊양의 자리에 음이 와서 굳건하지 못하다. 무인처럼 바르게 하는 것은
굳센 양의 특성을 쓰라는 것이다.

**구이는 공손함이 평상 아래에 있으니, 사(史)나 무(巫)와 같이 부지
런히 힘쓰면 길하고 허물이 없으리라.**

九二 巽在牀下 用史巫紛若 吉 无咎
구이 손재상하 용사무분약 길 무구

＊조연의 역할에 익숙해지면 점점 목에 힘을 주기 쉽다.
자기 역할을 천명으로 여겨 유연하게 부지런히 힘써야 한다.
그러면 길하고 아무 문제가 없다.
＊2효는 원래 음의 자리기 때문에 양(-) 속에 음(--)이 숨어있다. 그
래서 '공손함이 평상 아래에 있다'고 했다. 평상은 딱딱하니 양이다.

구삼은 찡그리며 공손하니 막힌다.

九三 頻巽 吝
구삼 빈손 인

＊경력이 쌓여서 조연에 만족하기 어렵다.
마지못해 억지로 조연을 수행하면 앞길이 막힌다.
주연급으로 인정받을 때까지 기꺼이 조연 역할을 충실히 하라.
＊공손해야 하는 상황에서 짝인 상효와 불응하고 있다.

육사는 후회가 사라진다. 사냥터에서 삼품(三品)을 얻는다.

六四 悔亡 田獲三品
육사 회망 전획삼품

＊조연을 잘 수행하면 안타까운 일이 사라지게 된다.
고생 끝에 상층부에 진입하여 기대 이상의 큰 소득을 얻는다.
＊음의 자리에 음이 와서 자리가 바르고, 5효를 잘 보좌하고 있다.

구오는 바르게 하면 길하고 후회가 사라지며, 이롭지 않음이 없다.
시작은 없지만 끝이 있다. '경일(庚日) 전 삼일'과 '경일 후 삼일'을
주의하면 길하리라.

九五 貞吉 悔亡 无不利 无初有終 先庚三日 後庚三日 吉
구오 정길 회망 무불리 무초유종 선경삼일 후경삼일 길

＊굳세게 연기하면 길하고 후회가 사라지며 모두에게 이롭다.
조연이 주연급으로 바뀔 정도로 큰 성과가 있으나, 이럴 때 주의하라.
＊경일(庚日)은 신분 변화의 시기를 말한다.(95쪽 참조)

상구는 공손함이 평상 아래에 있다. 밑천이 되는 도끼를 잃으면 바
르게 해도 흉하리라.

上九 巽在牀下 喪其資斧 貞凶
상구 손재상하 상기자부 정흉

＊성공에 안주하여 목에 힘주면 삶의 기반을 다 잃게 된다.
그러면 다시 바로잡으려 해도 회복하기 어려워 흉하리라.
만년에 특히 조연의 역할이 어렵지만 조연을 잘 해야 한다.
＊2효의 경우와 같이 평상은 겉으로 드러난 굳센 양이며, 공손함은 부
드러운 음이다. 부드러운 음의 본래 특성을 쓰라는 뜻이다.

58. 태(兌)

[기쁨] 함께 즐기되 조심하라

괘사

기쁜 일이 거듭되는 상황이다. 밝게 통하고, 이롭게 하고 바르게
하라.

효사

초구는 조화롭게 기뻐하면 길하리라.

구이는 믿음을 갖고 기뻐하면 길하고 후회가 사라지리라.

육삼은 와서 기뻐하니 흉하다.

구사는 따져서 기뻐하면 편안하지 않다. 끼어있는 것을 병통으로
　　　여기면 기쁨이 있을 것이다.

구오는 벗겨 내야 할 것에 믿음을 가지니, 위태로움이 있으리라.

상육은 이끌어서 기뻐한다.

중택태(重澤兌)

 기쁜 일이 거듭되는 상황이다. 밝게 통하고, 이롭게 하고 바르게 하라.

兌, 亨 利貞
태 , 형 이정

기쁨을 상징하는 태(☱)가 중첩되어 기쁜 일이 거듭되는 상이며, '기쁨'의 코드다. 기쁜 일이 거듭될 때는 함께 즐기되 뒤탈을 조심해야 한다. '태'괘가 그 이치를 알려준다. 태(兌)는 '기쁨'을 뜻한다. 기쁜 일이 지속되는 대표적인 곳은 진리를 학습하는 공간이다. 그래서 공자는 "배우고 때에 맞게 익히면 기쁘지 아니한가? 학습동지인 벗이 멀리서도 오니 또한 즐겁지 아니한가?"라고 했다. 훌륭한 리더가 있는 조직이나 가정도 행복이 충만한 곳이라서 기쁨이 이어진다. '태'괘는 기쁘고 즐거운 일이 거듭될 때 처신하는 지혜를 알려준다.

기쁜 일이 거듭되는 상황에서 처신하는 지혜는 무엇일까? 주역에는 두 가지가 제시되었다. 첫째, 밝게 통하라. 즉, 순수한 마음으로 기뻐하면서 뒤탈이 없도록 조심해야 한다. 탈이 나는 경우는 순수하지 못한 자가 욕심을 드러낼 때 일어난다. 둘째, 서로 이롭게 하고, 바르게 해야 한다. 기뻐하는 상황에서는 기쁨을 나누며 서로 바르게 도움을 주어야 한다. 또 자신의 입장과 역할을 살펴 바르게 해야 한다.

＊기쁜 일이 거듭 된다.
밝은 마음으로 통하며, 서로 이롭게 하고 바르게 하라.
＊밝음을 뜻하는 형(亨)의 코드는 이(☲)다. 여기서 내호괘가 '이'다.

초구는 조화롭게 기뻐하면 길하리라.

初九 和兌 吉
초구 화태 길

＊기쁜 일이 시작된다. 조화롭게 즐기면 길하리라.
조화는 욕심이 없을 때 가능하다. 이치에 맞게 살면서 이치를 배우려는
순수한 열정이 있을 때 즐거운 마음으로 조화를 이룰 수 있다.

구이는 믿음을 갖고 기뻐하면 길하고 후회가 사라지리라.

九二 孚兌 吉 悔亡
구이 부태 길 회망

＊조화롭지 못해 안타깝다. 리더를 믿고 따르면서 기쁘게 참여하라.
그러면 길하고 안타까움이 사라지게 되리라.
＊2효는 자리가 바르지 않아서 리더인 5효에 정응하지 못하고 있다.

육삼은 와서 기뻐하니 흉하다.

六三 來兌 凶
육삼 내태 흉

＊인맥이나 술친구와 함께 노는 데 즐거움을 느낀다.
진리를 향한 열망이 없이 학습에 임하니 흉한 일이다.
굳세게 진리학습에 임하면서 조화롭게 참여하라.
＊3효는 본래 양의 자리기 때문에 진리학습에 대한 확고한 의지를 갖
고 임해야 하는데 그렇지 못하다. 오히려 자신의 위와 아래에 있는 4
효, 2효와 음양으로 친비하고 있어서 그들에게 관심이 많다. 학습 자체
가 기쁜 것이 아니라 그들이 자신에게 오는 것이 기쁨이다. 그들이 결
석하는 날은 기쁘지 않다. 그래서 '와서 기뻐하니 흉하다'고 했다.

구사는 따져서 기뻐하면 편안하지 않다. 끼어있는 것을 병통으로 여기면 기쁨이 있을 것이다.

九四 商兌未寧 介疾有喜
구사 상태미녕 개질유희

*학습에 관심이 적고 다른 계산으로 기뻐하니 편안치 않다.
개과천선하여 공손하게 리더를 따르면 기쁨이 있을 것이다.
*4효는 리더인 5효와 이웃인 3효 사이에 끼어있다. 리더인 5효를 따라야 하는데 음인 3효에 더 끌린다. 엉뚱하게 끼어있는 상황이다. 그 사실을 자각하여 문제점으로 알고 고치면 기쁨이 있을 것이다.

구오는 벗겨 내야 할 것에 믿음을 가지니, 위태로움이 있으리라.

九五 孚于剝 有厲
구오 부우박 유려

*리더로서 나쁜 뜻을 가진 불순한 세력을 의심하지 않고 있다.
불순 세력으로 인해 분위기가 흐트러지거나 분열되는 위태로움이 있다.
불순한 자는 보통 천사의 얼굴을 하고 나타나 사람들을 현혹한다.
*5효는 중정(中正)의 리더이기 때문에 전체를 믿고 이끌 뿐, 불순 세력(특히 상효)을 잘 의심하지 않는다. 주의할 일이다.

상육은 이끌어서 기뻐한다.

上六 引兌
상육 인태

*불량한 자를 끌어 들여 불순한 목적을 도모하며 기뻐한다.
전체 분위기와 방향성이 흐트러질 수 있으니 주의할 일이다.
*5효의 위에서 바르지 않은 3효를 이끌어 불순하게 처신하기 쉽다.

59. 환(渙)

[해산] 헤쳐 모여 재정비하라

괘사

흩어지는 상황이다. 밝게 통해야 한다. 왕이 종묘에 이르듯 하고, 큰 내를 건너는 것이 이롭다. 이롭게 하고 바르게 하라.

효사

초육은 구조하는 데 힘쓸 말이 건장하니 길하리라.

구이는 흩어지는 상황에서 그 책상으로 달려가면 후회가 사라지리라.

육삼은 그 몸이 흩어지면 후회가 없으리라.

육사는 그 무리가 흩어지니 큰마음을 가지면 길하리라. 흩어지는 상황에서 언덕이 있는 것은 평범한 사람이 생각하는 바가 아니다.

구오는 흩어지는 상황에서 땀이 나도록 크게 구호를 외쳐야 한다. 흩어질 때 왕답게 거하면 허물이 없으리라.

상구는 흩어지는 상황에서 그 피를 제거하면 두려움에서 벗어나고 허물이 없으리라.

풍수환(風水渙)

흩어지는 상황이다. 밝게 통해야 한다. 왕이 종묘에 이르 듯 하고, 큰 내를 건너는 것이 이롭다. 이롭게 하고 바르 게 하라.

渙, 亨 王假有廟 利涉大川 利貞
환, 형 왕격유묘 이섭대천 이정

상괘는 바람, 하괘는 물이다. 물 위에 바람이 불어 물이 흩어지는 상, '해산'의 코드다. 흩어진 물은 다시 다른 모습으로 모인다. 환(渙) 은 '흩어지다', '풀리다'의 뜻이다. 모였다 흩어졌다 이합집산 하는 것 이 만물의 속성이다. 사람도 그러하다. 모여서 몸이 되고, 흩어져서 다른 모습으로 모인다. 모인 것이 흩어지면 다시 헤쳐 모여 재정비할 필요가 있다. 그래야 새로운 일을 훌륭하게 진행할 수 있기 때문이다. '환'괘는 흩어졌다 다시 헤쳐 모여 재정비하는 지혜를 담고 있다.

해산하고 다시 모여 재정비하는 지혜는 네 가지다. 첫째, 밝게 통 해야 한다. 이합집산을 할 때 자기 욕심을 갖고 처신하지 않으며 전체 의 관점에서 최선의 방안을 찾는 것이 중요하다. 둘째, 덕의 리더십을 발휘해야 한다. 구심점이 없으면 재정비가 어렵기 때문이다. 셋째, 이 합집산 과정에서 생기는 난관을 극복해야 한다. 넷째, 서로 도움을 주 며 바르게 해야 한다. 괘사가 그것을 은유적으로 표현하고 있다.

＊헤쳐 모여 재정비해야 하는 상황이다.
밝은 마음으로 리더십을 발휘하라. 난관을 극복하는 것이 이롭다.
서로 이롭게 하고 바르게 하라.

초육은 구조하는 데 힘쓸 말이 건장하니 길하리라.

初六 用拯馬壯 吉
초육 용증마장 길

＊재정비하는 상황에서 누군가의 도움을 받아야 한다.
나를 구조해 줄 사람이 힘이 있으니 길하리라.
＊초효는 양의 자리인데 유약한 음이라서 짝이나 이웃의 도움이 필요하다. 말[馬]의 코드는 진(☳)이다. 여기서 내호괘가 '진'이다. 따라서 구조하는 말은 2효를 가리킨다. 2효가 양이기 때문에 건장한 것이다.

구이는 흩어지는 상황에서 그 책상으로 달려가면 후회가 사라지리라.

九二 渙 奔其机 悔亡
구이 환 분기궤 회망

＊재정비하는 상황에서 능력 발휘를 못하는 안타까움이 있다.
리더를 만나 도움을 주고받으면 안타까움이 사라진다.
만날 리더가 없으면 진리의 서책을 읽으면 된다.
＊2효는 그 짝인 '구오'와 음양으로 응하지 못한다. '그 책상으로 달려간다'는 것은 공손하게 '구오'에게 달려가 서로 돕는다는 뜻이다. 책상은 딱딱한 물건인데, 여기서는 '구오'가 양(－)이라서 나온 말이다.

육삼은 그 몸이 흩어지면 후회가 없으리라.

六三 渙其躬 无悔
육삼 환기궁 무회

＊재정비하는 상황에서 험하고 막혀 흩어지기 싫은 형국이다.
몸에 집착하지 않고 흩어져 새롭게 헤쳐 모이면 안타까움이 사라진다.
＊3효를 중심으로 하괘는 험하고(☵) 외호괘는 막혔다(☶).

육사는 그 무리가 흩어지니 큰마음을 가지면 길하리라. 흩어지는 상황에서 언덕이 있는 것은 평범한 사람이 생각하는 바가 아니다.

六四 渙其群 元吉 渙有丘 匪夷所思
육사 환기군 원길 환유구 비이소사

＊흩어지는 상황에서 리더를 도와 재집결의 주역이 된다.
큰마음을 가지면 길하리라. 짝인 초효에 집착하지 않고, 리더를 믿고 함께 재정비를 주도하는 것은 평범하고 쉬운 일이 아니다.
＊언덕의 코드는 간(☶)이다. 산의 코드와 같다. 여기서 외호괘가 '간'이다. 헤쳐모이는 것이 5효를 중심으로 모이는 것임을 알 수 있다.

구오는 흩어지는 상황에서 땀이 나도록 크게 구호를 외쳐야 한다. 흩어질 때 왕답게 거하면 허물이 없으리라.

九五 渙 汗其大號 渙王居 无咎
구오 환 한기대호 환왕거 무구

＊흩어지는 상황에서 재집결의 당위성과 방향성을 정하고 전체에게 지시하고 독려해야 한다.
리더다운 모습으로 덕을 베풀면 아무 문제가 없으리라.
＊5효가 중정(中正)의 리더라서 이런 효사가 나왔다.

상구는 흩어지는 상황에서 그 피를 제거하면 두려움에서 벗어나고 허물이 없으리라.

上九 渙其血去 逖出 无咎
상구 환기혈거 적출 무구

＊흩어지는 상황에서 자기 짝, 자기편만 챙기면 함께 소외되기 쉽다.
전체의 입장이 되면 소외될 위험도 없고, 아무 문제가 없다.

60. 절(節)

[절도] 분명하게 맺고 끊어라

괘사

절도가 필요한 상황이다. 밝게 통해야 한다. 절도를 고통스럽게 여기면 바르게 할 수 없다.

효사

초구는 방문 밖을 나가지 않으면 허물이 없다.

구이는 대문 밖에 나가지 않으면 흉하리라.

육삼은 절도를 못 지키면 탄식하게 되고 탓할 데가 없다.

육사는 절도를 편안하게 여기는 상황이니, 밝게 통하라.

구오는 절도를 감수하니 길하다. 가면 고상함이 있으리라.

상육은 절도를 고통스럽게 여기면 바르게 해도 흉하다. 후회가 없도록 하라.

수택절(水澤節)

절도가 필요한 상황이다. 밝게 통해야 한다. 절도를 고통스럽게 여기면 바르게 할 수 없다.

節, 亨 苦節 不可貞
절, 형 고절 불가정

상괘는 험한 물, 하괘는 기쁨이다. 위는 험한데 아래에서 기뻐하니 문제가 있다. 이 때 필요한 것이 절도이다. 절(節)은 '마디', '절도', '절제', '예의범절' 등의 의미를 포괄하는 개념이다. 대나무 마디와 같은 것이 절(節)이다. 대나무는 그 마디가 있기 때문에 가느다란 나무가 곧게 서서 높이 자랄 수 있고, 비바람이 불어도 쉽게 꺾이지 않는다. 대나무에 마디가 있는 것처럼 나무에는 나이태가 있다. 겨울 동안 성장을 멈추고 인고한 결과이다. 나무는 나이테의 힘으로 곧게 선다. '절'괘에는 일이나 행동을 절도 있게 맺고 끊는 지혜가 들어있다.

절도, 절제가 필요한 상황에서의 지혜는 무엇일까? 주역에서 두 가지 지침을 알려주고 있다. 첫째, 밝은 마음으로 해야 한다. 절도는 잠시 멈춰서 매듭을 짓고 힘을 축적하는 과정이므로 욕심이 있으면 해낼 수 없다. 둘째, 절도를 기꺼이 감수해야 한다. 절도가 필요한 상황에서 절도를 지키는 일을 고통스럽게 여기면 바르게 맺고 끊을 수가 없다. '절'괘 괘사가 그런 뜻을 담고 있다. 대나무를 곧게 세우는 힘은 마디에서 나온다.

* 절도와 절제가 필요한 상황이다.
밝은 마음으로, 절도와 절제를 기꺼이 감수하라.

초구는 방문 밖을 나가지 않으면 허물이 없다.

初九 不出戶庭 无咎
초구 불출호정 무구

*절도, 절제가 필요한 초기 상황이다.
 문 밖에 나가지 말고 신중하게 대처하면 아무 문제가 없다.
 말과 행동을 조심하고, 신중하고 면밀하여 함부로 나서지 말라.
*초효는 양의 자리이기 때문에 굳세게 머물러야 한다. 방문의 코드는
 간(☶)이다. 내호괘를 뒤집으면 '간'이 나온다. 앞이 막혀있어서 더욱
 나가서는 안 된다. 막힘의 코드도 방문의 코드와 같다.(84쪽 참조)

구이는 대문 밖에 나가지 않으면 흉하리라.

九二 不出門庭 凶
구이 불출문정 흉

*앞에 길이 열려있으니 나아가야 하는 상황이다.
 나가야 할 때 나가지 않는 것은 절도를 잃은 것이다.
 그러면 기회를 잃게 되니 흉한 일이다.
*또한 자리가 바르지 않아서 굳세게 머무는 것이 바람직하지 않다.

육삼은 절도를 못 지키면 탄식하게 되고 탓할 데가 없다.

六三 不節若 則嗟若 无咎
육삼 부절약 즉차약 무구

*굳세게 절도를 지켜야 하는 상황이다.
 절도를 지키지 못하면 그 결과는 참혹해 질 수 있다.
 그것은 자신이 초래한 일이니 누구를 탓하겠는가!
*그 위상이 중(中)도 아니고 정(正)도 아니라서 나온 말이다.

육사는 절도를 편안하게 여기는 상황이니, 밝게 통하라.

六四 安節 亨
육사 안절 형

＊리더를 보좌하며 절도가 있고 부드럽게 따르는 상황이다.
사적인 욕심 없이 밝은 마음으로 리더와 통하라.
＊음의 자리에 음이 와서 자리가 바르다. '구오'를 보좌하며 부드럽게
따르고 있다. 이 경우 그저 밝은 마음으로 리더인 5효와 통하면 된다.

구오는 절도를 감수하니 길하다. 가면 고상함이 있으리라.

九五 甘節 吉 往有尙
구오 감절 길 왕유상

＊리더로서 스스로 절도와 절제를 감수하니 길하다.
그것을 실천하면 전체가 조화로워지고 더 큰 성장이 가능해진다.
＊'구오'는 상황에 맞게 바르게 처신하는 중정(中正)의 리더이다.

상육은 절도를 고통스럽게 여기면 바르게 해도 흉하다. 후회가 없도
록 하라.

上六 苦節 貞凶 悔亡
상육 고절 정흉 회망

＊절도, 절제를 고통스럽게 여기면 절도가 무너지기 쉽다.
그렇게 하면 다시 바로잡아도 결말이 좋지 못하다.
끝까지 절도를 잘 지켜서 후회가 없도록 해야 한다.
＊끝에 가서 절도가 무너지기 가장 쉽다. 원로가 되고 인생의 극에 달
했을 때 절도가 무너지기 가장 쉽다. 그 사실을 알고 끝까지 절도를
잘 지켜서 후회가 없도록 해야 한다.

61. 중부(中孚)

[소통] 진실한 믿음으로 통하라

괘사

믿음이 우러나는 상황이다. 돼지나 물고기도 길하다. 큰 내를 건너
는 것이 이롭다. 이롭게 하고 바르게 하라.

효사

초구는 헤아리면 길하리라. 다른 마음을 먹으면 편치 않다.

구이는 노래하는 학이 그늘에 있으니 그 자녀가 화답한다. 나에게
　　　좋은 잔이 있으니 내 너와 함께 기울이리라.

육삼은 적을 얻어서 북을 치다가 그치기도 하고, 울다가 노래하기
　　　도 한다.

육사는 달이 거의 찼으니 말이 짝을 잃으면 허물이 없으리라.

구오는 믿음을 갖고 하나로 이으면 허물이 없으리라.

상구는 날개 소리를 내며 하늘로 오르면 바르게 해도 흉하리라.

풍택중부(風澤中孚)

믿음이 우러나는 상황이다. 돼지나 물고기도 길하다. 큰 내를 건너는 것이 이롭다. 이롭게 하고 바르게 하라.

中孚, 豚魚吉 利涉大川 利貞
중부, 돈어길 이섭대천 이정

상괘는 바람, 하괘는 기쁨을 상징한다. 상층부가 바람처럼 덕을 베푸니 하층부가 기뻐하는 상이다. 따라서 믿음으로 소통하는 코드다. 중(中)에 위치한 2효와 5효가 굳센 양인데, 그 사이의 음효들이 통로 역할을 하여 둘이서 마음으로 소통하는 상이기도 하다. 중부(中孚)의 중(中)은 속마음, 본심을 뜻하며, 부(孚)는 믿음, 신뢰를 뜻한다. 부(孚)는 '믿을 신(信)'의 주역적 표현이다. 따라서 '중부'는 속에서 믿음이 우러나는 것, 진실한 믿음으로 소통하는 것을 의미한다. '중부'괘에는 진실한 믿음으로 소통하는 지혜가 들어있다.

속마음에서 믿음이 우러나도록 하는 지혜는 무엇일까? 주역에서 세 가지로 집약했다. 첫째, 진실하고 지극하게 해야 한다. 돼지나 물고기 같은 미물까지 도움이 되도록 진실하고 지극한 마음으로 처신하라는 것이다. 둘째, 그 과정이 쉽지 않으니 포기하지 말고 난관을 극복해야 한다. 셋째, 서로에게 도움을 주고 바르게 하라. 상대방을 살리려는 마음으로 도움을 주고, 정직하게 하지 않으면 항구적인 신뢰를 주는 것이 불가능하다. 괘사가 그것을 은유적으로 말하고 있다.

* 진실한 믿음으로 소통할 때다. 진실하고 지극하게 하라.
난관을 극복하고, 상대방에게 도움을 주며 바르게 하라.

초구는 헤아리면 길하리라. 다른 마음을 먹으면 편치 않다.

初九 虞吉 有它不燕
초구 우길 유타불연

＊소외되었다고 생각하여 믿음을 갖기 어렵다.
상황을 잘 헤아려 리더를 믿고 따라야 한다.
다른 마음을 먹으면 정말로 소외되어 편치 않게 된다.

구이는 노래하는 학이 그늘에 있으니 그 자녀가 화답한다. 나에게 좋은 잔이 있으니 내 너와 함께 기울이리라.

九二 鳴鶴在陰 其子和之 我有好爵 吾與爾靡之
구이 명학재음 기자화지 아유호작 오여이미지

＊진실하고 지극한 믿음으로 소통하는 상황이다.
서로 잔을 기울이며 마음의 경계를 허물어야 한다.
말과 행동에 모든 것이 달려있으니 신중하게 해야 한다.
＊노래하는 명(鳴)의 코드는 진(☳)이다.(80~81쪽 참조) 잔의 코드는 태(☱)다.(77쪽 참조) 하괘가 잔이고 상괘도 뒤집으면 잔이 된다. 아래 위의 괘가 마주 보는 모양이 잔을 '짠!' 하고 기울이는 상이다.

육삼은 적을 얻어서 북을 치다가 그치기도 하고, 울다가 노래하기도 한다.

六三 得敵 或鼓或罷 或泣或歌
육삼 득적 혹고혹파 혹읍혹가

＊사이에 끼어 있어서 헷갈리고 불안정한 상태다.
적으로 오인하여 슬퍼하다가, 진심을 알게 되어 즐겁게 노래한다.
＊2효와 5효 사이에 끼어있으면서 자리가 바르지 않아서 나온 효사다.

육사는 달이 거의 찼으니 말이 짝을 잃으면 허물이 없으리라.

六四 月幾望 馬匹亡 无咎
육사 월기망 마필망 무구

＊성숙한 마음으로 전체가 믿음으로 소통하도록 힘써야 한다.
자기편만 챙기는 잘못을 범하지 않으면 아무 문제가 없다.
＊달이 거의 찬 것은 '음의 정신적 성숙'을 뜻한다. 말의 코드는 진
(☳)인데, 왜호괘를 뒤집으면 '진'이 나온다. 4효가 그 짝(자기편)인
초효를 만날 상황이 아니기 때문에 '짝을 잃는다'는 표현이 나왔다.

구오는 믿음을 갖고 하나로 이으면 허물이 없으리라.

九五 有孚 攣如 无咎
구오 유부 연여 무구

＊구성원 전체를 진실하고 지극한 믿음으로 이끌어야 한다.
그러면 아무 문제가 없으리라.
＊5효가 중정(中正)의 리더라서 나온 말이다.

상구는 날개 소리를 내며 하늘로 오르면 바르게 해도 흉하리라.

上九 翰音登于天 貞凶
상구 한음등우천 정흉

＊전체가 믿음으로 통하는데 혼자 목에 힘을 주고 자기 목소리를 낸다.
그렇게 하면 잘못을 깨닫고 마음을 돌이켜도 흉하리라.
＊그 위상이 가장 높은 곳에 있으면서 부드러운 음이 와야 할 자리에
굳센 양이 왔다. 따라서 전체가 믿음으로 뭉친 상황에서 혼자 목에 힘
을 주고 자기주장을 하는 형국이 되기 쉽다. 그러면 잘못을 깨닫고 개
과천선해도 흉하다.

62. 소과(小過)

[한계] 욕심은 금물이다

괘사

조금 지나친 상황이다. 밝게 통해야 하며, 이롭게 하고 바르게 해야 한다. 작은 일은 가능하지만 큰일은 불가능하다. 나는 새가 소리를 남기니 올라가는 것은 옳지 않고 마땅히 내려와야 한다. 큰마음으로 하면 길하리라.

효사

초육은 새가 날면 그로 인해 흉하리라.

육이는 그 할아버지를 지나쳐 그 할머니를 만나는 격이니, 그 임금에게 이르지 않고 그 신하를 만나면 허물이 없으리라.

구삼은 지나치게 막지 말라. 따르는 자들이 혹 헤치게 되면 흉하리라.

구사는 허물이 없으리니, 지나쳐서 만나지 말라. 가면 위태로우니 반드시 경계하라. 용쓰지 말고 영원히 바르게 하라.

육오는 구름만 빽빽하고 비가 오지 않는 것은 내가 서쪽 교외에 있는 것에서 비롯된다. 왕공이 동굴에 있는 그를 주살로 쏴서 취해야 한다.

상육은 만나지 않고 지나치면 나는 새가 떠나는 격이므로 흉하리라. 이를 일러 재앙이라 한다.

뇌산소과(雷山小過)

조금 지나친 상황이다. 밝게 통해야 하며, 이롭게 하고 바르게 해야 한다. 작은 일은 가능하지만 큰일은 불가능하다. 나는 새가 소리를 남기니 올라가는 것은 옳지 않고 마땅히 내려와야 한다. 큰마음으로 하면 길하리라.

小過, 亨 利貞 可小事 不可大事 飛鳥遺之音
소과, 형 이정 가소사 불가대사 비조유지음
不宜上 宜下 大吉
불의상 의하 대길

하괘는 막힘(☶), 상괘는 나아감(☳)의 상이다. 하층부는 막히는데 상층부는 나아가려고 하니, 한계 상황에서 좀 지나친 형국이다. 따라서 '한계'의 코드가 되었다. 소과(小過)는 '조금 지나치다', '힘이 부족하다'는 뜻이다. '소과'괘에는 조금 지나친 상황에서 힘의 한계를 맞았을 때 대처하는 지혜가 들어있다.

조금 지나친 상황에서 처신하는 지혜는 다섯 가지다. 첫째, 밝게 통해야 한다. 조금 지나친 상황은 욕심에서 비롯된 것이므로 욕심을 내려놓아야 한다. 둘째, 이롭게 하고 바르게 해야 한다. 셋째, 힘이 부족할 때는 큰 일을 할 수 없으므로 작은 일에 힘써야 한다. 넷째, 자기를 낮춰야 한다. 다섯째, 움츠러들지 말고 큰마음을 가져야 한다. 그러면 길하다. 괘사가 은유적으로 그런 뜻을 담고 있다.

　*힘이 조금 부족하니 밝은 마음으로, 이롭게 하고 바르게 하라.
　작은 일에 힘쓰고, 자기를 낮추며, 큰마음으로 대처하면 길하다.

초육은 새가 날면 그로 인해 흉하리라.

初六 飛鳥以凶
초육 비조이흉

＊날 수 없는 새가 날고자 하는 것과 같이 지나치다.
힘이 부족해 뛰기도 어려운데 날고자 하면 부작용이 초래된다.

육이는 그 할아버지를 지나쳐 그 할머니를 만나는 격이니, 그 임금에게 이르지 않고 그 신하를 만나면 허물이 없으리라.

六二 過其祖 遇其妣 不及其君 遇其臣 无咎
육이 과기조 우기비 불급기군 우기신 무구

＊단계를 뛰어 넘어 일을 도모하려고 하니 지나치다.
단계를 밟아서 일을 처리하면 아무 문제가 없다.
＊2효 바로 위의 양(－)은 아버지, 그 위의 양(－)은 할아버지가 된다.
할아버지를 지나쳐 그 할머니를 만난다는 것은 '육오'를 만나고자 하는
것이다. 그렇게 하는 것은 지나친 일이 된다. 임금은 5효, 신하는 3, 4
효에 해당한다. '육이'는 이웃인 3효를 만나는 것은 적절한 일이다.

구삼은 지나치게 막지 말라. 따르는 자들이 혹 헤치게 되면 흉하리라.

九三 弗過防之 從或戕之 凶
구삼 불과방지 종혹장지 흉

＊남의 앞길을 막고 있으니 지나치다. 갑질하지 않도록 조심하라.
그러면 따르는 자에게 공격을 받게 되니 흉한 일이다.
＊고양이가 쥐를 막으면 쥐가 막다른 골목에서 고양이에게 덤빌 수도
있다. 조직에서 간부가 구성원에게 갑질을 하면 구성원이 간부의 갑질
을 폭로하며 공격하게 된다. 하괘(☳)가 막힘과 공격의 코드다.

구사는 허물이 없으리니, 지나쳐서 만나지 말라. 가면 위태로우니 반드시 경계하라. 용쓰지 말고 영원히 바르게 하라.

九四 无咎 弗過遇之 往厲 必戒 勿用 永貞
구사 무구 불과우지 왕려 필계 물용 영정

＊억지로 만나지 않으면 문제가 없다.
만나면 위태로우니 반드시 조심하고, 본연의 역할에 충실히 임하라.
＊4효는 초효를 만나려 하지만 그 자리가 바르지 않고 앞이 막혀있다.
따라서 리더인 5효를 돕는 본연의 역할에 힘써야 한다.

육오는 구름만 빽빽하고 비가 오지 않는 것은 내가 서쪽 교외에 있는 것에서 비롯된다. 왕공이 동굴에 있는 그를 주살로 쏴서 취해야 한다.

六五 密雲不雨 自我西郊 公弋取彼在穴
육오 밀운불우 자아서교 공익취피재혈

＊일이 곧 될듯하면서도 안 되는 것은 내가 우유부단해서다.
굳세게 파트너를 데려와 그의 도움으로 리더십을 발휘해야 한다.
＊5효는 양의 자리에 음이 왔다. 굳세게 짝인 2효를 데려와야 한다.

상육은 만나지 않고 지나치면 나는 새가 떠나는 격이므로 흉하리라. 이를 일러 재앙이라 한다.

上六 弗遇過之 飛鳥離之 凶 是謂災眚
상육 불우과지 비조이지 흉 시위재생

＊막힌다고 파트너를 만나지 않으면 영영 만날 수 없게 된다.
그러면 무리를 잃게 되니 흉하리라. 막히더라도 힘써서 만나라.
＊상효는 짝인 3효를 만나 조화롭게 도움을 주고받아야 한다.

63. 기제(旣濟)

[성공] 방심은 금물이다

괘사

다 이루어진 상황이다. 작은 것에 밝게 통해야 하고, 이롭게 하고 바르게 해야 한다. 처음에는 길하지만 끝에는 어지럽다.

효사

초구는 그 수레를 끌며 그 꼬리가 젖으면 허물이 없으리라.

육이는 부인이 그 머리장식을 잃고 좇지 않으면 7일 만에 얻으리라.

구삼은 고종이 귀방을 치면 삼년 만에 이기니, 소인은 용쓰지 말라.

육사는 명주옷에 실 보푸라기가 있으니 종일토록 경계해야 한다.

구오는 동쪽 이웃에서 소를 잡는 것이 서쪽 이웃에서 간략한 제사
를 지내 알차게 그 복을 받는 것만 못하다.

상육은 그 머리를 적시면 위태롭다.

수화기제(水火既濟)

다 이루어진 상황이다. 작은 것에 밝게 통해야 하고, 이롭게 하고 바르게 해야 한다. 처음에는 길하지만 끝에는 어지럽다.

既濟, 亨小 利貞 初吉終亂
기제, 형소 이정 초길종란

초효, 3효, 5효는 양(—)의 자리에 양이 왔고, 2효, 4효, 상효는 음(--)의 자리에 음이 왔다. 음양이 모두 바른 자리에 위치한 유일한 괘가 '기제'괘다. 모든 것이 제 자리를 잡아 원하던 것을 이뤄낸 '성공'의 코드다. 기제(既濟)는 '이미 건넜다', '성공했다'는 뜻이다. 원하던 것을 이루었을 때 더 큰 욕심을 내거나 방심하기 쉽다. 그 때 욕심내거나 방심하면 큰 문제가 생기기 때문에 주의를 요한다. 달이 차면 기우는 것처럼 이루고 나면 다시 문제 상황을 맞게 되는 것이다. '기제'괘에는 이미 성공하였을 때 대처하는 지혜가 담겨있다.

주역은 잘 나갈 때 특히 조심하라는 경고의 메시지를 준다. 다 이루어진 상황에서 처신하는 지혜는 세 가지다. 첫째, 작은 방심도 허용하지 말고 조심해야 한다. 둘째, 남을 이롭게 하고 바르게 해야 한다. 셋째, 성공 뒤에 혼란이 뒤따르게 된다는 것을 알고 미리 대비하지 않으면 안 된다. 괘사가 그런 내용을 은유적으로 담고 있다.

＊원하던 것을 이루었다.
작은 것에 조심하고, 이롭게 하고 바르게 하라.
성공 뒤에 혼란이 뒤따르게 된다는 것을 알고 미리 잘 대비하라.

초구는 그 수레를 끌며 그 꼬리가 젖으면 허물이 없으리라.

初九 曳其輪 濡其尾 无咎
초구 예기륜 유기미 무구

＊다 이루어졌다. 방심하여 수렁에 빠질 수 있으니 조심하라.
수레를 타지 않고 끌고 가면 힘은 들지만 위험한 상황에 멈추기 쉽다.
그렇게 천천히 조심해서 가면 아무 문제가 없다.

육이는 부인이 그 머리장식을 잃고 쫓지 않으면 7일 만에 얻으리라.

六二 婦喪其茀 勿逐 七日得
육이 부상기불 물축 칠일득

＊이루고 나서 파트너와 소원해지거나 재물을 잃게 된다.
조급해 하지 말고 참고 기다리면 조만간 다시 회복하게 된다.

구삼은 고종이 귀방을 치면 삼년 만에 이기니, 소인은 용쓰지 말라.

九三 高宗伐鬼方 三年克之 小人勿用
구삼 고종벌귀방 삼년극지 소인물용

＊다 이루고 나면 돈이나 권력으로 더 큰 욕심을 내기 쉽다.
그렇게 하면 고달픈 일이 이어지게 되어 잘 해도 성공에 많은 시간이
걸리고, 잘못하면 실패할 확률이 높다. 뜻한 바를 이루었으면 진리 추
구, 홍익 실천 등으로 에너지의 방향을 바꿔야 한다.
＊고종은 은나라 중흥기의 왕이며, 귀방은 오랑캐 지방이다. 한 지역을
정복하고 나서 다시 오랑캐 지방을 정벌하러 나서게 되는데, 고종과 같
은 뛰어난 왕이라 해도 새로운 정벌에서 오랑캐를 굴복시키는데 오랜
고난을 겪은 후에 겨우 이긴다. 보통 사람은 더 해내기 어려운 일이다.
3년은 매우 긴 기간을 뜻한다.

육사는 명주옷에 실 보푸라기가 있으니 종일토록 경계해야 한다.

六四 繻有衣袽 終日戒
육사 수유의여 종일계

＊다 이루어진 상황에서 어지러움이 시작된다.
명주옷에 실 보푸라기가 풀어지면 옷 전체가 못쓰게 되는 것처럼, 작은
일이 큰 문제를 야기하게 되니 종일 경계하고 조심하라.
＊실 보푸라기의 코드는 6효 전체가 실을 감은 모양이고, 그 중 4효가
음이라서 나온 말이다.

구오는 동쪽 이웃에서 소를 잡는 것이 서쪽 이웃에서 간략한 제사를
지내 알차게 그 복을 받는 것만 못하다.

九五 東鄰殺牛 不如西鄰之禴祭 實受其福
구오 동린살우 불여서린지약제 실수기복

＊다 이루어진 상황에서 뒤탈이 없도록 미리미리 대비하라.
타이밍을 놓치면 호미로 막을 것을 가래로도 막지 못하는 결과가 초래
된다. 안정기에 정성스럽게 대비하는 것이 훨씬 좋다.

상육은 그 머리를 적시면 위태롭다.

上六 濡其首 厲
상육 유기수 여

＊성공하고 나면 끝에 가서 방심하여 완전히 망가지기 쉽다.
그러면 모든 것을 잃게 되니 위태한 일이 아닐 수 없다.
성공한 자는 끝까지 방심하지 말고 주의를 다해야 한다.
＊머리는 상효라서 나온 말이다. 적시는 것은 상괘가 물의 코드인 감
(☵)이라서 나온 말이다.

64. 미제(未濟)

[실패] 새롭게 시작하라

괘사

아직 이루어지지 않은 상황이다. 밝게 통하라. 작은 여우가 거의 다 건너서 그 꼬리를 적시면 이로울 바가 없다.

효사

초육은 그 꼬리를 적시고 있으면 막힌다.

구이는 그 수레를 끌되 바르게 하면 길하리라.

육삼은 이루어지지 않은 상황에서 무리하면 흉하다. 큰 내를 건너는 것이 이롭다.

구사는 바르게 하면 길하고 후회가 없어지리라. 떨쳐 일어나 용을 써서 귀방을 치면 3년 만에 대국에서 상이 있으리라.

육오는 바르게 하면 길하고 후회가 없으리라. 군자의 밝은 마음으로 믿음을 가지면 길하리라.

상구는 믿음을 갖고 술을 마시면 허물이 없으나, 그 머리를 적시면 틀림없이 옳음을 잃게 된다.

화수미제(火水未濟)

아직 이루어지지 않은 상황이다. 밝게 통하라. 작은 여우가 거의 다 건너서 그 꼬리를 적시면 이로울 바가 없다.

未濟, 亨 小狐汔濟 濡其尾 无攸利
미제, 형 소호흘제 유기미 무유리

양(—)의 자리인 초효, 3효, 5효에 음이 왔고, 음(--)의 자리인 2효, 4효, 상효엔 양이 왔다. 음양이 바르게 위치한 것이 하나도 없는 유일한 괘가 '미제'괘다. 그래서 전혀 이루어진 것이 없는 '실패'의 코드다. 미제(未濟)는 '이직 건너지 못했다', '뜻을 이루지 못했다'는 뜻이다. '미제'괘에는 실패했을 때 대처하는 지혜가 담겨있다.

일이 뜻대로 되지 않았을 때 대처 방안은 무엇일까? 주역에서 두 가지 지침을 제시하고 있다. 첫째, 밝음을 유지해야 한다. 실패하면 좌절하기 쉽다. 그럴 때는 희망을 잃지 말아야 하며, 다시 제 정신을 차리고 진퇴를 잘 결정해야 한다. 둘째, 진퇴양난에 빠지지 않도록 주의해야 한다. 하던 일이 뜻대로 되지 않으면 재정비해서 새롭게 시작하는 것이 상책이다. 작은 여우가 꼬리를 적셨다는 것은 진퇴양난에 빠져 어찌할 바를 모르는 상황을 뜻한다. 그러면 이로울 게 없다. 주역 64괘는 '미제'괘로 끝난다. 하지만 끝은 또 다른 시작일 뿐, 이 세상에 끝이란 없다. 종즉유시(終則有始)인 것이다.

＊일이 뜻대로 안 되었다. 밝은 마음으로 희망을 가져라.
진퇴양난에 빠지지 말고 재정비하여 새롭게 시작하라.

초육은 그 꼬리를 적시고 있으면 막힌다.

初六 濡其尾 吝
초육 유기미 인

＊일이 뜻대로 안 되었다. 돌파구를 찾아라.
좌절하거나 그 일에 매몰되어 있으면 막힌다.
＊취업이 어려워지면 아예 취업을 포기하는 이들이 늘어난다. 그렇게
하는 것이 꼬리를 적시고 있는 것이다. 아무리 취업이 어려운 경우에라
도 자기가 할 수 있는 일을 찾아서 해야 한다.

구이는 그 수레를 끌되 바르게 하면 길하리라.

九二 曳其輪 貞吉
구이 예기륜 정길

＊일이 뜻대로 안 되었다.
방향성을 재설정하고 천천히 조심해서 나아가라. 그러면 길하리라.
＊수레를 끈다는 것은 새롭게 전열을 정비하고 정진하는 것이다. 그때
급한 마음에 굳세게 하기 쉬운데, 천천히 조심해서 끌어야 한다. 2효가
바르게 하는 것은 부드럽게 천천히 하는 것이다.

**육삼은 이루어지지 않은 상황에서 무리하면 흉하다. 큰 내를 건너는
것이 이롭다.**

六三 未濟 征凶 利涉大川
육삼 미제 정흉 이섭대천

＊일이 뜻대로 안 되어 마음이 급해지기 쉽다.
안 되는 일을 잡고 계속 무리해서 나아가면 흉하다.
새롭게 국면을 바꾸어 난관을 극복하는 것이 이롭다.

구사는 바르게 하면 길하고 후회가 없어지리라. 떨쳐 일어나 용을 써서 귀방을 치면 3년 만에 대국에서 상이 있으리라.

九四 貞吉 悔亡 震用伐鬼方 三年有賞于大國
구사 정길 회망 진용벌귀방 삼년유상우대국

＊유연하게 새로운 길을 모색하면 길하고, 안타까움이 없어진다.
일단 새 길이 정해지면 힘껏 나아가라. 3년 후에는 큰 성공을 거두리라. 3년이란 긴 시간을 말하며, '대국'은 리더인 '육오'를 뜻한다.

육오는 바르게 하면 길하고 후회가 없으리라. 군자의 밝은 마음으로 믿음을 가지면 길하리라.

六五 貞吉 无悔 君子之光 有孚 吉
육오 정길 무회 군자지광 유부 길

＊이미 방향이 섰으니 굳세게 나아가면 길하고, 안타까움이 없어진다.
군자답게 밝은 마음으로 희망을 잃지 않으면 틀림없이 길하리라.

상구는 믿음을 갖고 술을 마시면 허물이 없으나, 그 머리를 적시면 틀림없이 옳음을 잃게 된다.

上九 有孚于飮酒 无咎 濡其首 有孚 失是
상구 유부우음주 무구 유기수 유부 실시

＊믿음을 갖고 천명에 따라 삶을 즐겁게 누리면 아무 문제가 없다.
하지만 쾌락에 빠지면 끝장이 나니 끝까지 주의해야 한다.

실패해도 희망을 잃지 않고 새 길을 찾으면 유종의 미를 거두게 되지만, 끝까지 조심해야 한다. 주역이 알려주는 지혜는 이토록 오묘하다.

2020년 경자년 운세

　　60갑자 프레임을 통해 2020년 경자년 운세를 구한 결과는 다음과 같다. 본괘(本卦)와 지괘(之卦)를 구하여 본괘는 연간 운세로, 지괘는 하반기 운세로 본다. 본괘와 지괘를 구하는 방법은 1부에서 설명한 바 있기 때문에 여기서는 그 결과만 보기로 한다.

　　2020년 경자년(庚子年) 연간 운세
　　– 본괘(本卦): 산천대축(山天大畜)괘 구이(九二)

대축(大畜)괘 구이

＊의미: [내공] 크게 쌓아 널리 펼쳐라
＊상황과 처신(괘사): 크게 쌓아야 하는 상황이다. 이롭게 하고 바르게 해야 한다. 집에서 먹지 않으면 길하다. 큰 내를 건너는 것이 이롭다.
＊세부 지침(구이 효사): 수레의 중앙 축을 벗겨야 한다.

　　'대축'괘 괘사와 효사는 2부에서 다루었다. 여기서 좀 더 자세히 살펴보기로 하자. '대축'괘는 정신적으로 크게 쌓아야 하는 상황에서의 지혜를 알려주고 있다. 주역이 알려주는 기준은 세 가지다.
　　첫째, 이롭게 하고 바르게 하라. 크게 쌓는 것은 나와 세상을 이롭게 하기 위함이다. 또한 정신적인 내공을 쌓아야 할 때는 한 눈 팔지 말고 굳세게 쌓아야 한다. 그래야 제대로 쌓을 수 있다. 주역은 음양 철학이기 때문에 굳세게 해야 할 때 굳세게, 부드럽게 해야 할 때 부드럽게 하는 것을 '바르게 한다'고 말한다. 그래서 '이롭게 하고 바르게 해야 한다.'고 했다.

둘째, 집 밖에 나가서 축적하라. 크게 축적하여 인격을 완성하고 현자를 기르려는 뜻을 이루려면 독학으로는 어렵다. 이치를 공부하기 위해 집밖에서 좋은 교육을 받아야 한다. 그래서 '집에서 먹지 않으면 길하다.'고 했다. 대축의 상황은 집에서 밥 먹고 있을 때가 아닌 것이다. 보통 사람은 집에서 밥 먹는 것이 일반적인데 그것을 뛰어 넘어야 하는 것이다. 지금은 온라인으로 공부하는 경우도 있지만, 조선시대에는 진리학습을 위해 성균관에서 밥을 먹었다. 요즘도 학생, 수행자, 경영자 등 집에서 밥을 먹지 않는 이가 적지 않다.

셋째, 난관을 극복하라. '큰 내를 건넌다'는 것은 난관을 극복한다는 뜻이다. 크게 쌓는 과정에서 난관이 있을 것이다. 그 때 포기하지 말고 과감하게 극복해야 한다는 것이다.

세부 지침은 '구이' 효사를 봐야 한다. 2효는 원래 음(--)의 자리인데 양(-)이 왔다. 그래서 아직 실력이 부족한데도 자기 실력을 과신하기 쉽다. 따라서 세상에 나아가 교육을 펼치고 싶은 욕구가 일어나기 쉽다. '초구' 보다 더 많이 쌓은 상황이니 그 욕구는 더 크다. 태권도 2단 실력이 되니 주먹이 더욱 근질거리는 것과 같다.

그러나 아직은 때가 아니다. '구이'는 더 굳센 마음으로 멈춰서 내공을 길러야 한다. '수레의 중앙 축을 벗겨야 한다'는 말은 그런 뜻이다. 복(輹)은 수레의 중앙 축이다. 중앙 구동축을 벗기면 수레를 운행할 수 없다. 수레는 나아가고자 하는 물건인데, 나아가기 못하게 하는 방법은 크게 고장을 내버리면 된다. 지금 시대에 비유하면 자동차 엔진을 들어내는 것에 해당한다. 엔진이 없으면 차가 나아갈 수 없다.

2020년 연간 운세를 요약·정리하면 다음과 같이 나타낼 수 있다.

"정신적으로 크게 쌓아야 하는 상황이다. 집에서 밥 먹지 말고, 더 굳세게 더 크게 쌓아라."

2020년은 정신적 축적의 해다. 내공을 쌓기 위한 학습에 크게 힘써야 한다. 그 과정에서 난관이 있을 것이니 잘 극복하고, 자기 실력을 과신하여 사회활동에 함부로 나서지 말아야 한다. 이것이 주역이 알려주는 2020년 운세와 대비책의 핵심이다.

이상은 경자년 연간 운세이며, 경자년 하반기 운세는 다음과 같이 지괘(之卦)를 봐야 한다.

2020년 경자년(庚子年) 하반기 운세
-지괘(之卦): 산화비(山火賁)괘 육이(六二)

비(賁)괘 육이

＊의미: [단장] 아름답게 꾸며라
＊상황과 처신(괘사): 꾸며야 하는 상황이다. 밝게 꾸며라. 가는 바가 있으면 조금 이로우리라.
＊세부 지침(육이 효사): 그 수염을 꾸민다.

지괘는 본괘(本卦) 해당 효의 음양을 바꾸는 방법으로 얻는다. 여기서 본괘인 '산천대축'의 지괘는 변효인 2효의 양(ー)을 음(--)으로 바꿔서 나온 '비'괘 '육이'로 하반기 운세를 파악하는 것이다. '비'괘 역시 2부에서 다루었지만, 여기서 좀 더 자세히 보기로 하자.

　'비'괘는 꾸미는 것, 새로 단장하거나 신장개업을 하는 것을 다루고 있다. 그 비결을 주역에서는 한 글자로 압축했다. 형(亨)이 그것이다. 여기서 '형'은 아름답고 밝게 꾸미라는 뜻이다. 그래서 '밝게 꾸며라'라고 했다. 꾸미는 것은 기본적으로 남에게 잘 보이기 위한 것이다. 그런데 그것이 우리가 의도하는 바에 맞게 꾸며지는가를 잘 생각해 볼 필요가 있다. 잘못 꾸미면 오히려 역효과가 날 수도 있다.

　꽃단장을 하거나 의관을 갖춘다고 그 사람의 본질이 바뀌는 것은 아니다. 식당에 손님이 적어서 신장개업을 하더라도 주방장이 바뀌지 않는 한 음식의 본질이 바뀌는 것은 아니다. 따라서 '가는 바가 있으면 조금 이롭다'고 했다. '간다'는 것은 실행하는 것을 말한다. '조금 이롭다'는 것은 단장을 하는 것이 작은 도움이 될 뿐이라는 뉘앙스다. 꾸미는 것은 형식을 꾸미는 것이지 본질을 바꾸는 것이 아니기 때문이다. 그렇다고 그 중요성이 과소평가 될 수는 없다. 분위기가 달라지면 마음가짐이 달라지고 남의 시선도 달라질 수 있기 때문이다.

　세부 지침은 '비'괘 '육이' 효사를 봐야 한다. 꾸미는 것은 그 짝이나 이웃과의 관계를 봐야 한다. '육이'의 짝은 5효지만 5효가 음이기 때문에 서로 음양의 조화를 이루지 못한다. 따라서 '육이'의 꾸밈은 그 이웃으로 음양의 조화를 이루는 '구삼'과의 관계에서 해석해야 한다. '구삼'과 '육이'의 관계는 턱과 수염의 관계와 같다. '구삼'이 턱이라면 '육이'는 거기에 붙은 수염의 상이 되기 때문이다. 따라서 '육이'는 수염을 꾸미듯 자신을 꾸며야 한다. 그래서 '그 수염을 꾸민다'고 했다.

'육이'가 자신을 꾸미며 '구삼'과 조화를 이루면 함께 흥하는 일이다. 곧 자기를 잘 꾸미면서 이웃과 함께 잘 되는 형국임을 알 수 있다. 나를 꾸미면서 이웃도 함께 꾸며줄 수 있으면 좋고, 최소한 이웃에 피해를 주지는 말아야 할 것이다. 2020년 하반이 운세를 간단히 정리하면 다음과 같이 나타낼 수 있다.

"꾸며야 하는 상황이다. 밝게 꾸며 이웃과 함께 흥하는 길을 찾아라."

2020년 하반기에는 새 단장을 하는 때다. 외출을 할 때도 다른 때보다 좀 더 꾸미고 나가는 것이 좋다. 사업을 하는 이는 신장개업을 하는 것이 좋다. 이웃과의 조화를 고려하면서 밝고 아름답게 꾸며야 할 때다. 꾸미는 것은 본질이 중요하지만 외관도 또한 무시할 수 없다. 그래서 공자는 이렇게 말했다. "문질빈빈연후군자(文質彬彬然後君子)." 문(文)은 외관이며, 질(質)은 본질이다. 본질과 외관이 고루 조화롭게 빛나는 이가 군자라는 뜻이다. 내면을 잘 가꾸는 것이 중요하지만 외관을 단정하게 하는 것도 또한 중요함을 강조한 말이다.

2020년 운세의 전체적인 결론을 내려 보자. 2020년은 '내면과 외관을 함께 가꾸면서 새로운 도약을 준비하는 해'로 기억해 두면 좋을 것이다. 새로운 10년이 시작되는 상황에서 정신적 축적으로 내면을 충실하게 하고, 그 기반 위에 외관도 함께 가꾸어야 할 때다. 이것이 주역이 알려주는 새로운 10년을 준비하는 지혜가 될 것이다.

종즉유시
終則有始

끝은 또 다른 시작일 뿐,
이 세상에 끝이란 없다.

도운